2011 年 2 月 23 日，上海国际战略问题研究会会员代表大会隆重召开，杨洁勉会长作新年致辞。

2011 年 2 月 23 日，在上海国际战略问题研究会会员代表大会上王嵎生大使作了题为“ 东亚形势变化和中国外交战略 ”的报告。

2011 年 2 月 23 日，会员代表大会选举产生新一届理事会。新一届理事会选举通过新一届常务理事会成员名单，表决选举新一届理事会会长、副会长、秘书长。

2011 年 5 月 22 日，上海国际战略问题研究会会员前往中国极地研究中心参观“ 雪龙号 ”极地考察船，图为会员在考察船前合影。

2011年5月22日，上海国际战略问题研究会会员参观中国极地中心。图为中国极地研究中心主任、上海国际战略问题研究会副会长杨惠根介绍中国南极考察情况。

杨洁勉会长在与南极长城站和中山站的科考队员进行卫星通话时，称赞科考队员们是民族的英雄，祖国的骄傲。

2011 年 8 月 29 日，上海国际战略问题研究会暑期会长会议暨“ 中国战略与上海发展 ”学术交流会在上海浦东举行。会议围绕国际战略形势、中国外交创新、上海国际贸易中心建设以及地方人大外事等议题进行了讨论。

2011 年 12 月 15 日，上海国际战略问题研究会召开“国际核战略态势和展望”学术研讨会，上海国际问题研究院、上海市民防办公室、上海第二军医大学、上海核工程研究设计院等单位的专家学者参加研讨。

2011年12月22日，上海国际战略问题研究会召开年会。图为郭树勇副会长主持会议，杨剑副会长做研究会2011年工作报告。

2011年12月22日，上海国际战略问题研究会召开年会。图为杨洁勉会长主持年会，中国人民解放军军事科学院罗援将军就当前国际形势作了报告。

《国际战略纵横》第6辑

INTERNATIONAL STRATEGIC REVIEW NO.6

全球性挑战和战略运筹

Global Challenges and Strategic Planning

主　编◎杨洁勉

时事出版社

图书在版编目（CIP）数据

全球性挑战和战略运筹（《国际战略纵横》·第六辑）/杨洁勉主编．—北京：时事出版社，2012.5

ISBN 978-7-80232-514-2

Ⅰ．①国…　Ⅱ．①杨…　Ⅲ．①国际形势—文集②国际关系—文集　Ⅳ．①D5－53②D81－53

中国版本图书馆 CIP 数据核字（2012）第 069930 号

出版发行：时事出版社
地　　址：北京市海淀区巨山村 375 号
邮　　编：100093
发行热线：（010）82546061　82546062
读者服务部：（010）61157595
传　　真：（010）82546050
电子邮箱：shishichubanshe@sina. com
网　　址：www. shishishe. com
印　　刷：北京百善印刷厂

开本：787×1092　1/16　插页：4　印张：23.75　字数：310 千字
2012 年 5 月第 1 版　2012 年 5 月第 1 次印刷
定价：60.00 元

目　录

第三部分 大国战略与热点问题

全球性挑战和战略运筹(代前言)

杨洁勉

进入21世纪以来，国际社会处于充满挑战的时代，“全球性挑战成为世界主要威胁”。[①] 全球性问题的挑战和解决都需要跨国合作和国际社会共同努力。面对日益突出的金融和经济问题、传统和非传统安全问题，整个国际社会、特别是大国更具有不可推卸的当代义务和历史责任。国际社会又处于剧烈变动的时代，国际力量对比持续地不利于西方传统大国而有利于以发展中大国（新兴大国）为代表的非西方世界，从而导致西方500年来对世界政治、经济和文化事务主导权的削弱。国际社会还处于国际体系改组和规范重建的时代，二十国集团（G20）在国际经济体系改组中的作用表明，一个朝着更加公正、合理的国际体系建设正在加速进行。而且，国际社会的理念和规范更新将具有更加深刻和长远的影响。

在此背景下，历经30多年的改革开放，特别是加入世界贸易组织（WTO）和成为G20核心成员之后，中国不仅全面融入当今国际体系，而且在国际体系中越来越占据并分享核心地位。与此相伴而生的是，中国的国际责任和义务不断上升，在参与解决全球性问题的进程中，要在自我定位和他定位、建章立制、理论创新、战略运

① 国务院新闻办：《中国的和平发展》，2011年9月。

筹和政策规划方面做出更大的努力，贡献于21世纪乃至更长时期的世界和平、发展和合作。

一、全球性问题的实践和理论

21世纪是全球性问题的世纪，全球性问题已经成为人类社会文明进步的重要挑战，国家议程的全球化势所必然。全球性问题是指在世界范围普遍存在、关系到全人类根本利益、威胁人类生存与发展及未来命运的重大问题，它具有复杂性、超越意识形态性和长期性的特点。[①] 事关人类社会存续的全球性挑战正在逐渐塑造着世界各国的政治议程，各国就与此相关的全球治理机制与规则形成以及创新方面正在加强互动。

全球性问题的解决之道根本在于围绕全人类的可持续发展，以国家为主的行为体协同其他非国家行为，建立相关的价值、规范、机制来合作应对全球性问题，这主要体现为国际社会就全球治理实践与理论进行的相关努力。

从实践层面来看，二战后建立的国际安全机制、国际贸易机制和布雷顿森林体系仍然是当今世界全球治理的主体机制。在核不扩散、能源、卫生和气候变化等领域还有区域层面新发展了部分国际机制，对联合国机制起到很好的补充作用。[②] 国际金融和国际发展的话语权主要被“七国财长会议”和“经济合作与发展组织”掌控。以美欧为代表的西方大国在全球治理中相同的地方是在全球推行新自由主义议程，不同之处在于美国更加重视利用其首要地位和硬实

---

① 关于全球性问题的论述可参阅李少军主编：《当代全球问题》，浙江人民出版社2006年版；蔡拓：“全球治理的中国视角与实践”，《中国社会科学》，2004年第1期。

② 这些机制包括但不限于：政府间气候变化专门委员会、国际能源署、国际可再生能源署、世界卫生组织、世界贸易组织、欧盟、非盟等。

力加以推广，特别是小布什总统执政期间更为明显，欧盟则注重推广其区域合作的经验，同时在气候变化和国际发展等议题领域发挥其软性领导作用。新兴大国作为发展中国家中具有较大影响力的国家，近年来加强了对全球治理的关注与参与，表现出较为联合自强、务实上进的态势，但在全球治理中的话语权仍有待加强。广大中小发展中国家在全球性挑战面前处于弱势地位，在全球治理中缺乏话语权。全球治理的前景与国际体系转型同步进行，这是特别值得注意之处。

全球问题治理需求加大与治理能力不足之间的矛盾是当前全球治理的主要矛盾，集中表现为主要国际行为体缺乏贡献全球公共产品的意愿和能力，以及国际治理机制改革滞后于国际权力格局转移与全球治理的需求。全球性问题的严重性有时常常超越我们的预判力。[①] 受 2008 年以来国际金融危机的冲击，世界经济结构处于深刻的调整阶段，创新和产业转型仍处于孕育期，经济复苏的产业基础尚未真正建立，主要经济体在相互宏观经济政策协调、平衡国内发展议程与加强国际经济合作等方面的困难增加，这进一步影响了其向全球治理提供公共产品的意愿与能力。全球治理机制滞后于国际力量格局的变化，在后冷战时代并未得到实质性的加强，联合国安理会改革步履维艰，国际气候变化谈判前景不明，只有国际经济机制受金融危机冲击发生某些积极变化，但能否持续仍有待观察。面对全球性挑战，在全球结构层面缺乏长远的设想与行动计划。国际机制之间缺乏明确的分工，常常出现功能重叠、指令冲突的弊病，诸如全球变暖或生物多样性缺失等全球公共事务尚缺乏明确的国际机构予以管理，相互依存的世界必须找到融合共同需求的机制。[②] 在

① Jim Whitman, *The Limits of Global Governance*, New York: Routledge, 2005, p. 114.

② Michael Moore, *A World without Walls: Freedom, Development, Free Trade and Global Governance*, Cambridge: Cambridg University Press, 2003, pp. 220—223.

传统大国作为主要治理能力供应方、新兴大国作为治理能力潜在供应方格局不变的情况下，全球治理机制的能力仍难以满足全球问题解决的需求。

大国关系加速调整和曲折发展是影响全球治理进程的另一个重要因素。新兴大国群体性崛起是应对全球治理的积极因素，它们可以提供全球治理所需能力、知识和价值的增量贡献，并且为此加强了包括“基础四国”、“金砖国家”峰会等在内的相互间机制性合作。作为全球治理的存量因素，传统大国意识到其在全球治理中相对能力的下降，迫切希望纳入并规范新兴大国在全球治理中的行为，G20峰会是一个在世界经济管理方面的尝试。2008年金融危机的冲击是全方位的，美国并未找到解决赤字问题的长远方法，欧盟由于欧元区经济体的债务问题，使其未来的发展方向呈现出高度的不确定性。双方虽然意识到合作应对全球性问题的必要性，但由于在对全球问题及其解决的认识、能力和方法上存在较大差异，特别是治理风险控制、成本分担、利益分配和发展空间等问题分歧较大，而且全球机制并未在机制上纳入这些新兴大国的力量，大国关系需要围绕全球问题及其解决进行持续互动，形成某种具有前瞻性和可行性的合力仍然有待时日。

当今国际社会依然由国家行为体占据主导地位，这与全球性问题的跨国界、非国家行为体参与其中的特征形成结构性冲突，并且由于国家所处情势差异极易导致对全球性问题解决中的不同视野，以及部分政治家缺乏对全球层面问题的基本认知从而未能就全球性问题的紧迫性达成共识，这些因素对全球性问题解决所需的国际合作产生重大消极影响。2008年以来的金融危机表明，国家对金融机构的管理由于现代金融体系的不断创新而处于失范状态，金融机构的行为不仅对国家的治理权威提出挑战，而且由于世界经济的高度相互连接与相互依赖，而导致国际金融体系的危机。成功应对此危机，不仅要求国家重建其治理能力，而且要求国家与金融机构之间的健康合作关系。在处理世界经济难题的过程中，G20峰会应运而生，反映了世界主要经济体应对危机的合作精神，然而又因为国家能力、利益和认知的不同而导致未能有效地协调各自宏观经济政策和建立有效的国际金融监管机制。此外，受到本次国际金融危机影响的广大中小发展中国家根本无缘 G20 峰会这一重要平台。可见，全球性问题解决需要国家发展合作精神，既能包容非国家行为体的有序参与，也能在国家之间建立对全球性问题所含之共同利益与威胁的认知，兼顾各国的具体情况，在追求共同利益之时承担起共同但有区别的责任，防止狭隘国家利益妨害全球问题的治理。

二、全球性问题解决与中国的作用

中国既是全球性问题的一部分，也是全球性问题解决之道的一部分。深刻把握这一双重性是理解中国在全球治理中所处情形的关键之处。改革开放头 30 年，中国大体解决了融入西方主导的国际体系的问题，并日益成为影响当前国际体系转型的最有影响力的变量之一。随着中国发展速度和国际影响力的大幅提升，中国与国际社会其他成员之间围绕身份定位、利益结构、行为准则、责、权、利关系等展开互动，其中的一个重要方面就是如何界定中国在全球治理中的角色与作用。或好或坏，在设想未来的全球秩序时，不考虑中国在其中的核心角色以及中国在塑造该秩序上的主要影响是难以令人信服的。[①] 由于中国崛起的体量和影响前所未有，再加上部分媒体的错误引导，这一过程在国际社会产生“全球问题中国化”的舆论效应，随之而来的是国际社会对中国在全球治理中的责任期待大

① Bates Gill and Michael Schiffer, “A Rising China's Rising Responsibilities”, in Michael Schiffer and David Shorr ed., *Powers and Principles*, Washington, D. C.: Stanley Foundation, 2006, p. 99.

幅提升至超越中国实际能力的程度。面对这种局面，中国没有简单地回避自身在全球性问题中的责任与作用，而是力求历史地、科学地和前瞻性地加以自主界定，根据我国的基本国情、国际形势和发展需求有选择地为国际社会合作解决全球性问题的努力贡献中国的力量。

在全球化、多极化深入发展，以及中国海外利益不断成长的背景下，中国参与全球性问题的解决已经不再是单纯的外部压力所致，而是本国在新的条件下实现可持续发展的战略需求。

2008年金融危机以来中国在国际金融体系和规范建设中的积极作为，是中国全面、深入参与全球治理的一个重要事件。无论从中国参与全球治理的领域，还是从中国参与全球治理的主体来看，中国对全球治理的参与都达到了史无前例的程度。中国对全球治理的参与已经超越了物质性公共产品供给的阶段，进入探索向国际社会贡献思想性公共产品的新层面。

当前一个重大的国际趋势是力量消长朝着有利于新兴大国的方向发展，但以美国为首的发达国家正在进行战略和政策调整以维护其国际事务的主导权。由于金融危机的冲击，国际体系改革面临前所未有的挑战与机遇，各主要行为体正进行新一轮的调整以推进国际体系改革，同时保持国际体系的稳定与持续。中国作为当前历史性转折和转型的核心变量，面临着自身全球利益管理和应对国际社会更高期待的挑战。世界和周边对中国的关切持续提升，中国和世界进入新一轮的相互关系适应与调整期。一方面，中国成为世界经济增长的主要贡献者，峰会外交和世博外交硕果累累，各种“文化年”和“语言年”等活动为世界文化外交注入了强劲的中国因素。另一方面，国际社会开始以新的眼光和要求看待中国，既存在对中国如何使用其持续增长的外部影响力的担忧，也存在对中国促进全球性问题解决的期待。中国需要审视自我定位和适应世界对中国的重新定位，妥善应对来自西方大国和周边邻国的质疑与期许，这种相互适应与调整期将是一个必要、长期和艰难的进程。

有鉴于此，中国需要加强中国特色外交理论建设，丰富“中国坚持走和平发展道路”的内涵，在全面、协调、可持续的科学发展观的基础上建构“协调发展理论”，为国际社会提供具有普遍意义的公共产品。中国提出“和谐世界”的思想，为全球治理理念做出了贡献。在中国特色外交理论建设上有所突破，同时还要确立“下先手棋”的战略思路和规划适应形势变化的相关政策，加强全球战略的制定和实施，积极稳妥推进外交体制与机制改革，从而提升中国作为全球性大国外交的战略高度和统筹内外两个大局的能力。此外，还要加强前瞻性的政策规划，抓住和利用好机遇，创造有利于中国发展的国际环境。中国在走向世界大国和强国的历史进程中，还会遇到各种挑战，但机遇大于挑战。中国将在与世界的重新定位和相互适应中不断成长壮大。

三、历史前瞻和战略运筹

从现在起至 21 世纪中叶还有 40 年的时间，这将是现行国际体系向新的国际体系转型的关键时期。由于各种各样原因，这一过程可能难以一帆风顺，但是，在日益增多的全球性问题和体系风险面前，任何维护和退回传统国际体系的尝试都将是徒劳和危险的，因为那只会将人类推向共同毁灭的边缘。因此，在日益紧迫的全球性挑战面前，国际社会和世界各国只能认清形势、构建共识、通力合作、相互配合，推动现行的基于自我利益的国际体系向追求共同利益的共同体转型。这种新的国际体系必须以多元多极的力量结构为基础，以法治和合作为治理方式，以民主、包容和能动为规范和制度，因为只有这样，新的国际体系才能动员和汇聚起所有各方的力量，携手解决人类所面临的困境。

在过去的 20 年间，国际体系已经表现出明显的多元多极倾向，并且有望在未来几十年间完成国际体系的最终转型。从体系状态来看，以多元多极为基本结构的未来国际体系将呈现出政治权威分散化、议题关注复合化以及国际关系扁平化的特点。虽然国家行为体在未来的国际体系仍发挥核心作用，但它必须积极调整其内部及其与其他行为体的关系。

如果说国际体系转型是全球化时代国际社会各力量的重新分化组合，那么这种力量重组必然要求与之相适应的新模式、新规范和新制度。首先，新的国际体系将超越强权政治管理模式，形成以法治和合作为核心概念的全球治理模式。其次，新的国际体系要求树立新型政治观、新型安全观、新型发展观、新型文明观，实现国际关系民主化。最后，新的国际体系要求国际机制更加开放包容、更加能动专业、更加起到引领作用。

中国作为国际事务的重要参与者，应该支持、鼓励、推动国际体系向多元多极方向转型，积极建设更加公平、公正、合理的国际新秩序。改革开放以来，中国坚定地参与国际事务，在与世界的密切互动中壮大了经济实力，提高了政治威望，扩展了文化影响，是国际合作和经济全球化的获益者。为此，中国虽然仍是发展中国家，仍然急需国家主权的保护，但是在总体上应该支持经济全球化的发展，因为只有在经济全球化的推动下，国际体系才会朝着更加多元、更加平衡、更加民主的方向发展，中国才能在经济全球化和国际关系民主化的大潮中获得更加健康和友好的发展环境。因此，中国应当改变满足于在国际事务中旁观的心态，以更加积极的姿态参与、建设和塑造未来的国际体系及国际秩序。

随着中国参与世界事务的程度不断加深、中国的综合国力不断提升，中国有条件为国际体系转型、为国际新秩序的建设做出更大贡献。

首先，中国所拥有的多重身份使它特别适合促进多元融合、兼容并蓄。政治上，中国无论在地域、人口、经济总量、历史记忆上都是公认的大国，但它又是前殖民地半殖民地国家，因此，它既有大国的胸怀和视野，又能理解弱小国家的担忧和不满，可以比较理性地看待这两者之间的矛盾，为弥合它们之间的矛盾提供帮助。经济上，中国既是发展中国家，又是新兴经济体中比较具有代表性的成员，还在经济总量上挤入了先进国家的行列，这样，中国有可能在这三个集团中同时找到其位置和表达意见的平台，这在世界其他国家恐怕很少见。在文化上，中国既对外开放，积极学习和借鉴西方的经济理论和管理模式，又在国家制度上保持自己的特色，在社会层面具有明显的东方特色。因此，中国是个具有多重身份的国家。它在历史上就具有多元融合、兼容并蓄的传统，在未来多元多极体系建设中可以发挥其他许多国家所没有的优势和特点。

其次，中国有能力为世界做出更大贡献。中国在经济上虽然仍是发展中国家，但它不仅解决了其国内十几亿人口的温饱问题，而且为世界制造了大量的产品，率先走出全球金融经济危机，成为世界经济发展的重要推动力量。随着中国国力的进一步提升，它应该可以为世界增加更多财富，为世界带来更多利益。中国作为联合国安理会常任理事国，在维护世界和平和稳定方面肩负着特殊使命。它不仅在劝和促谈、热点降温、合作反恐、防止大规模杀伤性武器扩散等各种传统和非传统安全问题上积极作为，而且在西方国家以战争形式处置国际关系时高举和平、发展、合作的大旗，与国际社会一起捍卫了世界的总体和平与稳定。中国作为大国有比较强大的经济物质能力，有比较丰富的人力资源，有比较高效的政治决策能力，这些都使它在危急情况下具有行动能力，这也是国际社会在许多公共项目中所急需的。因此，中国在国际维和、打击海盗、抗灾救援等方面的贡献和作用已经越来越受到期待和肯定。

第三，中国有较好的政治信誉，可以为全球规范重建提供精神财富。新中国成立以来，中国已经为世界提供了许多思想产品，比如说，中国早在 20 世纪 50 年代就与印度、缅甸等国一起提出了和平共处五项原则。事实证明，当这些原则得到遵照执行，国家之间的关系就比较平顺，国际和地区局势就比较和平稳定；当这些原则遭到破坏，国际关系中就会出现摩擦和冲突。和平共处五项原则至今仍是国际关系中的重要指针。又比如，中国在首次核试验后就提出了不首先使用核武器、不对无核武器国家使用核武器、彻底完全全面消除核武器的主张，这不仅在当时，而且在当下都是非常先进的理念。再比如，中国强调根据各国国情探索本国的发展道路，强调以建设性的态度参与国际合作等等，在国际实践中都被证明是非常有先见之明、十分正确的理念。因此，中国应该充分认识其在政治和价值观方面的优势，总结经验，树立信心，为世界的发展提供新视角，新理念。

2004 年 9 月，中国共产党在十六届四中全会上号召“构建社会主义和谐社会”，这是中国第一次将“和谐”概念提到了战略层次。2005 年 4 月，胡锦涛在出席纪念万隆会议 50 周年活动时，首次向国际社会提出了和谐世界的理念，同年 9 月他在纪念联合国成立 60 周年大会上对此作了进一步的阐述，奠定了中国关于和谐世界的基本看法。至此，中国形成了对内构建和谐社会、对外推动建设和谐世界的指导新时期内政外交的理论思想。和谐世界理念成为中国在新时期向国际社会提供的重要公共产品。具体而言，在未来几十年的国际体系转型和国际规范重建中，中国应该有步骤、有重点地推进其和谐世界的建设。

首先，中国要把自己的事情，把中国周边的事情做好。经济发展、社会稳定、人民群众的支持是中国在国际舞台上发挥更大作用的基础，没有国民经济的发展，没有本国的长治久安就根本谈不上国际规划或国际战略。因此，统筹国际、国内两个大局，确保国内政治经济社会文化的发展从根本上来说也是中国提升国际地位、发挥国际影响的组成部分。与此相类似，中国想要在更广阔的世界舞台上发挥作用就必须保持其周边地区的稳定和繁荣。如果中国的经济政治文化影响不能辐射到周边，就很难想象它可以在更遥远的其他地方真正发挥作用。

其次，中国要更加积极地参与国际事务，促使国际体制朝着有利于均衡、平等、民主的方向发展。历史经验证明，中国只有参与世界进程才能更好地发展自己，闭关锁国只能使中国走向衰弱和失败，因此，更加积极地参与国际事务是中国在未来的唯一选择。但是，以何种方式、何种途径参与世界事务则可能有多种选择。中国应该进一步明确其发展中国家的身份，在各种多边活动中进一步更新和创制机制，努力提高发展中国家和新兴经济体在国际事务中的代表权和发言权，确保国际体系朝着和平、民主、多元的方向发展。

第三，中国要主动设置国际议题，促使国际关系超越冷战思维和实现合作共赢。在经济全球化和社会信息化大潮的影响下，国际关系的主题虽然向着经济、民生、非传统安全等方向发展，但是这一趋势并不巩固，不少西方国家仍然怀有根深蒂固的帝国思维和意识形态斗争的倾向。中国应该更加积极地介入议题和议程的设计，强调发展和非传统安全问题的重要性，在有效解决全球性议题的进程中证明合作优于对抗，引导世界走出敌对分裂情绪，促进世界共同进步。

最后，中国要努力将中华民族的伟大复兴和推进和谐世界建设密切结合，实现国际体系和平转型与国际规范重建。中国在实现现代化的进程中，富有远见地提出分步走的战略规划，并取得了举世公认的成果。但是，超越本国的疆域和传统的思维而建立全球范围内的体系改组和规范重建是中华民族面临的历史新任务，我们显然实践不够，理论不足，队伍不强。因此，开始这一新进程时，更要发扬建国初期建设时的虚心学习精神，发扬改革开放初期学习世界的态度，增强实践自觉和理论自觉，在实践中成长，在学习中进步，从而真正成为国际体系改组和规范重建的主要动力之一。

总之，中国在国际体系转型的关键时期，不仅要把自己的事情办好，还要在物质和精神等各个方面为国际社会做出更大贡献，推动国际体系和国际秩序朝着更加公正、合理和平等的方向继续前进。

第一部分

中国国际战略理念

马克思主义的国际社会观①

郭树勇* 花 勇**

【内容提要】国际社会是世界性交往关系的总和，它既建立在契约基础上，又由生产力和生产关系的矛盾运动所规定。历史上，从资本主义向社会主义的发展，规定了国际社会的属性和内容，决定了国际社会的行为体和结构，也预示着国际社会必然超越自身走向共产主义世界社会。研究国际社会时要清除对规范价值中立的预先假设，从历史性、实践性、文化性相结合的角度来阐释这个日益变化着的国际共同体。

改革开放以来，中国党和政府判断国际形势、认识国际环境、把握外交目标的一个重要参照和用语就是国际社会，这体现了中国对外关系在观念层面的重大变化。20 世纪 80 年代，中国外交家指

---

① 本文是作者主持的教育部人文社会科学规划课题《国际政治社会学研究》的阶段性成果，本文不涉及中国马克思主义者的国际社会观，作者将对之另文专述。

* 郭树勇，上海国际战略问题研究会副会长，上海交通大学国际与公共事务学院教授

** 花勇，上海交通大学国际与公共事务学院博士研究生

出，“新中国面临的第一个问题，就是同世界各国建立起外交关系，走向国际社会”，[①] 这充分肯定了国际社会对于中国外交的作用。到了90年代，中国外交家在总结中国外交融入国际社会进展时，提及“改革开放以来缔结的千百个双边和多边条约，把中国同世界各国、同国际社会进一步联系在一起”。[②] 冷战结束以来，国际社会这个概念也日益成为国际关系理论研究的焦点和热点。无论是学者、政治官员，还是非政府组织、全球社会运动，都越来越频繁地使用国际社会来表达自己对全球治理的认识，阐述各自对全球秩序的构想。最具代表性的是英国学派对国际社会的认识。赫德利·布尔（Hedley Bull）提出，国际社会是指一群国家意识到它们具有共同利益和价值观念，承认它们相互之间的关系受到一套共同规则和共同制度的制约。[③] 本文主要不是研究中国马克思主义者的国际社会观，而是试图梳理外国马克思主义关于这个概念的观念变化，在总结马克思恩格斯相关论述的基础上，重点解读经典形态和发展形态的马克思主义思想关于国际社会观念的内涵[④]，为当下的中国国际政治社会学研究提供参考。

---

① 韩念龙：《当代中国外交》，北京：中国社会科学出版社，1988年版，第1页。

② 田曾佩：《改革开放以来的中国外交》，北京：世界知识出版社，1993年版，第615页。

③ [英] 赫德利·布尔著，张小明译：《无政府社会——世界政治秩序研究》，北京：世界知识出版社，2003年版，第10—11页。

④ 郭树勇认为，马克思主义从演变过程来分，可大致分为经典形态马克思主义、发展形态马克思主义和当代形态马克思主义，前者主要是指以德国、法国、英法为核心活动区的19世纪中后期至20世纪初马克思主义，以马克思、恩格斯等为代表；中者主要是指以苏联为主要国际共产主义运动主角的20世纪前半叶马克思主义，以列宁、布哈林、斯大林等为代表；后者主要是指以中国特色社会主义为重要体现形式的新时期马克思主义，以三代中国领导人的重要思想为代表。西方马克思主义是马克思主义的重要方面，在发展形态和当代形态中都有体现。见郭树勇：《从国际主义到新国际主义——马克思主义国际关系思想发展研究》，北京：时事出版社，2006年版，第4页。

一、马克思主义国际关系思想中的政治社会学观念

在马克思主义国际关系思想中，政治社会学内容十分丰富。20 世纪 80 年代西方学者就以国家阶级性为切入点，关注国家行为体的历史性和社会性。如深受英国学派影响的库巴尔科娃（V. Kubalkova）和克鲁斯克沙克（A. A. Curickshank）提出，马克思主义关于国际关系的论述与其说是“国际关系的理论”，不如说是“国际关系的社会学”（sociology of international relations）。[①] 了解马克思主义，不能只掌握马克思的一些论断，还要深刻认识到国际关系的社会本质，把握国家行为体的社会属性。这种社会属性又不是虚无飘渺的，就本质而言关涉全球政治的社会生产（the social production of global politics ）。马克·帕特（Mark Pupert）认为，就本体论来说，马克思主义把国际关系看做是物质的，国家、国际体系和跨国权力关系深嵌在由生产等社会组织形式组成并被自身生产和再生产的关系体系之中。[②] 马克思主义者视资本主义为全球现象而非国内现象。[③] 从这个角度观之，马克思对资本主义的论述本身反映了其对全球社会的不少思想，资本主义的特征

---

① V. Kubalkova and A. A. Curickshank, *Marxism and International Relations*, Oxford: Clarendon Press, 1985, p. 12.

② Mark Pupert, Marxism, in Martin Griffiths eds., *International Relations Theory for The Twenty-first Century: An Introduction*, New York: Routledge, 2007, p. 36.

③ Milja Kurki, Karl Marx, in Henry R. Nau eds., *International Relations in Perspective: A Reader*, Washington: U. S. CQ Press, 2010, p. 77.

从根本上体现了当时全球社会的特征，资本主义的发展趋势从一定程度上影响着国际社会的发展。西方学者在研究马克思主义思想的过程中，不约而同地注意到马克思国际关系思想中的社会学观念及对国际政治社会性的理解，特别是突出了生产性的社会生活对国际政治的影响。这是值得我们关注的，我们有必要从当前的某些国际政治学观念中超脱出来，反思国际政治操作的社会根源和社会意义。

马克思作为“政治社会学之父”，其国际政治思想中蕴含着丰富的社会学内涵。国内学者在这方面也作出了有益的探索，如有的学者指出，世界交往作为马克思主义国际关系思想的重要概念，不仅指的是世界性的物质交往，也包含世界性的精神交往。[①] 世界交往本身包含着丰富的社会内涵，可以帮助我们认识国际社会形成、发展和结构转型。也有学者在对马克思恩格斯经典著作解读中提出，世界历史的形成和本质特征是近代国际社会真正形成的标志及物质基础；[②] 马克思恩格斯运用历史唯物主义，在科学揭示人类社会发展规律的基础之上，深刻阐述了国际社会的发展的进程、成因、特点以及意义等。[③] 可见，无论是对整体性国际体系的认识，还是对国家行为体的认识，马克思主义国际关系思想都蕴含着丰富的社会内涵。就整体性的国际体系来说，认为国际体系是物质性的社会世界。就国家行为体来说，民族国家首要的特性是社会性，是近代以来生产力与生产关系矛盾运动的结果。

---

① 郭树勇：“从‘世界交往’概念看马克思的国际政治社会学方法”，载《世界经济与政治》，2004 年第 1 期，第 26 页。

② 柳瑟青：“马克思主义国际关系理论的奠基之作——〈德意志意识形态〉的理论贡献的新视角”，载《现代国际关系》，2007 年第 5 期。

③ 李爱华等著：《马克思主义国际关系理论》，第二章，北京：人民出版社，2006 年版。

二、国际社会的内涵：马克思主义的解读

（一）世界性的交往关系总和

马克思运用实践唯物主义，阐释了“社会”概念的内涵。他认为，全部人类生活和整体历史的前提在于物质生活生产。“为了进行生产，人们相互之间便发生了一定的联系和关系；只有在这些社会联系和社会关系的范围内，才会有他们对自然界的影响，才会有生产”。① 人们在生产过程中建立的彼此联系，“即社会生产关系，是随着物质生产资料、生产力的变化和发展而变化和改变的”。② 关于生产和交换中的相互联系和关系，“生产关系总合起来就构成所谓社会关系，构成所谓社会，并且是构成一个处于一定历史发展阶段上的社会，具有独特的特征的社会”。③ 马克思上述的论述，非常明确地阐释了社会的内涵。首先，社会是相互关系和相互联系。社会不是个人的简单机械相加的整体，“社会不是个人构成，而是表示这个彼此发生的那些联系和关系的总和”。④ 这里的联系和关系，我们也可以理解为人们的交互作用，“社会——不管其形式如何——究竟是什么呢，是人们交互作用的产物”。⑤

---

① 《马克思恩格斯文集》第1卷，北京：人民出版社，2009年版，第724页。

② 同上。

③ 同上。

④ 《马克思恩格斯全集》第46卷，上册，北京：人民出版社，1979年版，第20页。

⑤ 《马克思恩格斯全集》第27卷，北京：人民出版社，1972年版，第477页。

总之，社会是关系性存在；其次，这样的关系和联系是在人们的生产和交换活动中产生的，是在满足人们基本的物质生活需要的过程中产生的。最后，社会和社会关系是由生产力的发展变化所决定的，社会和社会关系的本质和形态因生产力的发展变化而在不同的阶段表现为截然不同的特征。德国学者亨利希·库诺（Heinrich Cunow）在研究马克思的社会观时指出："当人们为了满足需要（生计）的目的而相互协作又相互敌对地去劳动时，他们就要结成某种相互关系。所有这一切产自一种在劳动过程中有内在联系的相互关系的总和组成的社会结构。所有相互处于这种关系的个体组成社会。"① 库诺认为社会是人们在生产和劳动中的相互关系和联系的总和，是为了满足人们的基本物质生活生产的需要。一般的集合体并不是马克思所定义的社会，如股份公司、村落、学者联谊会和宗族都不是社会。马克思所定义的社会必须是在一定的经济条件和经济关系下，为了满足物质生活的需要进行集体协作的个体联合或集合。"马克思认为，在社会含义下包含的意思是，处于某一经济方式所产生的互相作用和相互影响的圈子，其成员通过某些由经济所决定的生活关系而彼此发生关系。由此看来，社会生活并不是任意一种共同生活，而是为了满足一般的经济需要并在一定经济条件下的共同生活和协作。"② 马克思社会概念作为关系性的实体，内部联系的纽带不是血缘，而是经济的生产方式。由于资本的扩张本性，资本主义生产下的关系必然要求扩展到全世界，那么资本主义的社会也就会扩展到全世界。发源于欧洲资本主义社会的相互联系和彼此关系，横向扩展到世界各地，在世界范围内形成各种关系。这种世界性联系的总和，在

① ［德］亨利希·库诺著，袁志英译：《马克思的历史、社会和国家学说——马克思的社会学的基本要点》，上海：上海人民出版社，2006年版，第243页。

② 同上书，第244页。

马克思的社会概念视域里，就是世界性联系总和的国际社会。另一方面，“资本不是一种物，而是一种以物为中介的人和人之间的社会关系”。[①] 资本作为一种社会关系，随着其本身在地域上的扩张，在全球范围寻求剩余价值，这种社会关系也必然在全球范围内扎根落户，在近代就形成了资本主义生产力和生产关系所规定的国际社会。

（二）国际社会是契约基础上的机械社会

马克思社会范畴的内涵类似于滕尼斯（Ferdinand Tonnies）的“社会”概念。在滕尼斯的学说中，“社会”与“共同体”相对。“共同体”是人与人之间建立在身体和血缘基础上的结合，以感情、伦理为纽带，“这些关系的一般根源是与生俱有的无意识的生命的相互关系”。[②] “共同体”内部的关系是亲密的，不分彼此的私人关系。“社会”是建立在观念和机械基础上的联合，“在社会里，尽管有种种的结合，仍然保持着分离”，[③] 人们之间的联系建立在理性思考之上，一般通过契约确立各自的权利义务关系；而“共同体”中的关系更多是伦理上的关系。马克思的“社会”内涵，是在生产和交往的实践基础上不断生成的关系的总和。这些关系有血缘和伦理的成分，也有分工和法理的成分。而且，随着生产力的发展和交往的普遍化，分工和法理的成分会逐渐增多。资本主义生产和交往基础上的资本主义国际社会，是完全建立在机械团结和社会分工上的关系总和。这个国际社会的形式类似于滕尼斯的“社会”形式，尽管存在着世界范围内的普遍联系和普遍交往，但个人依然是孤立的。这

---

① 《马克思恩格斯文集》第5卷，北京：人民出版社，2009年版，第877—878页。

② ［德］斐迪南·滕尼斯，林荣远译：《共同体与社会》，北京：北京大学出版社，2010年版，第48页。

③ 同上书，第77页。

里的孤立指的是人始终处于异化之中，人在创造自己对象化物品的过程中，尽管体现了人的能力，但劳动的过程和劳动的结果是压迫人的，劳动和资本处于尖锐的对立之中。国际社会中的分离，不是时间意义和空间意义上的分离，而是指人的本质的分离，人与人之间关系的异化。

国际社会类似于滕尼斯的“社会”范畴，还在于国际社会中的关系主要是建立在契约基础上的。在资本主义的生产、交换、分配、消费等各个环节，行为体通过契约建立了经济关系，以及在此基础上的政治关系、文化关系等。经济交往的契约是国际社会规则的重要组成部分。这套规则不仅维护着成员间的利益共同体，而且再造了国家之间的关系。换句话来说，马克思主义认为无政府状态不是没有任何规则的自然状态，应该是无政府社会状态。[①] 现实主义对国际政治体系的考察，往往忽视了国际政治体系背后的资本主义社会结构。正是潜在的资本主义社会结构使得无政府状态有了社会的内容。不过，值得注意的是，马克思眼中的国际社会契约表面上由平等的行为体签订，但实质各自的权利和义务是不对等的。而在我们今天看来，这正是“社会”的内在矛盾，要克服这个矛盾，又得吸纳共同体的成分，不过这不是回到依靠血缘等因素结合起来的共同体，而是更高层次的共同体，这是对“社会”的超越。正是古代向近代过渡时社会对共同体的脱离，以及当代条件下共同体对社会的更高层次的超越，推动了国际社会向共产主义共同体的演进。

① 罗森博格把这种无政府社会状态描述为，“大量独立的个体；缺乏上位指导；但出现了处于个体支配之外的社会组织的非人格化机制；这种集体异化作为个体自由之基础的矛盾作用；以及个体面对自己相互间关系的特殊的具体形式”。参见：[英] 贾斯廷·罗森博格，洪邮生译：《市民社会的帝国——现实主义国际关系理论批判》，南京：江苏人民出版社，2002年版，第209页。

（三）国际社会是生产力与生产关系矛盾规定的国际社会

“它们是以什么方式构成社会的呢？这令人想起国际关系理论中有关问题的阐释。答案是，在这种情况下，个体的私人劳动只有通过作为商品的产品交换才会成为社会劳动。”[①] 罗森博格对社会的理解很明显是建立在对生产力与生产关系的矛盾运动的理解上。认为资本主义商品生产的根本特性就是以社会为价值生产对象，马克思在看待全球范围的资本主义生产时，首先规定的是其生产的社会性。[②] 历史上看，国际社会的形成不能脱离生产力与生产关系特别是资本主义生产关系的发展，这是由资本主义生产方式的趋利性、外向性和扩展性决定的。“创造世界市场的趋势已经包含在资本的概念中。任何界限都表现为必须克服的限制。”[③] 资本的扩张性驱使资产阶级到处落户，到处扎根，到处开发，到处建立联系，打破了民族的藩篱，消除了各民族闭关自守的状态，“使一切国家的生产和消费都成为世界性的了”[④]，“各国人民之间的民族分隔和对立日益消失”[⑤]。“它的商品的低廉价格，是它用来摧毁一切万里长城、征服野蛮人最顽强仇外心理的重炮。它迫使一切民族——如果它们不想灭亡的话——采用资产阶级的生产方式；它迫使它们在自己那里推行所谓的文明，即变成资产者。一句话，它按照自己的面貌为自己创造出一个世界。”[⑥] 所有的社会关系、社会运动、社会现象都被罩上资本主义的结构性

---

① ［英］贾斯廷·罗森博格著，洪邮生译：《市民社会的帝国——现实主义国际关系理论批判》，第 206 页。

② 《马克思恩格斯文集》第 5 卷，北京：人民出版社，2009 年版，第 61 页。

③ 《马克思恩格斯全集》第 46 卷，上册，北京：人民出版社，1979 年版，第 391 页。

④ 《马克思恩格斯文集》第 2 卷，北京：人民出版社，2009 年版，第 35 页。

⑤ 《马克思恩格斯选集》第 1 卷，北京：人民出版社，1995 年版，第 291 页。

⑥ 《马克思恩格斯文集》第 2 卷，北京：人民出版社，2009 年版，第 35—36 页。

选择。国际社会不仅仅是从地方性联系转变为全球性联系，更为重要的是，所有国家间、个人间关系都是受制于资本主义生产方式。“没有一个国际关系的分析是不参考资本主义及其所产生的社会形式和由它构成的世界体系。”[①] 总之，马克思主义眼中的国际社会，是整体性的国际社会，就其本源来讲是由资本主义生产方式造就的国际社会。这决定了马克思主义把无政府状态“不是作为地缘政治的超时空状态而是作为资本主义现代性特有的社会形态”[②]。因此，威斯特伐利亚时代以来由资本主义造就的国际社会，发展到19世纪必然呈现出资本主义生产关系固有的不公平性和内在矛盾性，要打破这个国际社会的结构，就必须从改变资本主义生产关系开始，世界革命的实质是建立一种新型的更加适合于生产力发展的生产关系。

三、世界经济、世界体系、世界公民社会：马克思主义国际社会观的发展

马克思恩格斯对国际社会的认识，是一种经典形态的马克思主义国际社会思想，反映了资本主义自由发展时代经典作家们关于国际社会的天才洞见，随着资本主义社会向晚期资本主义社会的转变，作为国家联合体的国际社会必然也要体现社会转型的特征。在这种社会大转型的时代背景之下，马克思主义本身也开始向发展形态转变。如果

① Andrew Linklater, Marx and Marxism , in Scott Burchill, Andrew Linklater, Richard Devetak, Jack Donnelly, Terry Nardin, Matthew Paterson, Christian Reus-Smit, Jacqui True, *Theories of International Relations*, forth edition, New York: Palgrave Macmillan, 2009, p. 129.

② ［英］贾斯廷·罗森博格著，洪邮生译：《市民社会的帝国——现实主义国际关系理论批判》，第179页。

说经典形态的马克思主义主要体现了西欧经验的话，那么，发展形态的马克思主义主要体现了以苏联为主的东欧和南欧的经验。发展形态的马克思主义一方面呈现出强烈的苏联特色，一方面也有着西方马克思主义的成份，实质上代表了两种国际社会研究方向。在苏联特色的马克思主义思想体系中，不但体现在列宁、斯大林等人的世界革命、国际危机等论述中，还主要为“世界经济”思想所继承和发展；在西方马克思主义思想中，主要演化为世界体系思想和世界公民社会思想。

马克思恩格斯对整体性国际社会的认识，特别是他们对世界范围内经济联系的认识，后来被布哈林（Nikolai Ivanovich Bukharin）以“世界经济”的范畴加以概括。布哈林之所以要研究世界经济，是因为他认为各个国民经济体不是孤立隔绝的单位，而是世界经济的构成部分；国家间斗争，首先应该被看做是世界经济各个部分之间的斗争。因此研究帝国主义，归根到底要分析世界经济的发展趋势，分析世界经济内部结构发生的变化。“世界经济是全世界范围的生产关系和与之相适应的交换关系的体系。”① 在垄断资本主义的生产和交往的基础之上，国际分工和国际交换建立起整体性的世界联系，在生产劳动方面，整个世界的社会劳动被划分在不同国家中，各国的劳动通过国际交换成为全世界社会劳动的一部分。这样，在生产和交换领域就形成了整体性的相互依赖关系。资本主义社会中的任何单一个体的劳动，若能参与到交换过程中，必须的前提条件是自己的劳动是为对方的劳动，只有当彼此都是为对方的劳动，劳动才有社会劳动的形式，交换才有可能。正如马克思在《资本论》中所说到，“一旦人们以某种方式彼此为对方劳动，他们的劳动也就取得社会的形式”。② 个体性劳动的社会性要求使得劳动者之间是为

---

① 尼·布哈林著，蒯兆德译：《世界经济与帝国主义》，北京：中国社会科学出版社，1983年版，第8页。

② 《资本论》第1卷（上），北京：人民出版社，1975年版，第88页。

彼此生产，使得交换必然发生，这些所带来的就是普遍的联系，是覆盖整个世界范围的世界联系。布哈林重点突出了整体性的世界联系，却未能深入研究与普遍联系过程相伴随的文化方面的变化和社会方面的联系。布哈林对整个世界的认识，关注的是各个国家、各个地区的经常性的联系。这些联系所构成的世界经济是对当时垄断资本主义阶段国际社会基本侧面的描述和概括。

马克思主义国际政治社会学思想在20世纪后半叶的重要发展后果之一，就是形成了沃勒斯坦的世界体系思想。他明确提出，历史上唯一出现的社会体系是世界体系。[①] 社会体系的特征就是劳动分工的存在，不同的部分或区域依赖于相互间的经济交换。现代世界体系的显著特征就是，经济决策主要定位在世界经济的范围内，而政治决策主要定位在拥有较小法律控制的政治国家手中。在现代世界体系，不会导致出现世界帝国那样庞大的中央政府，国家可以在单一的经济框架中竞争。但沃勒斯坦也不否认国家在资本主义市场体系中的地位和作用，国家本身的能力影响市场的运行。现代世界体系一旦确立，就围绕两个对立关系展开，一是阶级关系，即无产阶级和资产阶级，主要由统治阶级来决定。具体来说，就是通过财产权、资本积累、生产技术控制等垄断生产决策权。第二个关系就是劳动分工的空间等级，[②] 也就是“中心—半边缘—边缘”的结构。沃勒斯坦始终强调世界体系是在社会分工和交换基础上形成的彼此联系的全球性社会。这样的认识是继承了马克思主义在社会劳动和国际交换上的观点，看到了社会分工和国际交换在扩大的过程中所型构的普遍联系。可以说，沃勒斯坦的世界体系思想在这一点上体现

① Immanuel Wallerstein，The Rise and Future Demise of the World Capitalist System：Concepts for Comparative Analysis，*Comparative Studies in Society and History*，Vol. 16，No. 4 ，1974，p. 398.

② Immanuel Wallerstein，A World-System Perspective on The Social Sciences，*The British Journal of Sociology* ，Vol. 61，January 2010，pp. 174—175.

了马克思主义的国际社会观念。当然，沃勒斯坦经典马克思主义在认识上是有差别的。沃勒斯坦的世界体系作为仅有的社会体系，包括两个类别：世界帝国和现代世界体系。这两个类别最大的区别在于是否拥有统一的政治形式。就世界帝国来说，必然是统一的政治形式，所以可能是封建的，或者是帝国式的。现代世界体系是建立在资本主义之上的，不存在统一的政治形式。

如果说布哈林重视了国际社会的经济内涵，沃勒斯坦重视了国际社会的生产内涵的话，哈贝马斯则从文化或文明方面丰富了关于国际社会的看法。鉴于民族国家在全球化冲击下的脆弱性，哈贝马斯认为必须在后民族国家中建立新的社会认同。这个新的社会认同的核心就是商谈过程建立起来的“宪法爱国主义”。哈贝马斯坚持的是一种普遍主义的民族国家概念，在普遍主义的法律共同体下，个人无论出身、身份，只要信仰国家的宪法和法律，就可以成为这个国家的公民，只要公民在商谈过程，能够对宪法产生认同，就可以建立超越民族国家的后民族国家集体认同，就可以构建整个世界的社会整合和群体团结。

哈贝马斯关于国际政治方面的思考其实最根本的就是建构一个超越民族国家的集体认同，也就是对政治共同体认同的来源不是来自于前政治的民族国家，而是来自于对民主法律的认同。这就是其宪法爱国主义的核心。宪法爱国主义主张，现代社会应该以公民共同制定的法律为基础的集体认同，来代替民族主义的前政治的民族认同。以此认同构建的政治共同体，才能坚持现代性成果的同时，应对全球化的挑战。人们对法律规范的认同来自于交往行为，正是在交往过程中的反复论证，所达成的法律规范才为大家所认可。[①] 交往行为作为以理解为取向的社会行为，所达成的是被行为体接受和

① ［德］尤尔根·哈贝马斯著，童世骏译：《在事实与规范之间》，北京：生活·读书·新知三联书店，2003年版，第132页。

认可的理性的共识。[①] 在后民族国家中，共同体的统合和社会的团结就来自于交往行为，在这里表现为商谈。行为体之间的话语商谈达致的法律规范，成为了行为体认同的核心，建构了集体的共同体，走向世界公民社会。

哈贝马斯所论述的世界公民社会的构建是通过交往行为来完成的。在政治领域中，就是通过商谈行为来进行的。从根本上说，哈贝马斯所说的交往行为是一种语言行为。这种语言行为与其他语言行为最大的区别在于交往行为是以沟通（理解）为取向的。马克思主义的国际社会也是通过交往实践来生成和建构的。在马克思主义思想中，交往内涵包括三个部分：一是生产劳动以及在生产基础上的商品交换，商品贸易；二是交通运输的发展，行为体之间联系的频繁，这主要表现在交通工具的革新以及带来的人们交往方式的改变；三是精神上的交往，思想和情感的交流，文化观念的沟通。尽管哈贝马斯在思考国际社会的时候，抓住了交往这个核心概念，但作为语言行为的交往和与生产紧密联系的交往存在重大区别。

四、小结

国际社会是在资本主义大工业和世界交往基础上形成的世界性的联系和关系的总和，是建立在契约基础上的机械社会。现代性和市场经济是国际社会的本质规定，这个本质规定了国际体系的“社会选择”，也就是工业社会在全球范围内建立自己的社会方式。布哈林的世界经济突出了整体性国际社会的生产关系和交换联系。沃勒

① ［德］尤尔根·哈贝马斯著，曹卫东译：《交往行为理论：行为合理性与社会合理性》，上海：上海人民出版社，2004年版，第135页。

斯坦的世界体系强调了国际社会的资本统治本性。哈贝马斯的世界公民社会聚焦了作为语言沟通的交往行为建构的政治共同体。马克思主义的国际社会内涵与英国学派的最大区别在于鲜明地突出了生产力与生产关系对于工业社会的规定性。这就要求我们在研究国际社会时，不能仅仅从上层建筑或者公共领域中寻找国际社会发展的根本动力，我们必须树立上层建筑、社会公共领域以及经济基础等多方面整体性的观念。我们必须从人类历史发展的眼光去对待国际社会，包括国际社会规范的不公平本性，这种不公平本性带着深深的西方民族文化、政治文化、宗教文化与工业化、资本化高度结合的历史痕迹，并且因为地缘政治和地缘历史等因素而透视出世界政治经济文化的高度不平衡性。因此，一个重要的启示是，我们在研究国际规范扩散和“社会化”等重要范畴的时候，要清除对规范价值中立的预先假设，从历史性、实践性、文化性相结合的角度来阐释这个日益变化着的国际共同体。

从发展到科学发展：中国共产党发展理念的时代升华

王 忠*

【内容提要】科学发展观作为马克思主义中国化的最新理论成果，凝聚了共产党人对发展的追求，是对人类社会发展理念的一大提升。历代领导人发展愿望的表达，发展理念的更新，以及发展实践的推进，都为科学发展观提供了重要的思想基础和实践基础。从发展到科学发展体现了中国共产党发展理念在当今时代的凝聚和升华。

发展是人类社会的永恒主题，更是中国共产党不变的价值追求。自改革开放以来，中国共产党关于社会发展的认识不断深化，无论是“发展是硬道理”的理念，还是“发展是党执政兴国的第一要务”的思想，都在积极寻求中国现代化科学发展之路，为科学发展观的提出奠定了思想与实践基础。科学发展观体现了中国共产党对社会发展的认识的不断深化，是发展理念的时代升华。

---

* 王忠，南京政治学院上海分院副院长、副教授、硕士生导师。

一、发展愿望：中国共产党不变的价值追求和行为指导

中国共产党自成立以来就在追求人类的解放，追求中国人的独立自主和自力更生。不论是作为解决民族生存问题的民族独立的发展，还是新的社会制度下人民的温饱和富裕问题，都是中国共产党对发展的追求。因为共产党没有任何自己的私利，而是为实现最广大人民的根本利益而努力奋斗。有人认为美国之所以能够成功，主要原因在于其民族精神形成之后寻求独立发展的迫切愿望。① 而中国之所以能够取得今天的发展成就，也主要应归因于几代领导人对发展的迫切愿望。

中国共产党自成立以来就在不断探索中国的发展之路。中国共产党领导全党全国各族人民经过长期奋斗，夺取了新民主主义革命的胜利，进而建立起社会主义基本制度，把一百多年来备受侵略欺凌的半殖民地半封建的旧中国，变成了独立的人民当家作主的社会主义新中国。这场中国有史以来最伟大的革命，开辟了中国历史的新纪元，为中华民族的真正发展提供了前提，奠定了基础。如果说新中国的成立是解决了民族生存问题的话，那么建国之后所要解决的问题就是发展问题。以毛泽东同志为核心的党的第一代中央领导集体，面对一个贫穷落后而又尚未完成统一的中国，其发展愿望和发展任务都是极其艰巨的，同时对新生的社会主义政权的巩固也极为重要。社会主义改造的进行和三个五年计划的建设，初步建立了社会主义的国民经济体系，特别是现代工业体系，为社会主义的发

① 尹朝安："拉美发展模式的制度分析"，《拉丁美洲研究》，2005 年第 3 期。

展奠定了制度基础和经济基础。虽然中国共产党对新中国发展道路的探索因为大跃进、人民公社化运动以及文化大革命等受到了挫折，但客观上讲，无论是大跃进、人民公社化运动，还是文化大革命，都是对发展的渴望和实践探索。毛泽东同志早在1956年时就指出："我国人民应该有一个远大的规划，要在几十年内，努力改变我国在经济上和科学文化上的落后状况，迅速达到世界上的先进水平。"①"我们一定要努力把党内党外、国内国外的一切积极的因素，直接的、间接的积极因素，全部调动起来，把我国建设成为一个强大的社会主义国家。"②之后发生的大跃进和人民公社化运动，"跑步进入共产主义"成为当时人们的普遍信仰和行动，反映了党和全国人民对发展的渴求。当然，历史已经证明由于急于求成，中国共产党对发展的探索受到了极大的挫折。但以毛泽东为核心的第一代领导集体对中国社会主义发展的贡献是不可抹杀的，建构了中国政治经济发展的基本架构和基础，是我们在任何时候都要"永远铭记"的。

党的十一届三中全会之后，在思想拨乱反正的基础上，党的工作中心转移到"经济建设"这个中心任务上来，开始了中国人民进行改革开放和现代化建设的伟大革命，我们国家从此进入一个新的历史时期，这是我们党实现马克思主义中国化第二次飞跃时期。邓小平紧紧围绕"什么是社会主义，怎样建设社会主义"这一首要的基本的理论问题，探索在中国这样一个经济文化都比较落后的国家如何建设社会主义。在邓小平看来，搞社会主义，中心任务是发展生产力，是进行社会主义现代化建设。他在1979年3月指出："我们当前以及今后相当长一个历史时期的主要任务是什么？一句话，就是搞现代化建设。能否实现四个现代化，决定着我们国家的命运、民族的命运。""社会主义现代化建设是我们当前最大的政治，因为

① 《毛泽东文集》第7卷，北京：人民出版社，1999年版，第2页。

② 同上书，第44页。

它代表着人民的最大的利益、最根本的利益。”[①]“近三十年来，经过几次波折，始终没有把我们的工作着重点转到社会主义建设这方面来，所以，社会主义优越性发挥得太少，社会生产力的发展不快、不稳、不协调，人民的生活没有得到多大的改善。十年的‘文化大革命’，更使我们吃了很大的苦头，造成很大的灾难。现在要横下心来，除了爆发大规模战争外，就要始终如一地、贯彻始终地搞这件事，一切围绕着这件事，不受任何干扰。就是爆发大规模战争，打仗以后也要继续干，或者重新干。我们全党全民要把这个雄心壮志牢固地树立起来，扭着不放，‘顽固’一点，毫不动摇。”[②]“我们从八十年代的第一年开始，就必须一天也不耽误，专心致志地、聚精会神地搞四个现代化建设。搞四个现代化建设这个总任务，我们是定下来了，决不允许再分散精力。”[③]因为贫穷不是社会主义，发展太慢也不是社会主义，只有集中精力、聚精会神搞建设才能促进生产力发展，才能表明社会主义的优越性；社会主义的优越性归根到底要体现在它的生产力比资本主义发展得更快一些、更高一些，并且在发展生产力的基础上不断改善人民的物质文化生活。[④]要解决中国的问题，发展才是硬道理。[⑤]这些话反映了我党对发展迫切性和发展任务艰巨性的认识。虽然我们的发展愿望非常强烈，但邓小平清醒地认识到，中国解决所有问题的关键是要靠自己的发展。[⑥]但经验证明，关起门来搞建设是不能成功的，中国的发展离不开世界。[⑦]坚

① 《邓小平文选》第2卷，北京：人民出版社，1994年版，第162—163页。

② 同上书，第249页。

③ 同上书，第241页。

④ 《邓小平文选》第3卷，北京：人民出版社，1993年版，第63页。

⑤ 同上书，第377页。

⑥ 同上书，第265页。

⑦ 同上书，第78页。

持改革开放是决定中国命运的一招。[①]“我们的现代化建设，必须从中国的实际出发。……把马克思主义的普遍真理同我国的具体实际结合起来，走自己的道路，建设有中国特色的社会主义。”[②] 所以邓小平根据中国的国情确立了“三步走”的发展战略。改革开放作为中国的第二次革命，不断推动着生产力的解放。针对改革开放迈不开步子、不敢闯的情况，邓小平提出了“三个有利于”的判断标准；针对计划多一点还是市场多一点的疑虑，邓小平指出计划和市场都是经济手段，极大地促进了社会主义生产力的发展，为社会主义现代化更加科学地发展提供了基础。

以江泽民为核心的第三代领导集体继承和发展了邓小平的发展思想，进一步回答了“建设一个什么样的党和怎样建设党”的一系列重大问题，从党执政的层面进一步强调了发展的重要性。江泽民同志 1992 年指出，我们要紧紧抓住有利时机，加快发展，要走出一条既有较高速度又有较好效益的国民经济发展路子。强调必须抓住机遇，珍惜机遇，用好机遇，加快发展。因为能不能抓住机遇，加快发展，是一个国家、一个民族赢得主动、赢得优势的关键所在。[③] 而对于发展进程中出现的大量新问题，都需要用改革的精神来解决。[④] 在新世纪新阶段，中国共产党要尽快地使全国人民都过上殷实的小康生活，并不断向更高水平前进，就要不断创新，解决好发展问题。党要承担起推动中国社会进步的历史责任，必须始终紧紧抓住发展这个执政兴国的第一要务，把坚持党的先进性和发挥社会主义制度的优越性，落实到发展先进生产力、发展先进文化、实现最广大人民的根本利益上来，推动社会全面进步，促进人的全面发展。江泽民同志强调：“实现全面建设小康社会的宏伟目标，进一步提高

---

① 《邓小平文选》第 3 卷，北京：人民出版社，1993 年版，第 368 页。

② 同上书，第 2—3 页。

③ 江泽民：《论“三个代表”》，北京：人民出版社，2001 年版，第 123 页。

④ 《江泽民文选》第 1 卷，北京：人民出版社，2006 年版，第 162 页。

人民的物质文化生活水平，要靠发展；增强我国的综合国力，实现中华民族的伟大复兴，要靠发展；实现祖国的完全统一，要靠发展；解决人们的思想认识问题，说服那些不相信社会主义的人，坚定对社会主义和祖国未来前途的信念和信心，最终要靠发展。‘发展是硬道理，硬就硬在这里’。”[①] 特别是随着中国加入世界贸易组织，标志着中国对外开放进入了一个新的阶段。我们要在这个新的起点上，进一步深化改革、扩大开放，适应经济全球化趋势发展的新形势，继续深化对外开放，为中国经济发展提供新的强大动力。特别是在21世纪头20年，制定了实现小康社会目标的“新三步走”战略，制定了全面建设小康社会的目标，为到21世纪中叶基本实现现代化，把中国建成富强民主文明的社会主义国家奠定了基础。

正是中国共产党在不同的历史阶段，面对不同的国情和世情，都紧紧抓住了“发展”这一主题进行有中国特色的发展道路的探索，才为今天的科学发展提供了经验，奠定了基础。

二、发展理念：世界各国现代化发展的规律探求和经验共识

发展是世界各国进行现代化建设的追求。无论是发展理念从传统到现代的沿革，还是发展方式的变迁，都体现了各个国家对发展的不断探索和认识变迁。

二战后，与受到战争创伤的所有国家面临重建和复兴，以及战后摆脱殖民统治的新兴独立国家与地区面临严峻的巩固独立的发展任务相关，各国对现代化发展的探索普遍兴起。新独立的民族国家

① 江泽民：《论“三个代表”》，北京：中央文献出版社，2001年版，第123页。

大都实行一种较为原始落后的经济体制，经济和文化都极为不发达。如何应对欧美等发达国家的挑战，是摆在新独立的民族国家面前的一个严峻问题。政治独立、经济富强，是新独立民族国家的一种普遍愿望。因此，在西方发达国家现代化的影响下，“现代化”作为一种新价值观，成为新兴民族国家追求发展的选择。

在世界各国特别是发展中国家的历史进程中，如何实现有效的发展始终是贯穿历史发展的主线，发展的理念成为影响国家发展的重要因素。早在19世纪中期，拉美国家标榜“自由派”的新考迪罗主义者们提出了“秩序与进步”的口号，主张积极吸取欧洲的物质文明和精神文明，“尽可能地按照欧洲和北美的模式来重建其国家”。阿根廷、智利、墨西哥和巴西都出现了一批欧化主义的带头人，他们提出了“全盘欧化”的口号，主要实行的是遭受殖民掠夺的初级产品出口型经济。这一时期，拉丁美洲的经济沿着一种没有发展的经济增长模式运行，这使得拉美各国在独立以后的100多年间一直是有增长而无发展，其在国际分工体系中的地位也没有发生改变。进入20世纪后，拉美各国开始认识到以往发展战略的问题，努力探索一条新的道路。特别是在苏联赶超战略和二战后民族独立的影响下，拉美开始实行进口替代的工业化赶超发展战略。不但从西方国家大量引进技术和设备，建立进口替代的民族工业，而且政府还希望通过投资国营企业，掌握经济的主动权。但这种“进口替代”发展模式并没有降低拉美国家的对外依存度，反而加剧了国际收支上的不平衡。之后随着结构主义、新结构主义和新自由主义等的影响，拉美国家不断寻找新的发展道路，包括以查韦斯为代表的“第三条道路”的探索，对拉美的现代化发展具有一定的意义和作用，但由于受到国际社会的强烈反对，也步履维艰。可以说，一定程度上，拉美发展模式是一种典型的模仿型制度变迁道路，具有严重的缺陷。虽然进行了一些有意的探索，但由于其制度的历史性和滞后性，使得其发展依然受到诸多的限制和制约。但从拉美国家的现代化发展道路可以看出，发展理念是影响和制约一国发展道路选择的重要因素。一定程度上来看，各国对发展的追求都是相同的，但由于国情和世情的不同，选择不同的发展理念，就会形成不同的发展道路。

可持续发展观是20世纪后期提出的一种新的发展观，是人类在长期实践过程中不断转变思维方式和寻求自身发展道路的选择。工业革命促进了人类社会生产力迅猛发展，使一部分人自认为可以彻底摆脱自然的束缚，成为地球的主宰者。以培根和笛卡儿为代表提出的“驾驭自然，做自然主人”的机械论思想开始影响全球。人们把自然环境同人类社会，把客观世界同主观世界形而上学地分割开来，没有认识到人类同环境之间存在的协同发展的客观规律，不惜以牺牲资源环境为代价来谋求人类的发展。传统的发展观是以工业化的程度来衡量社会的发展水平，并以国民生产总值作为主要指标，这种发展观在促进工业生产、物质文明方面起过积极的作用，但也带来资源浪费、环境污染的负面效应，导致了地球上可利用资源的日益枯竭和生态环境的日益恶化，威胁到人类的生存与发展。到20世纪后期，人类社会开始认识到传统发展观存在的弊端，开始反思人类社会与自然界的关系。美国海洋生物学家蕾切尔·卡逊于1962年出版了《寂静的春天》，引发了公众对环境问题的关注，促使联合国于1972年在斯德哥尔摩召开了“人类环境大会”，并由各国签署了“人类环境宣言”，开始了环境保护事业。1987年，第42届联合国大会通过了《我们共同的未来》报告，提出了可持续发展的概念。之后在联合国的推动下可持续发展逐渐成为各国人们的共识。1992年在巴西里约热内卢召开的“联合国环境与发展大会”通过了《21世纪议程》，正式提出环境友好的概念，标志人类社会进入了可持续发展的新时期。各个国家也开始关注可持续发展问题，可持续发展成为世界各国追求发展的一种新的指导思想和行动理念。经验表明，一个国家坚持什么样的发展观，对这个国家的发展会产生重大影响，不同的发展观往往会导致不同的发展结果。在当今中国，应该坚持以人为本，实现全面、协调、可持续的发展；科学发展观的提出反映了当今世界的发展潮流，反映了当代世界最新的发展理念。

三、科学发展观：新世纪新阶段社会发展的时代凝聚和精神内核

科学发展观是马克思主义中国化的最新成果，是马克思主义发展观的当代新形态。科学发展观坚持马克思主义的基本原理，站在历史和时代的高度，进一步回答了新形势下关于发展的一系列重大问题，用新的思想和观点深化了对社会主义建设规律的认识，进一步丰富了马克思主义关于发展的理论，是与时俱进的马克思主义发展观。科学发展观继承和发展了马克思主义关于人的解放的理论，充分体现了唯物史观关于人民群众是社会历史的主体和创造者的观点，注重人的全面发展，坚持人民利益标准，始终把实现好、维护好、发展好最广大人民的根本利益作为党和国家一切工作的出发点和落脚点，做到发展为了人民、发展依靠人民、发展成果由人民共享。科学发展观继承和发展了马克思主义关于社会有机体和社会结构的理论，充分体现了唯物史观关于社会系统内部诸要素间相互联系、相互作用的思想，强调社会的全面、协调发展与可持续发展，充分体现了唯物史观关于人、社会对自然界的依赖性和社会历史发展的连续性的观点。在当今中国，科学发展观是推进我国改革开放和社会主义现代化建设又好又快发展必须长期坚持的战略思想。

科学发展观是我党发展思想的时代凝聚。有什么样的发展观，就会有什么样的发展道路、发展模式和发展战略，就会对发展的实践产生根本性、全局性的重大影响。离开发展，就无所谓发展观。坚持用发展的办法解决前进中的问题是新中国成立以来的一条基本

经验。在新的历史阶段，要同时破解不发展与发展后这两大难题，即不发展的问题依然尖锐、发展起来以后的问题日益突出，客观上要求我们创新发展理念，转变发展方式。原有的发展理论已经不能够很好地解决发展中的一些问题，这就呼唤着新的科学理论的产生。改革开放以来，我国经济高速发展，取得了举世瞩目的成就，但发展也很不平衡，社会领域的发展明显滞后，不能适应经济发展的要求。特别是随着环境问题的日益突出，使人们认识到经济增长和社会发展不均衡的问题必将严重影响和制约经济发展，进而影响人民的生活质量。而且在和平、发展与合作成为时代主流的国际环境下，综合国力的竞争日益加剧，各种影响国家安全的不稳定不确定因素增多，特别是加入世界贸易组织以后，中国融入世界的进程进一步加快，与世界的关系发生了重要变化，与世界上其他国家一起面临许多共同的发展问题，需要用科学发展观来更加科学的统筹实现国内国际两个大局，统筹国内发展和对外开放的的关系，促进我国现代化进程又好又快地发展。科学发展观坚持以发展为主题，不断发展关于发展的思想，用发展的眼光、发展的思路、发展的办法解决前进中的问题，既总结国内国际发展的经验教训，又适应新时期国内国际环境的需要。用科学发展观统领中国经济社会的发展，把中国特色社会主义事业不断推向前进，推动中华民族的伟大复兴。

以胡锦涛同志为总书记的党中央提出以人为本，全面、协调、可持续的发展观，是我们党在实践基础上，通过不断总结发展的经验教训，总结共产党执政规律、社会主义建设规律和人类社会发展规律而逐步形成的，是党的执政理念的时代升华。新中国成立以来，我党的执政理念经历了以阶级斗争为纲、到以经济建设为中心的最根本的转变，我国经济社会发展取得了巨大的历史性成就，人民生活总体上达到了小康水平。但是实际生活中也面临着不少困难和矛盾，很多方面不平衡的现象比较突出，如何实现经济社会的协调发展和人的全面发展成为党进一步巩固执政地位必须要解决的问题。

科学发展观从执政理念上解决了当今中国如何进一步更好更快发展的问题。特别是进入新世纪新阶段，在机遇前所未有、挑战也前所未有的新的历史阶段，我国发展呈现一系列新的阶段性特征，进入了一个发展的关键时期。从国际上看，超越传统发展观已逐步成为全球共识，再加上我国经济国际化进程全面加快，我国已经从国际经济秩序被动适应者逐步转变为世界重大事务的主要参与者，对世界经济的依赖程度不断上升。另外，虽然我国的综合国力和国际地位日益提高，但要实现中华民族伟大复兴，我们还面临着很多困难和阻碍，必须准确把握世界政治经济发展形势，不断调整和完善发展战略，抓住机遇，加快发展。以胡锦涛为总书记的党中央适应这种需要，提出了以人为本、全面协调可持续的科学发展观，赋予马克思主义关于发展的理论以新的时代内涵和实践要求，适应了我们党指导经济社会发展的客观需要。科学发展观作为马克思主义中国化的最新理论成果，为推进马克思主义中国化提供了新的认识视野。不仅为深化改革、扩大开放提供了科学的指导思想，为加速中国现代化的进程提供了强大的精神动力；而且更重要的是为巩固和完善社会主义制度提供了坚实的理论基础。

科学发展观是关于发展的世界观和方法论。“科学发展观，第一要义是发展。”发展是当今时代的主题，是我们党执政兴国的第一要务。要解决中国的问题，关键靠发展，离开了发展，一切都无从谈起。要把发展作为解决中国一切问题的关键。小康社会是一个全面协调发展的社会，而且随着我国社会的发展进步，人民的期待和要求也不断提高。从历史的视角看，在全党以经济建设为中心的历史时期，GDP 的重要作用被充分重视是有积极意义的，为党中央、国务院和社会公众了解我国经济社会发展提供了重要依据。但随着社会的发展与进步，GDP 中心论的发展观已经不能够全面衡量社会的发展状况，必须向“以人为本”的发展现转变和过渡。但这并不是否定以经济建设为中心，不是否定国民生产总值的作用和功能，而是力图建立一个把发展的核心和目的归结到经济、社会、自然和人的全面发展上的综合评价体系。科学发展观将人的自由全面发展作为评判发展的根本价值标准，强调发展应当包括经济、政治、社会、文化以及生态等因素的和谐发展，科学阐述了检验发展的标准，从根本上规定了发展的方向，从而保证人和自然、人和社会、人和人之间的和谐发展，为全面建设小康社会的实现提供条件。改革开放30年多来的实践证明，坚持以发展为主题，用发展的眼光、发展的思路、发展的办法解决前进中的问题，就能把中国特色社会主义事业不断推向前进。因此，科学发展观是对以往发展观的超越，它所追求的"以人为本"、"人的全面发展"体现了价值理性上的终极关怀，是人类发展价值取向上的"价值跃迁"，是我国经济社会发展的重要指导方针，是发展中国特色社会主义必须坚持和贯彻的重大战略思想。

新时期中国共产党国家主权思想发展及其历史经验

王公龙*

【内容提要】改革开放以来，在继承毛泽东国家主权思想的基础上，中国共产党几代领导人依据国际国内形势的变化，不断发展和创新国家主权观念，从而使得新时期党的国家主权思想呈现出有理念、有目标、有途径、有策略、有保障的较为系统、完整的理论架构，实现了国家主权思想的一次整体性转型和更新。在发展国家主权理论过程中所积累的宝贵经验也值得中国共产党在未来较长时期内加以珍惜、实践和传承。

改革开放30多年来，在融入全球化的进程中，中国国家主权行使所面临的国际环境发生了深刻的变化。一方面，国际形势的缓和总体上有利于中国国家主权的有效维护，中国维护主权的实力和能力也在不断提升；但另一方面，冲击乃至弱化中国国家主权的外部

* 上海市委党校教授、博士。

因素也在不断增多。鉴于此，中国共产党几代领导人在继承毛泽东国家主权思想的基础上，不断赋予其新的时代内涵，努力使之适应中国改革开放和国家和平发展的总要求。经过30多年的探索和构建，中国共产党的国家主权思想已经形成了较为完整、系统的理论架构，实现了中国国家主权思想的一次整体性理论转型和更新。中国共产党也从中积累了诸多应对和处理国家主权问题的宝贵历史经验。

一、中国国家主权思想更新的主要动因

主权是国家存在的标志。作为国家的固有属性，主权对内是指对整个民族国家范围内一切事务的最高政治统治权，具有绝对的权威性和排他性；对外是指国家有独立自主地决定自己的外交方针、处理国际事务的权利。一国国家主权思想的形成与发展往往与特定的国际环境、国家的主权利益需求以及维护主权利益的方式有直接的联系。新中国建立以来，围绕捍卫国家的领土完整和政治独立，以毛泽东为代表的党的第一代领导人十分珍视中国的国家主权，提出了一系列有效维护国家主权的主张和论断，包括坚持独立自主、反对外部侵略和干涉、和平共处五项原则等等，以斗争护主权成为这一时期中国维护主权的主导方式。但自20世纪70年代末始，随着国际形势的缓和，中国国家主权行使的外部环境总体上趋于改善。随着中国与外部世界关系的深刻变化，中国国家主权思想的发展与创新也日益紧迫地提上了日程。

第一，国家主权的外部压力趋于减轻。在新中国成立后的前30年中，中国始终面临来自外部超级大国的严重威胁，20世纪五六十年代，美国对新中国进行封锁、遏制和干涉，为维护国家主权的完

整，中国与美国在朝鲜和越南战场曾展开直接或间接的较量。60年代末期以后，中国面临的主要威胁由美国转为苏联，中国不仅面临来自苏联的部署在中苏、中蒙边界的巨大军事压力，还不得不在珍宝岛对苏展开维护国家领土主权的军事斗争。然而随着苏联解体和冷战的结束，和平与发展代替战争与革命成为时代的主题，中国国家主权所面临的外部压力总体上趋于减弱，不再需要时刻应对来自国际体系层面对中国主权的结构性压力，提防超级大国的霸权行径可能损害中国的主权。由于中国传统的主权思想形成于冷战的大背景，适应于反对超级大国的斗争需求，在国家主权外部环境深刻变化的新形势下，如何发展国家主权思想，主动创设有利于国家现代化建设的国际环境，使之适应于中国改革开放和国家和平发展的新要求，已经成为中国外交理论创新的基础性课题之一。

第二，国家主权议题日趋多元化、复杂化。理论上讲，一国的国家主权包括领土主权、政治主权、经济主权和文化主权等方面。领土是国家主权赖以实现的基本空间，也是主权国家人民得以生息繁衍的最基本物质基础，包括国家对领土的所有权、管辖权和不可侵犯权。新中国成立后的相当长时期内，中国维护国家主权的中心任务是捍卫领土完整，谋求政治上的独立自主。涉及国家主权的议题也主要是维护国家的政治独立地位，防止帝国主义和霸权主义侵犯中国领土、损害中国政治独立。但进入新时期，中国与外部世界的联系日益紧密，互动日趋频繁，关涉中国国家主权议题日趋多元化、复杂化。从领土主权看，与冷战时期相比，虽然中国不再面临来自苏联的巨大威胁，但有待解决的领土主权议题依然众多。比如，中国与印度、不丹等国存在尚未划定的陆地边界，与日本、韩国、朝鲜以及不少东南亚国家存在海洋领土主权争议，如何在维护周边环境稳定的同时寻求解决与周边国家间边界、岛屿或领海争议，成为中国外交的现实难题。此外，中国还需要与其他国家展开协商，共同寻找诸如香港、澳门等涉及主权问题的解决方案，在处理中美关系的同时探寻台湾回归祖国的可行性路径。从政治主权看，在后冷战时期，来自超级大国对中国政治主权的压力虽有所减轻，但威胁中国政治主权的因素并未消失，而是以更为间接、隐蔽的方式继续存在着。30多年来，西方国家一再以所谓民主、自由、人权等为借口干涉中国内政，并在20世纪80年代末加剧了中国政局和社会的动荡。此外，新时期涉及中国主权的议题往往具有复合性和交叉性特征。比如，西方国家干预中国的西藏问题，既有所谓“宗教”、“人权”考量，更有分裂中国领土主权的企图；在台湾问题上，既有支持台湾“民主”发展，进而和平演变中国大陆的考量，更有“以台制华”、长期分裂中国领土的深层动机。

第三，国家主权内在结构出现变动。在后冷战时期，以美国为首的西方国家继续对华实施“分化”和“西化”战略，这使得领土主权和政治主权依然在中国主权结构占据主导地位。但同时，随着中国对外经济合作、文化交流、人员往来的日益频繁，规模的日益增大，经济主权问题逐渐显现。经济主权既包括国家对其全部财富、自然资源和经济活动享有的永久主权，如拥有权、使用权和处置权等，也包括国家经济制度选择权以及在参与、协调国际经济秩序等问题上的最高决策权。改革开放大大拓展了中国国家经济利益的地理空间，推动了中国参与世界经济体系的进程，但也增大了中国经济主权遭受削弱的风险。比如，外部的经济体和投资主体大规模进入中国传统经济主权空间，并根据自身的利益需求向中国政府提出各种经济上的优惠条件。为吸引外资、技术和管理经验，中国有时不得不满足或照顾它们的现实利益需求，调整资本、税收、用工、环境等方面的政策，以改善投资环境。中国也因此越来越难以在经济政策决策上保持传统意义上的独立性和排他性。再如，跨国公司在华日益广泛的投资，虽然有利于中国经济发展和增加就业，但也垄断了中国某些产品和市场，制约了中国某些经济政策的制订和实施。此外，中国加入WTO总体上有利于中国获得更多来自国际制度层面的发展机遇，但中国的立法机构也不得不改革和完善有关经贸方面的法律规范，根据世贸组织的规则和中国政府的承诺对现行法律规范进行清理。除经济主权外，文化主权议题也日益引人关注。所谓文化主权涉及国家的传统习惯、信仰和价值观念，意味着对本民族文化所拥有的最高和独立的权利和权威。[①] 在全球化时代，以美国为首的西方国家凭借其雄厚的物质实力和科技优势，着力对华开展文化渗透和文化扩张，力图影响中国的社会精英特别是年轻一代的文化观念、思想基础乃至政治倾向。鉴于不同文化间相互交流、碰撞和借鉴是世界文明发展的大趋势，中国不可能也做不到在文化上紧闭国门。在此背景下，如何防范国家文化主权弱化也是需要面对的新课题。

第四，国家主权的维护方式面临更新。改革开放之前，中国维护国家主权的主要方式是依靠自身的实力，与外部敌对势力侵害中国主权的政策和行为进行坚决的斗争，有时不惜诉诸武力手段。但改革开放后，随着外部环境的改变和中国自身战略需求的变化，一味强调斗争不仅日益不合时宜，而且也难以奏效。当今时代，和平、发展、合作成为时代的潮流，尽管以斗争维护国家主权依然是不可或缺的重要手段，但实现国家主权的方式也应顺应时代的潮流的变化，尽可能用非对抗的方式解决国家间主权争端。从经济全球化趋势看，中国改革开放的过程就是参与经济全球化的过程。尤其是加入WTO后，中国在经济上与外部世界日益相互依存，并成为世界经济体系的一部分。这就意味着中国对国家经济主权的审视和界定不仅要关注自身的利益需求，而且必须适应国际经济体系的规则，重视在互利共赢中维护国家的经济主权。从外交战略上看，改革开放后，中国结束了对外结盟的历史，转而奉行独立自主的和平外交

① 花建等著：《软权力之争：全球化视野下的文化竞争潮流》，上海社会科学院出版社，2001年版，第250页。

政策，努力开展全方位外交，致力于改善与世界所有国家的关系。鉴于此，中国维护国家主权问题的方式和手段也理应与中国的和平外交政策相协调，在不放弃斗争手段的同时，争取以非对抗的方式处理国家间主权争议，实现有效维护国家主权的目标。

二、中国共产党国家主权思想发展的基本路径

在改革开放新时期，中国几代领导人始终把主权问题放在中国外交的突出位置，以维护国家主权完整性为着眼点，从政治、经济、文化等不同维度拓展国家主权的理论内涵，不断丰富和发展国家主权思想，努力构建具有中国特色的国家主权理论新架构。

第一，理念上，视国家主权为国家的核心利益。在处理对外关系时，中国始终强调主权属于国家的核心利益，尊重中国主权就是尊重中国的核心利益。邓小平曾指出："国家的主权、国家的安全要始终放在第一位。"① 20世纪90年代中期，美国政府提升美台关系，允许台湾领导人李登辉访美，在台湾问题上挑战中国主权。对此，中国政府予以了坚决的斗争，最终迫使美国政府不得不尊重中国的主权立场。1998年美国总统克林顿访华期间还发表了"三不"讲话，否认了台湾的主权地位。进入新世纪，中国政府继续将维护国家主权放在首要位置。胡锦涛曾在总结中国改革开放历史经验后明确指出："在我们这样一个人口众多的发展中社会主义大国，任何时候都必须把独立自主、自力更生作为自己发展的根本基点，任何时候都要坚持中国人民自己选择的社会制度和发展道路，始终把国家

① 《邓小平文选》第3卷，人民出版社，1993年版，第379—380页。

主权和安全放在第一位，坚决维护国家主权、安全、发展利益。”①2010年5月，胡锦涛在第二轮中美战略与经济对话举行之际发表的讲话中指出：“我们要尊重彼此核心利益和重大关切。主权独立和领土完整是国际关系基本准则赋予一国的最基本权利。对中国人民而言，没有什么比维护国家主权和领土完整更为重要。”②

第二，目标上，将维护国家主权完整放在中国外交的优先位置。既然将国家主权确定为国家的核心利益，中国在核心利益上自然不会作出原则性让步，在处理对外关系时理应将维护国家主权的完整性当做最优先目标。首先，将尊重中国主权完整性当做发展对外关系的前提条件。任何国家要与中国建交，首要前提是尊重中国主权的完整性，不得支持中国的分裂势力以及干涉中国内政。鉴于台湾是中国领土不可分隔的一部分，两岸尚没有实现统一，中国政府明确要求任何有意与我国建交的国家都必须首先与台湾“断交”，承认世界上只有一个中国，中华人民共和国政府是全中国唯一合法政府，台湾是中国的一部分。2005年5月，瑙鲁不顾中方反复劝阻与台湾当局“复交”，中国政府随即中止与瑙鲁的外交关系和两国政府间的一切协议。2007年5月，圣卢西亚同台湾“复交”，中方随即中止同圣卢西亚的外交关系。其次，不以损害主权完整性开展利益交换。中国政府在主权完整性问题上从不与任何国家讨价还价，决不拿主权作交易。2007年11月，美国计划向台湾出售武器，损害中国国家主权。同时，美国又希望中国支持对伊朗实施制裁。国际上有人猜测，中国有可能以支持美国制裁伊朗换取美国取消对台售武。对此，中国外交部发言人明确指出，台湾问题涉及中国主权、领土完整和统一大业，中方“坚决反对美国向台湾出售武器”，“中方在台湾问

① 胡锦涛：“在纪念党的十一届三中全会召开30周年大会上的讲话”，《人民日报》，2008年12月19日，第1版。

② 胡锦涛：“努力推动建设21世纪积极合作全面的中美关系”，《人民日报》，2010年5月25日，第2版。

题上，在任何时候都绝对不会拿自己的主权、拿自己的原则做交易”。[①] 2010年9月，在65届联大一般性辩论中，温家宝总理也指出：“中国讲友好，也讲原则。在涉及主权、领土完整等问题上，中国决不退让，决不妥协。”[②]

第三，内涵上，将国家主权的理论空间扩展至经济、文化等领域。在改革开放新时期，经济主权、文化主权日益引起中国领导人的关注。邓小平虽然没有直接使用经济主权、文化主权概念，但他一再强调要排除一切干扰，坚定不移地贯彻“以经济建设为中心”的战略方针，这表明，他是从维护国家最高经济决策权的层面看待经济建设的，坚持“以经济建设为中心”就是维护国家的经济上的最高权力，即经济主权。针对20世纪80年代西方资产阶级政治和文化思潮对我国的渗透，邓小平多次提醒全党，资本主义并没有放弃瓦解社会主义的企图，要警惕西方敌对势力正在打着“一场没有硝烟的第三次世界大战。所谓没有硝烟，就是要社会主义国家和平演变”。[③] 显然，邓小平是从维护国家主权的层面分析文化问题，其实质就是在于维护国家的文化主权。在此基础上，江泽民进一步结合全球化的大背景，指出维护我国经济主权和文化主权的现实意义。他认为，经济全球化虽然对各国经济发展有积极作用，但也应辩证地认识到它对国家经济安全的风险。由于发达国家在经济全球化过程中占据明显优势，发展中国家在经济全球化过程中必然会受到按发达国家意志制订的国际规则的约束。而且，由于发展中国家经济发展水平较低，防范风险的能力较弱，容易受国际经济波动的影响。此外，西方国家在同发展中国家进行经济合作的同时，还“极力推

① “中方反对美向台湾出售武器：不拿主权做交易”，http：//www. hinews. cn/news/system/2007/11/28/010172543. shtml。

② “温家宝联大发言：涉及主权领土问题绝不妥协”，2010年9月25日。http：//www. chinadaily. com. cn/dfpd/2010－09/25/content _ 11342452. htm。

③ 《邓小平文选》第3卷，人民出版社，1993年版，第36页。

行它们的发展模式、政治制度和价值观念，企图通过经济全球化实现资本主义的一统天下，这使广大发展中国家的经济主权、国家安全面临着严峻挑战和威胁”。[①] 为此，他一再指出，中国在参与经济全球化过程中，必须审慎地把握参与进程，循序渐进，趋利避害；加强同发展中国家合作，积极参与国际经济组织的活动，努力参与和影响国际经济规则的制订，维护发展中国家的正常权益和利益；坚持改革和扩大开放，加快经济建设，增强我国在经济全球化中的影响力和抵御、化解各种风险的能力。

第四，手段上，将反对霸权、开展合作和塑造环境有机统一起来。坚决反对侵犯中国主权的霸权行为是中国政府的一贯立场。20世纪80年代末90年代初，针对以美国为首的西方国家试图以所谓人权为借口干涉中国内政，损害中国的政治主权，邓小平一针见血地指出，西方国家“在许多国家煽动动乱，实际上是搞强权政治、霸权主义，要控制这些国家，把过去不能控制的国家纳入他们的势力范围”。[②] 为此，他一再强调要反对霸权主义，坚定捍卫国家主权和尊严。90年代后，中国政府继续同美国干涉中国内政的行径进行坚决的斗争。1999年5月“炸馆”事件发生后，中国政府不仅提出严正交涉，而且迫使美国政府作出公开正式道歉并赔偿。[③] 进入新世纪，尽管中国崛起势头强劲，但以美国为首的西方国家并未停止对中国主权的损害。对此，中方在强烈要求美国尊重中国的核心利益的同时，继续坚决反对其干预我国台湾、西藏、新疆等问题。2009年9月，胡锦涛在纽约会见奥巴马时明确指出，台湾、涉藏、涉疆等问题事关中国主权和领土完整，牵动13亿中国人民的民族感情。希望美方以实际行动支持两岸关系和平发展；反对“西藏独立”，理

---

① 中共中央文献研究室：《江泽民论有中国特色社会主义》，中央文献出版社，2002年版，第519页。

② 《邓小平文选》第3卷，人民出版社，1993年版，第348页。

③ 《江泽民文选》第2卷，人民出版社，2006年版，第328页。

解和尊重中方在涉藏问题上的关切；理解和支持中方为打击暴力恐怖犯罪、维护国家统一、维护社会稳定所采取的措施，不允许“东突”分裂势力利用美国领土从事反华分裂活动。[①] 在 2011 年 1 月发表的《中美联合声明》中，中方再度强调：“台湾问题涉及中国主权和领土完整，希望美方信守有关承诺，理解并支持中方在此问题上的立场。”[②]

与此同时，中国领导人日益重视与国际社会开展合作，以合作的方式维护国家主权。在双边关系中，中国主张以合作的方式解决国家间主权争端，避免主权矛盾的激化，既维护自身的主权利益，也考虑到有关国家的立场和处境。钓鱼岛、南沙群岛等岛屿都事关中国主权和领土完整，但由于诸多历史和现实的原因，这些岛屿争议问题已日益复杂化甚至出现国际化发展趋势。在时机和条件不成熟时，贸然以强硬方式处理岛屿争端，不仅会激化与有关国家之间的矛盾，甚至可能引发军事冲突，恶化我国周边战略环境，而且也无助于争议问题的有效解决。对此，邓小平提出“搁置争议、共同开发”的主张，试图在坚持主权在我的前提下通过合作寻找解决问题的新思路。基于这一思想，2002 年 11 月，中国和东盟国家共同发表了《南海各方行为宣言》，确认中国与有关国家一道致力于加强睦邻互信伙伴关系，共同维护南海地区的和平与稳定；强调通过友好协商和谈判，以和平方式解决南海有关争议；在争议解决之前，各方承诺保持克制，不采取使争议复杂化和扩大化的行动，并本着合作与谅解的精神，寻求建立相互信任的途径，包括开展海洋环保、搜寻与求助、打击跨国犯罪等合作。2008 年 6 月，中日双方发表《中日关于东海共同开发的谅解》，提出作为最终划界前的临时安排，

① “国家主席胡锦涛会见美国总统奥巴马”，http：//pic. people. com. cn/GB/42589/10104042. html。

② 《中华人民共和国与美利坚合众国联合声明》，2011 年 1 月 19 日。http：//www. chinanews. com/gn/2011/01－20/2799140. shtml。

在不损害双方法律立场的前提下，根据互惠原则进行合作开发。[①] 此外，在中国积极主张以互谅互让的精神解决与周边国家的边界问题。2002 年 5 月，中国与塔吉克斯坦签署协议，对双方争执多年的领土纠纷达成谅解，中塔历史遗留的边界问题获得全面解决。2008 年 7 月，中国和俄罗斯签署中俄国界线东段的补充叙述议定书，标志着中俄长达 4300 多公里的边界线全部确定。在黑瞎子岛划分问题上，中俄两国创立了“一岛两国”的新模式。2009 年 11 月，在协商谈判的基础上，中国越南陆地边界线全线勘定。至此，中越陆地边界争议彻底解决。

此外，为了积极创造有利于维护国家主权的国际环境，在国际舞台上，中国大力倡导主权平等精神。邓小平认为，主权独立和领土完整是所有国家生存发展的最基本的前提条件。但维护本国主权不能以破坏和牺牲他国主权为代价，必须尊重别国的主权。江泽民指出：“世界上所有的国家，无论大小、强弱、贫富，都是国际社会中平等的一员，都有参与和处理国际事务的权利。各国主权范围内的事情只能由本国政府和人民去管，世界上的事情只能由各国政府和人民共同商量来办。这是处理国际事务的民主原则。在当今时代，世界的命运必须由各国人民共同来掌握。”[②] 为此，中国领导人在国际关系中一再倡导和平共处五项原则，遵守并捍卫《联合国宪章》的宗旨和原则，在主权平等的基础上共同构建“和谐世界”。在国际政治实践中，中国不仅以主权平等的理念处理重大国际问题，而且还重视利用自身在国际经济体系中的地位和影响，积极参与国际经济新规则的制订，努力促使其朝着有利于维护中国和广大发展中国家经济主权的方向发展。2008 年 11 月，胡锦涛在出席华盛顿 G20

---

① “中日东海达共识 日本依中国法参加春晓开发”，http：//news. sohu. com/20080619/n257595297. shtml。

② 《江泽民文选》第 3 卷，人民出版社，2006 年版，第 110 页。

峰会时积极倡导依据全面性、均衡性、渐进性、实效性的原则，对当今国际金融体系进行改革，倡导建立公平、公正、包容、有序的国际金融新秩序。[①]

第五，策略上，既坚持主权立场的原则性又保持实现方式的灵活性。在国家统一的模式上，邓小平曾多次指出，中国人民实现祖国的统一，这首先是一个民族统一问题，在这一关系中华民族根本利益的问题上不能作丝毫的让步。但捍卫中国主权方式或模式的选择，必须从实际出发，保持一定的灵活性，即既要体现中国主权的完整性，又要照顾台湾、香港、澳门等地的现实，尊重这些地区民众的价值观念、制度现实和生活方式。正是出于兼顾主权原则性和灵活性，邓小平创造性地提出了“一国两制”的伟大构想。

在人权与主权的关系上，中国领导人主张把主权放在优先位置，认为只有先维护国家主权，才能实现保障人权。邓小平曾指出：“人们支持人权，但不要忘记还有一个国权。谈到人格，但不要忘记还有一个国格。”[②]“真正说起来，国权比人权重要得多。”[③] 20世纪90年代以来，针对西方提出的“人权高于主权，人权无国界”的论调，江泽民强调，“国家主权是人权的基础和保障”，“人权问题从本质上说是各国主权范围内的事”。[④] 因此中国主张通过开展中西方对话增进理解，缩小分歧，但反对借人权问题干涉别国内政。此外，中国领导人还认识到，西方国家之所以能够以人权为借口干涉他国内政，除这些国家在国际政治中搞霸权主义之外，发展中国家内部存在诸多经济、政治、社会、民族、宗教等问题客观上也为西方国家的介入提供了可能

① “胡锦涛在G20峰会提出4大举措改革国际金融体系”，http：//news.163.com/08/1116/03/4QREKLDK0001124J.html。

② 《邓小平文选》第3卷，人民出版社，1993年版，第331页。

③ 同上书，第345页。

④ 转引自李先伦、张子礼：“改革开放以来党的人权思想探索历程”，《党史纵横》，2008年第5期。

性。要避免外部政治势力的干预，发展中国家就必须把发展和维护人权放在国家发展战略的重要位置，全面创造维护和发展人权的有利条件，避免国家出现内部的纷争和混论，以防止外部政治势力借机干预。基于此，胡锦涛指出，我们要一如既往地坚持以人为本，既尊重人权普遍性原则，又从基本国情出发，切实把保障人民的生存权、发展权放在保障人权的首要位置。他还特别强调维护稳定的重要性，强调坚持正确处理改革发展稳定关系，着力保持社会大局稳定。[①]

第六，保障上，强调增强国家维护主权的实力基础。在国际政治现实中，一国要切实有效地维护国家主权，反对国内外敌对势力的分裂和颠覆活动，必须具备强大的实力。因此，集中精力于国家现代化建设，迅速增强国家综合国力，是有效维护国家独立和主权的关键所在。具体包括：其一，发展经济实力。邓小平曾指出，“一个国家要取得真正的政治独立，必须努力摆脱贫困”，[②]“香港问题为什么能够谈成呢？并不是我们参加谈判的人有特殊的本领，主要是我们这个国家这几年发展起来了，是个兴旺发达的国家，有力量的国家。”[③] 鉴于此，他一再指出，“发展是硬道理”，提醒国人要抓住机遇，加快我国现代化建设的步伐，增强社会主义国家的综合国力。其二，发展文化软实力。文化软实力是国家实力的重要组成部分，主要体现为一个国家文化、价值观和发展模式对他国的吸引力、感召力和同化力。在党的十五大报告中，江泽民把文化建设放在与经济建设、民主建设并重的位置上，明确提出有中国特色社会主义的文化“是综合国力的重要标志”，[④] 要“立足改革开放和现代化建设

① “胡锦涛强调：没有稳定，一事无成”，http：//www.chinanews.com.cn/gn/news/2009/09－09/1858749.shtml。

② 《邓小平文选》第3卷，人民出版社，1993年版，第202页。

③ 同上书，第85页。

④ 江泽民：“在中国共产党第十五次全国代表大会上的报告”，《人民日报》，1997年9月13日。

的实践，着眼于世界文化发展的前沿，发扬民族文化的优秀传统，汲取世界各民族文化的长处，在内容和形式上积极创新，不断增强中国特色社会主义文化的吸引力和感召力”。① 在此基础上，胡锦涛进一步提出国家软实力概念，并强调“增强我国文化的国际竞争力，提升国家软实力，是摆在我们面前的一个重大现实课题”，为此中国要积极参与国际文化交流与竞争，主动展示中华文化的魅力，推动中华文化走向世界，以“增强中华文化国际影响力”。② 其三，加强军事实力。从根本上讲，在无政府状态的国际环境中，维护国家主权最终离不开国家的军事实力，是否具备强大的军队和国防直接关系到国家的安危和国家主权能否有效维护。鉴于此，20 世纪 80 年代以来，中国领导人一再指出，要“把我们军队建设得更好，为捍卫我们国家的独立和主权……做出更多更大的贡献”。③ “要以时不我待的紧迫感，积极推进中国特色军事变革，加快我军由机械化半机械化向信息化的转变，全面提高我军的威慑和实战能力，为国家的安全、统一，为全面建设小康社会，提供坚强有力的保障。”④

三、中国共产党主权思想发展的历史经验

毋庸置疑，与改革开放前相比，新时期中国共产党国家主权思

---

① 江泽民：“在中国共产党第十六次全国代表大会上的报告”，《人民日报》，2002 年 11 月 18 日。

② 胡锦涛：《高举中国特色社会主义伟大旗帜为夺取全面建设小康社会新胜利而奋斗——在中国共产党第十七次全国代表大会上的报告》，人民出版社，2007 年版，第 15 页。

③ 《邓小平文选》第 3 卷，人民出版社，1993 年版，第 334—335 页。

④ 《江泽民文选》第 3 卷，人民出版社，2006 年版，第 583 页。

想已经发生了显著的变化，不仅视野更加开阔，思维更加开放，而且内涵更加丰富，体系更加完整。可以说，经过30多年的发展和创新，新时期中国共产党国家主权思想在与时代同步发展，努力适应中国外交实践需求的过程中，完成了一次深刻的理论转型和更新。不仅如此，在推动国家主权理论发展的过程中，中国共产党还积累了十分宝贵的历史经验。

第一，坚持传统主权理论的基本内核。国家主权问题既是一个理论问题，更是一个政治问题。从理论层面看，尽管传统主权理论在全球化时代正在面临多方面挑战，一些西方国家还大力鼓吹所谓“主权过时论”、“人权高于主权”等论调，但在以民族国家为基本行为体的国际体系中，传统主权理论依然为当今世界所普遍接受，主权原则依然是当今国际法的基本原则，也是《联合国宪章》宗旨与原则的理论依据。只要以民族国家为基本行为体的国际政治没有发生根本性改变，传统主权理论的基本内核就不能被丢弃。鉴于国际形势的变化尚未撼动传统主权理论的根基，这一理论依然可以成为中国制定对外政策的重要依据，并成为中国主权理论的发展和创新的理论基础。离开了传统主权理论的基本内核，当代中国主权理论框架就失去了支撑点。从政治层面看，中国是世界上唯一至今尚未实现国家领土主权完全统一的国家，与周边邻国依然存在诸多重大的领土争议和纠纷，领土主权尚存在现实安全问题或安全隐患，维护国家主权的完整依然是中国十分繁重而艰巨的任务，事关中国的核心国家利益。此外，作为一个非西方的社会主义大国，中国的崛起容易被西方世界视为挑战，后者也往往会从政治、安全、经济、文化等方面削弱或损害中国的国家主权，以谋求自己的战略利益。这就决定了中国在发展对外关系时必须把维护国家主权放在优先的战略位置。改革开放以来，正是在坚持传统主权理论、坚定捍卫国家主权的过程中，中国保持了政治上的独立自主地位，取得了经济发展的巨大成就，并向国际社会展示了中国的文化软实力。

第二，不断更新主权观念。强调传统主权观念的现实意义并不是要僵化地固守传统的主权观念。主权在不同的历史发展阶段呈现出了不同的内涵和不同的表达方式，无论在内涵还是外延的构成方面都始终处于不断的调整和变化之中。在融入全球化的进程中，传统主权理论面临侵蚀和挑战已成客观事实。经济全球化促进了中国与世界的相互依存，增加了中国参与全球治理的紧迫性，而全球治理的有效展开势必要求包括中国在内的世界各国采取一致或协调的行动，这就必然会削弱中国主权的专属性、排他性和独占性，促使中国对主权行使做出适应性调整。同时，随着对外开放的推进，中国加入的国际制度和国际条约不断增多，在遵守国际相关制度和约定的过程中，中国也不得不放弃一些固有的主权权利。这种局部主权的部分让渡的出发点是为了维护国家的整体利益，以不危及身份主权的完整性为前提，是国家适应全球化时代的相互依存而对主权行使方式做出的积极调整。此外，随着信息技术的迅猛发展和广泛应用，在网络所构筑的虚拟世界中，中国与外部世界已紧密相连，中国传统国家主权边界特别是文化主权边界与外部世界之间日渐模糊，甚至难以区隔。这也要求中国在国际形势的发展变化中思考和调整自己的主权观念，在坚持国家政治和安全上的独立权、平等权的基础上，将经济主权、文化主权乃至生态主权等观念引入中国的主权理论框架中，不断增强中国主权理论的解释力，更好地维护中国的政治、安全、经济、文化、生态等方面的利益。

第三，探索多种维护模式。在全球化时代，世界政治的进程和形态正在发生深刻变化，主权国家的生存与发展受世界体系和全球利益的制约日益明显。为了有效维护国家主权，中国有必要以开放的姿态，积极探索国家主权维护模式的多样化。除了传统的斗争模式（即通过与帝国主义和霸权主义开展斗争以维护主权）外，中国还需要将合作模式（即以开展国家合作的方式实现国家的主权利益）、让渡模式（即通过让渡部分主权以谋求实现更多、更大的主权）、共享模式（即在涉及北极、南极、太空等人类共有的环境和空间中实现世界各国间的主权共享）等纳入维护主权的视野之中，积极探索主权模式实现途径的多样性和有效性。

第四，灵活运用外交策略。一是争取对话。主权问题涉及国家的核心利益，一旦国家间矛盾激化乃至兵戎相见，不仅严重损害国家间关系，加剧国家间敌对和仇恨，甚至会导致国家间在较长时间内关系的僵化和对抗。因此，只要有谈判和对话的空间，就应极力避免分歧的扩大和对抗的升级。中国之所以一再主张通过对话解决与周边国家的领土与领海争议，正是为了避免与周边国家关系的恶化。实践证明，此举有利于中国周边外交的开展和周边战略环境的稳定。二是采取冷处理。在坚持国家主权完整性的前提下，努力避免主权争端的激化。在一时难以打开主权僵局的情况下，可以考虑采取冷处理，通过达成相关的决议或谅解，避免采取进一步刺激对方的措施，以免损害国家间互信关系，防止造成误判，进而引发紧张局势加剧或武装冲突。鉴于此，无论是处理中日东海大陆架争议还是处理南海主权争议，中国都倡导"搁置争议，共同开发"，在坚持主权在我的同时，避免与周边国家矛盾的激化，为最终找到解决争议的办法争取时间，创造条件。三是善于斗争。即在斗争中做到"有理、有利、有节"，既捍卫主权，又适可而止，避免矛盾的激化而损害中国外交大局的稳定。2010 年 7 月，美国国务卿希拉里·克林顿公然宣称美国在南海有"国家利益"，暗示中国在"胁迫"南海周边国家，大力主张所谓南海问题国际化、多边化。对此，中国外长杨洁篪撰文坚决驳斥美国在南海问题上的歪论，揭露了美国推动南海问题国际化的图谋。[1] 但同时，中国也视美国的实际举动对中国的挑战程度作出相应的反应，不在具体问题上纠缠，避免损害中美

① "杨洁篪外长驳斥南海问题上的歪论"，2010/07/25，http：//www.fmprc.gov.cn/chn/gxh/tyb/zyxw/t719371.htm。

互信和两国关系大局的稳定。

综上所述，改革开放以来，在继承毛泽东国家主权思想的基础上，中国共产党几代领导人依据国际形势的新变化和中国现代化建设的新要求，立足维护国家主权完整这一根本目标，不断推动主权观念的与时俱进，丰富其思想内涵，从而使得新时期党的国家主权思想在理念、目标、内涵、途径、策略、保障等方面都有发展和创新，并形成了较为系统、完整的理论架构和体系。新时期的国家主权思想不仅为中国有效维护国家主权提供了理论指导，而且也丰富和拓展了中国特色国际战略的思想宝库，为中国特色社会主义理论的创新和发展提供了重要的思想资源。尤其是在发展中国国家主权理论过程中所积累的宝贵历史经验，值得中国共产党在未来较长时期内加以珍惜、实践和传承。

国际关系中的二元叙述[①]

王传兴[*]

【内容提要】尽管文化的概念多种多样，但是都可以归结为两种类型的文化概念——人文主义的文化概念和人类学的文化概念；前者的内容具有普世性的特点，后者的内容具有他者性的特点。叙述同时是主观的和客观的。叙述的二元性表现为普世性意义的叙述和他者性意义的叙述。在世界政治中，叙述的二元性是普遍性的存在。二元叙述的前提条件是叙述者的叙述能力和叙述意愿。二元叙述相互之间存在着既互为前提、相互竞争、且可相互转化的辩证关系，又存在着积极与消极之间相互统一的辩证关系。世界政治中的二元叙述的理论意义在于帮助人们加深对国际关系中的社会世界的认识；而它的局限性则体现在它的前提条件之中。

① 本文是同济大学“985工程”“全球变化与中国国家利益研究”课题的中期成果。

* 王传兴，同济大学政治与国际关系学院国际与公共事务研究院副教授。

一、序言：两种不同的文化概念

信仰皆假，信仰皆真：
真理乃无数碎片四散的破镜；
而每一块小碎片都相信，
自己要拥有全部的真理。①

文化是什么？这是一个极富争议性的概念。国际关系的批判理论学者 R. B. J. 沃尔克曾指出，对于文化的概念一般性地进入当代西方有关社会政治进程辩论的方式、以及文化的概念特别地使得国际关系的分析活跃起来的方式，有两组非常广泛的主题曾经是特别重要的：第一，文化曾通常以假定观念与物质、语言与世界之间存在本体论上的根本性差异的哲学主张和分析方法为基础来加以清楚地表达。第二，塑造了当代文化含义的另一个广泛的主题，涉及普世主义与排他主义之间相互冲突的主张。② 沃尔克所说的这两组主题中的第二组——即普世主义与排他主义相互之间的冲突，是对文化研究在西方近一个半世纪中发展历程的概括性归纳。无独有偶，另一

① 此一诗节引自 Kwame Anthony Appiah 所著的 *Cosmopolitanism: ethics in a world of strange*（W. W. Norton & Company, Inc.，2006）一书的第 5 页，原文如下：

All Faith is false, all Faith is true:
Truth is the shattered mirror strown
In myriad bits; while each believes
His little bit the whole to own.

② R. B. J. Walker, "The Concept of Culture in the Theory of International Relations", in *Culture and International Relations*, edited by Jongsuk Chay, Praeger Publishers, 1990, pp. 5—6.

位西方学者蒂姆·爱德华兹也认为，虽然存在着许多有关文化的不同概念和定义，但是一般来说，“就像现在整个社会科学领域中众所周知的那样，这些（文化的定义）常常被分为两种：第一种定义以艺术观念、风格、以及范围更为广泛的视觉艺术为中心，第二种定义只是将文化定义为生活方式”。[①] 但是，无论是沃尔克所归纳的普世主义与排他主义的文化概念，还是爱德华兹所说的上述两种文化概念，它们都分别指的是所谓的人文主义的文化概念和人类学的文化概念。本文作者对于文化概念的理解，正是建立在沃尔克所说的文化的第二组主题基础之上的。

如上所述，文化的概念和定义，一般可以归结为人文主义的和人类学的两大类。对于人文主义的文化内涵，马修·阿诺德曾在1869年这样描述：“本文全文都是要介绍文化对我们走出目前的困境所起的巨大帮助作用；通过增进了解的方式，文化追求我们关心的所有事物的整个完美、追求这个世界上我们曾经所思所言的最美好的事物的整个完美。”[②] 一言以蔽之，阿诺德的人文主义文化概念，是代表“所有事物中最美好的东西”。关于人类学的文化概念的内容，美国人类学家玛格丽特·米德在1942年指出：“……我们即自身。”“我们即自己的文化。”[③] 英国国际关系学者朱莉·李维斯也指出，人类学的文化概念“……被看作是实在论的文化概念（the essentialist conception of culture）——就好像有一种特定的文化要素使得我们之所以成为我们这个样子。”[④]

---

① Tim Edwards (ed.), *Cultural Theory*, Sage Publications Ltd., 2007, p. 1.

② Mathew Arnold, *Culture and Anarchy*, Oxford University Press, 2006, p. 5.

③ Margaret Mead, And Keep Your Powder Dry: an anthropologist looks at America, New York: W. Morrow and Co., 1942, p. 16, p. 21.

④ Julie Reeves: *Culture and International Relations: narratives, natives, and tourists*, London; New York: Routledge, 2004, p. 2.

从以上的两种文化概念中，可以发现它们之间存在着显而易见的差别。人文主义的文化概念所强调的，乃是“对完美事物的追求”；而“人类学家则不是以‘修养’、‘文雅’、‘深度’等诸如此类的意义来使用这一术语，就像在‘他是一个有文化的人’中所使用的那样。在人类学家看来，由于人们是在社会群体中出生、抚养和生活，因此所有的人都是‘有文化的’。”[①] 换言之，“作为与文化人类学概念相对的人文主义的文化思想，要求的是有意识的努力。对于人文主义者来说，如果认为我们就是我们的文化将是对他们的诅咒。对他们而言，文化是我们必须致力于获取的东西”。[②]

从以上的比较分析中可以看出：人类学的文化概念所强调的，是特定群体——共同体、部落、民族等——的“生活方式”，即特有物，因而是我们相对于他者而言的，表现出来的特点是强调和突出个体性、区域性、特殊性或者他者性（或者说排他性）；而人文主义的文化概念所强调的，则是所有人认为的“所有事物中最美好的东西”，因而突出的是作为人类整体的理想追求，表现出来的特点是强调和突出总体性、全球性、普遍性或者普世性。

二、国际关系中叙述的主观性和客观性

按照兰登书屋的《韦伯斯特完整版词典》的解释，叙述是“一个故事，或者对事件、经历、或与之相类似事情的报道，无论这些事情是真实的还是虚构的”。而在定性研究中，虽然一般来说叙述指

---

① Frank Robert Vivelo, *Cultural Anthropology: a basic introduction*, Lanham, Maryland: University Press of America Inc., 1994, p. 15.

② Julie Reeves, *Culture and International Relations: narratives, natives and tourists*, Routledge, 2004, p. 3.

的是“任何口头或书面的陈述，但是它主要在更窄的意义上被用于表示形式或在故事形式中被组织起来的陈述风格。……这一术语可以用于指特定的一种数据。……叙述也可以指研究报告的话语形式，它显然不同于议论形式。……研究报告中的议论形式，其典型的特点是共时性——即集中关注特定时期一组有限的事件；然而，研究报告的故事形式，其典型的特点则是历时性——对随着时间而变化的现象进行处理。”① “或者简单地说，叙述是对事件或一系列事件的再现。”②

如果对事件与再现进行区分，那么“事件与再现之间的区别即故事（事件或一连串事件）与叙述话语（故事是如何表达的）之间的区别”。③ 由此可知，叙述具有明显的主客观双重性特点。叙述是具有客观性的，因为它必须依赖客观存在的故事（事件或一连串事件）；叙述是具有主观性的，因为这是叙述者的叙述话语（故事是如何表达的）。试看下面三段不同的文字：

1. 2008 年 3 月 14 日，在拉萨发生了骚乱。

2. 2008 年 3 月 14 日，在西藏首都拉萨发生了藏人反对共产党和汉人残酷统治、并遭到严酷镇压的起义！

3. 2008 年 3 月 14 日，在中国西藏首府拉萨发生了由达赖分裂主义集团操纵的严重打、砸、抢暴力犯罪事件，这一威胁社会稳定的暴力犯罪事件在西藏各民族人民的同声谴责和坚决斗争中已经得到了平息！

以上第一段文字是故事，即客观存在的一个事件，因而是具有客观性的；而第二段和第三段文字则是叙述话语，即对一个故事

① Thomas A. Schwandt, *Dictionary of Qualitative Inquiry* (second edition), Sage Publications, 2001, p. 168.

② H. Porter Abbott, *The Cambridge Introduction to Narrative*, Cambridge University Press, 2002, p. 12.

③ Ibid., p. 13.

如何进行叙述，因而是具有主观性的。换言之，虽然叙述者总是在一定的客观事实基础上来进行叙述的，但是叙述的主观性特点也是不言而喻的。正如有的学者所指出来的那样，“就广义而言，叙述是有关某事情的故事或报告——叙述以一种内在的方式将事件或发生的事情联结在一起、并且将它们传递给读者和观众。在社会科学中，进行叙述就是对世界的某一个方面进行不断的报告，如果乐意的话，并且对情节与剧本进行评论。由于事件本身并不会为自己发出声音，因此所有学者都讲述着有关世界的故事；但是叙述则是嵌入到故事中的故事——观点经常隐身于叙述的背后”。[①]

在社会历史世界中，对于叙述的主客观性问题，存在着相互尖锐对立的观点。极端的阐释主义者，如伽达默尔认为，叙述中的“客观主义是一种幻觉。即便是作为历史学家，即作为现代方法科学的代表，我们也是不曾断裂的历史链上的成员，经由这一历史链，过去在向我们进行述说”。[②] “不仅（历史客体）这个概念，甚至连‘历史客体’的说法对我来说都是没有价值的。我们由这一短语所指出的根本就不是一个‘客体’，而是一个‘我的’和‘他人的’‘统一’。”[③]

对于叙述的主客观双重特性，美国当代成就卓著的历史哲学家海登·怀特（Hayden White）曾经有过系统精辟的论述。他认为，“史学理论家一般同意，所有的历史叙述都包含了无法削除的阐释性

---

① Julie Reeves, *Culture and International Relations: narratives, natives and tourists*, Routledge, 2004, p. 9.

② H. G. Gadamer, “The Problem of Historical Consciousness”, in *Interpretive Social Science: a reader*, edited by Paul Rabinow and William M. Sullivan, University of California Press, p. 145.

③ Ibid., p. 159.

元素（element of interpretation）”。[1] 因此，“即使那些声称没有具体意识形态承诺、并且抑制从他们对过去社会的分析中得出明显意识形态含意的历史学家，根据他们相对于历史再现应呈现的形式所采取的立场，也可以说是在可被指明的意识形态框架之内进行写作的。与自然科学不同，人文科学……不可避免地被认识论的保证推向采取意识形态的立场，（历史研究的）实践者被迫在相互竞争的理论中作出保证，看看‘客观的’人文科学可能像什么”。[2] 由此观之，任何叙述都是带着观点的，因此，叙述其实不可能是中立的。叙述之中总是或隐或现地体现了叙述者本身的观点。这种在叙述中被嵌入其中的观点，使得叙述的内容与真实的存在之间永远不可能完全一致。

三、国际关系中的二元叙述

叙述本身不仅具有主客观的双重性特点，而且如果借用上述序言中文化的两种概念来对世界历史中的叙述进行考察的话，人们发现，明显存在着两个层次的叙述，即普世性意义叙述和他者性意义叙述这一二元叙述的特点。以国际关系文化概念的叙述为例，英国学者朱莉·李维斯（Julie Reeves）曾有过这样的论述：认为虽然“存在着数种涉及国际关系文化概念的不同叙述，但是这些叙述最终都是源于人文主义或人类学的文化概念。即使是在使用相同的文化概念时，虽然也不会有哪两位学者会在叙述中说着相同的事情，但他们可能会说什么和限制他们说什么，则通常首先取决于他们以什

---

① Hayden White, *Tropics of Discourse: Essays in Cultural Criticism*, Baltimore and London: the Johons Hopkins University Press, 1978, p. 51.

② Ibid., p. 69.

么样的方式来看待文化”。[①] 因此，“无论是希望支持世界主义的（普世性的）或者排他主义的（相对性的）国际关系叙述，一个学者都将受制于对人文主义或人类学（文化）概念的依赖”。[②]

换言之，从人文主义的文化角度所进行叙述的基础，是世界主义的、强调人类的普遍性意义、即“对全部最美好的事物的追求”——突出普世性意义；而从人类学的文化角度所进行叙述的基础，则是排他主义的、强调相对性意义、即我们区别于他们的“生活方式”——突出相对于自我性的他者性意义。

1. 二元叙述的普遍性特点

二元叙述是一种社会生活中的普遍性存在。在世界政治中，无论从纵向的时间维度还是从横向的空间维度而言，有史以来、无论何处，二元叙述都是一种普遍性的客观存在。由于在人们的心目中都存有“对全部最美好事物的追求”的思想，普世性意义叙述因而毫无疑问是一种普遍性的客观存在。以来自不同社会群体的甲和乙两位叙述者来说，他们二者在叙述的过程中，都会情不自禁地认为，自己的叙述所代表的，才是真正具有普世性意义的“人的完美理想”——这种现象是普遍性的客观存在。但另一方面，由于“我们能够（或者应该能够）从文化上将本地人与路过的旅者区分开来的想法依然是一个重要的目标——而这并不是一种仅仅局限于学术界的想法”，[③] 因此他者性意义叙述同样也是一种普遍性的客观存在。特定条件下所形成的特定社会群体的叙述，从根本上来说，一开始都是他者性意义叙述。仍以来自不同社会群体的甲和乙两位叙述者为例，来自一群体的甲和来自另一群体的乙，他们在进行叙述时，

---

① Julie Reeves, *Culture and International Relations: narratives, natives and tourists*, Routledge, 2004, p. 10.

② Ibid., p. 10.

③ Ibid., p. 11.

总是以各自的“生活方式”进行着自己的叙述，因而他们的叙述毫无疑问首先都是一种他者性意义叙述。

由此观之，任何一种叙述似乎有可能同时既可以是普世性意义叙述，也可以是他者性意义叙述，就像迈克尔·沃尔泽（Michael Walzer）在谈论道德时曾经说过的那样，“我要支持政治的差异性，而与此同时要对某种类型的普世主义进行描述和辩护”。[①] 那么，决定一时期的国际关系中叙述的普世性意义和他者性意义的前提条件是什么呢？

2. 二元叙述的决定条件——叙述能力与叙述意愿

上文曾谈及叙述本身所具有的主客观双重性特点。事实上，这种叙述的主客观双重性特点，还体现在决定二元叙述的叙述者本身身上：一种叙述在社会世界中究竟是普世性意义叙述还是他者性意义叙述、或者同时既是普世性意义叙述又是他者性意义叙述的，既决定于叙述者的客观叙述能力，又决定于叙述者的主观叙述意愿。从叙述者的客观叙述能力来看，就像“文化研究必须通过在其产生和消费的社会关系和体系内部来进行，文化分析因而与社会、政治、经济的研究有着密切联系”[②] 一样，叙述者的叙述能力也必定是具体社会、政治、经济现实环境的体现。换言之，无论是从纵向的时间维度还是从横向的空间维度来看，叙述的普世性意义或他者性意义，无疑从来都是受制于叙述者的叙述能力的；而叙述者的叙述能力，则又从来都是受制于叙述者所处的具体时空环境的。换言之，叙述者的叙述能力是受制于某一时期其所处的社会、政治、经济结构的：即在一定时期的社会、政治、经济结构中，由于叙述者所处的地位

① Michael Walzer, *Thick And Thin: moral argument at home and abroad*, University of Notre Dame Press 2007, Px.

② Tim Edwards (ed.), *Cultural Theory*, Sage Publications Ltd., 2007, p. 59.

有强弱之分，因此不同的叙述者的叙述能力是不会相同的。在结构中处于强势地位的叙述者，其叙述能力必然偏强；而在结构中处于弱势地位的叙述者，其叙述能力也必然偏弱。

除此之外，叙述者的叙述意愿也对决定一种叙述在社会世界中的普世性意义叙述性质或他者性意义叙述性质起到一定的决定作用。为什么呢？海登·怀特曾指出，事实上，“……叙述远远不仅仅只是一种可以充塞不同内容——无论是真实的或者想象的内容——的话语形式，而是在变成任何实际言语或作品之前，就已经拥有了自己的内容”。[①]“以这样的方式来看待叙述的话语，一方面使我们能够解释作为文化事实的普遍性；另一方面则使我们能够解释占支配地位的社会群体，为什么不仅有兴趣来控制被称为某种文化形成的权威神话，而且有兴趣来宣告一种信念，即社会现实本身既可以当作一个故事来经历，也实际上可以当作一个故事来理解。”[②]

是的，“占支配地位的社会群体……不仅有兴趣来控制被称为某种文化形成的权威神话，而且有兴趣来宣告一种信念”。由此观之，受制于客观现实的叙述的这一主观性特点，决定了来自“占支配地位的社会群体”的叙述者，总是有兴趣将自己的叙述标榜为普世性意义叙述——代表“世间最美好的理想”的叙述。

由此，我们进入了决定二元叙述中二者特性两个基本前提条件中的第二个条件，即叙述者的主观条件。凭借自己“占支配地位”所具有的叙述能力，当来自该群体的叙述者带着“不仅有兴趣来控制被称为某种文化形成的权威神话，而且有兴趣来宣告一种信念”的叙述意愿进行叙述时，即可能决定了一种叙述在社会世界中的普世性意义叙述特性或他者性意义叙述特性。

---

① Hayden White, The Content of Form: narrative discourse and historical representation, the Johns Hopkins University Press, 1987, Pxi.

② Ibid., Px.

从叙述者的主观叙述意愿来看，任何叙述者的叙述都是具有意识形态的特性的。换言之，叙述者总是带着自己的主观意识形态、即叙述者的主观叙述意愿来进行叙述的：这种叙述者的主观叙述意愿，总是会自觉或不自觉地赋予某种叙述普世性意义或他者性意义的特性。对于作为一种叙述形式的理论的主观性特点，法兰克福学派创始人马克斯·霍克海默（Max Horkheimer）曾对此有过精辟的论述。在对法兰克福学派的“批判理论”和资产阶级的“传统理论”形式进行区分的时候，霍克海默认为：“传统的理论化形式，如实证主义科学，通过将实际利益隐藏在客观性和绝对不偏不倚的面具后面的方法，模糊了将这些理论化的形式组织起来的实际利益。由于在代表特定利益的时候，它们（传统理论）似乎是代表着普遍的利益，因此它们是有意识形态的。相反，批判的理论化在揭示各种不偏不倚观点的时候，暴露并清楚地说明了知识与利益之间的联系。”①霍克海默对“批判理论”与“传统理论”的这一区分，再清楚不过地表明了任何理论的意识形态特性。换言之，作为一种话语形式，叙述者是无法像西方“传统理论”所标榜的那样，做到绝对的“不偏不倚”。

对于如何界定一种叙述话语形式的普世性意义叙述特性或他者性意义叙述特性，后现代哲学家米歇尔·福柯（Michel Foucault）有关权力、知识和话语这三者之间关系的观点，或许能够给予我们一些启发：

……正如知识规定了什么样的行为是可能的、以及行使什么样的权力一样，那些行为也规定了新知识的形成、从而使什么样的知识才有可信度。随着时间的推移，合法性的‘领域’被确立了起来，这些‘领域’既规定了什么是真实的，也规定了能够做什么。而其

① Tim Edwards（ed.），*Cultural Theory*，Sage Publications Ltd.，2007，p. 18.

他可能的解释则同时既大打折扣，又丧失了合法性。结果是这样一种观点和实践模式，即权力和知识在其中相互支持。例如，这些领域不仅维持着某些专门性的话语，它们还规定了那些专门性（话语）的可能内容是什么。”①

根据福柯的观点，我们可以认为，从某种程度上来说，决定一种叙述中的普世性意义叙述特性或他者性意义叙述特性的，乃是权力因素、是权力和知识相互支持的因素，因为权力和知识的相互支持使得合法性的“领域”得以确立，而某些专门性的话语以及专门性（话语）的内容，则是由这些“领域”来维持和规定的。

但是，我们并不能够完全同意福柯式的这种观点。换言之，一种话语地位的确立，固然受到权力/知识及其相互支持的制约，但是作为一种被赋予了特定含义的社会世界的话语，它却不能够脱离特定的历史现实。从这个意义上说，叙述者如果要使自认为的普世性意义叙述继续得以维持，那么凭借其叙述能力为支撑的叙述者的叙述意愿，长期而言，是不能够违背历史的发展进程的。

有鉴于此，就不难发现，在历史的进程中，虽然普世性意义叙述本身的价值是毋庸置疑的，但恰恰是因为社会世界中的知识/权力的作用，使得二元叙述——普世性意义叙述和他者性意义叙述——有可能受到双重的扭曲。这时候，权力/知识的作用似乎是可以超越历史的；但是人类历史的发展表明，权力/知识的作用最终是要受到历史本身的制约的。换言之，一种普世性意义叙述，最终还是要符合历史的前进方向、而不是反其道而行之。正如马克思在《路易·波拿巴的雾月十八日》一文中所指出的那样：“人们自己创造自己的历史，但是他们并不是随心所欲地创造，并不是在他们自己选定的条件下创造，而是在直接碰到的、既定的、从过去承继下来的条件下创造。”

① Tim Edwards （ed.），*Cultural Theory*，Sage Publications Ltd.，2007，p. 125.

四、国际关系中二元叙述之间的关系

二元叙述是一种普遍的客观存在，它们之间的关系，是一种辩证统一的矛盾关系。具体来说，二元叙述之间的关系表现为以下两个方面：

第一，二元叙述之间的关系，首先表现为它们之间是既互为必要，又相互竞争、而且还可以相互转化的辩证统一的矛盾关系，因此它们之间的关系是相对的、而非绝对的。它们之间的关系之所以是互为必要的，是因为一方面他者性意义叙述是普世性意义叙述存在的前提，另一方面普世性意义叙述则是他者性意义叙述的归依。就像上文中提及的来自两个不同社会群体的叙述者甲和叙述者乙所表现的那样，如果没有首先是作为他者性意义的叙述者甲和叙述者乙的存在，就不会出现所谓甲或乙代表的（或自称代表的）普世性意义叙述；而甲和乙都情不自禁地认为自己的叙述才是普世性意义叙述，则恰恰说明了甲和乙的最高追求和归依，是使自己的叙述成为普世性意义叙述。它们之间之所以是一种可以相互转化的竞争关系，是因为一方面他者性意义叙述总是在试图取代现存的普世性意义叙述，从而转化为新的普世性意义叙述；另一方面现存的普世性意义叙述，则总是存在着被某种他者性意义叙述所取代的可能性，从而转化为新的他者性意义叙述。总之，它们二者在一定的条件下是可以相互转化的：在世界历史中，既有可能出现一种叙述从他者性意义叙述转化为普世性意义叙述，也有可能出现一种叙述从普世性意义叙述转化为他者性意义叙述。例如，近代地方性的西方世界有关主权国家的他者性意义叙述，最终转化成了全球性的普世性意义叙述；而进入世界近现代社会以来，前现代中国“世界性”的朝贡体系的普世性意义叙述，却最终逐渐转化成了地方性的他者性意义叙述。

其实，作为话语形式的二元叙述中的两种叙述，就像其他的人类思想文化形式一样，都是在人类历史的进程中得到体现的。从纵向性的时间流变来看，毫无疑问，叙述本身从来就是动态性的。因此，一时间的普世性意义叙述，在另一时间势必有转化为他者性意义叙述的可能性；反之亦然。而从横向性的空间条件来看，叙述明显地表现为从地方性（区域性）拓展为全球性的特点，因此也同样呈现出动态性的特点。今天回望历史，我们发现主权国家理论在时空两个维度上的兴衰演化，就是一个很好的例证。所以，那些有可能曾经的“普世性”意义叙述——区域“世界”范围的普世性意义叙述，最终有可能被边缘化为他者性意义叙述；或者相反，成为真正意义上的普世性意义叙述——全球“世界”范围的普世性意义叙述。

第二，二元叙述之间的关系，其次表现为积极与消极的辩证统一的矛盾关系。一般来说，由于普世性意义叙述强调的是“所有事物中最美好的东西”，而他者性意义叙述强调的则是“我们（区别于他们）的”东西，因此“代表全人类”的普遍的东西似乎总是更有可能是积极的东西，而代表“我们的”排他性的东西则似乎总是有可能是狭隘的东西、因而可能是消极的东西。但是，正如上文所指出的那样，由于一种叙述总是受到作为话语形式的叙述的语境的制约，即决定叙述者客观叙述能力和叙述者主观叙述意愿的社会、政治、经济结构的制约，因而他者性意义叙述虽然都竞相要上升成为普世性意义叙述，但是普世性意义叙述却并不一定就能够代表美好正面的方面和“符合历史的前进方向”——虽然进行普世性意义叙述的主体总是信誓旦旦地这样认为；而与此相对，他者性意义叙述所代表的也并不一定就是消极负面的方面和“违背历史的前进方向”——虽然进行他者性叙述的主体往往会被赋予这样一种身份。

一个典型的例子是，当殖民主义者在全球进行扩张掠夺的时候，在当时乃至很长一段时间里，这种殖民主义行为却被叙述者赋予了“白人的责任”这样美好正面的意义，从而也就使得作为普世性意义叙述的殖民主义，成为了似乎美好正面的东西——起码在当时的西方世界是如此的。

五、国际关系中二元叙述的理论意义和局限

由于进行普世性意义叙述的叙述者受制于自己的叙述意愿——从自身的利益出发，而叙述意愿又受制于叙述能力，因此，叙述者所进行带有主观随意性的叙述行为，会使得代表哪怕是世间最美好正面的叙述，都会遭到严重的扭曲。这时候，某种/些他者性意义叙述的正当性和正面意义，反而超越了所谓的普世性意义叙述。例如，当2006年1月25日哈马斯在巴勒斯坦议会选举中获得压倒性胜利的时候，大力倡导民主的西方世界对这次胜利的叙述，基本上是违背了其本身所推崇的“普世性”价值的。就像有的学者所指出的那样，“今天，布什政府与埃及的胡斯尼·穆巴拉克（Hosni Mubarak）和巴基斯坦的珀维兹·穆沙拉夫（Pervez Musharraf）这样的独裁者有着良好的关系，而与此同时却在削弱被占领土上经过民主选举产生的哈马斯政府”。[①] 何以如此？利益使然。因此，我们并不能够简单化地对一种普世性意义叙述或者他者性意义叙述，贸然做出好与坏的裁决。因为在现实中，最终决定一种叙述是不是真

① John J. Mearsheimer and Stephen M. Walt, *The Israel Lobby and U.S. Foreign Policy*, Farrar, Straus and Giroux, 2007, p. 87.

正意义上的普世性意义叙述，如上所述，往往受制于“占支配地位的社会群体”。

我们不妨再来看看二元叙述之间这种互为必要，相互竞争、相互转化的相对性而非绝对性的关系。就人文主义文化定义的核心内容“人的完美理想”而言，人们不禁要问，究竟什么才是“人的完美理想”呢？或者说，在叙述者的叙述过程中，由于受制于叙述者的客观叙述能力和主观叙述意愿，是否就不存在真正意义的普世性意义叙述呢？是否任何叙述实质上都是他者性意义叙述呢？其实不然。正如上文所言，由于叙述和叙述者的主客观双重特点，一方面，“人的完美理想”确实是具有普遍性意义——此即沃尔泽所说的“普世主义”，因而是绝对性的；但是另一方面，“人的完美理想”也会受到时空背景的局限——此即沃尔泽所说的“差异性”，因而又是相对性的。相对性导致了人们对绝对性的怀疑。依然以“人的完美理想”为例，无论从时间角度还是从空间角度来看，它都可以同时有普世性意义叙述和他者性意义叙述两种版本，因而难以成为绝对的普世性的东西。

所以，这种对“人的完美理想”的相对性叙述，已经在一定程度、甚或在根本上——视具体情形而定——可能会脱离马修·阿诺德心目中的本义、变成叙述者实现自身利益的工具，从而违背了“人的完美理想”的绝对性意义。例如，在殖民时代，当种族主义作为“文明世界”的“人的完美理想”来被叙述的时候，由于权力因素支撑下的叙述者叙述能力、以及叙述者叙述意愿的作用，种族主义观也就顺理成章地似乎成了一种从人文主义的文化角度所进行的叙述——即普世性意义叙述；当然，种族主义观实质上首先是一种作为叙述者的殖民主义者，将自己与殖民地人民进行区分的他者性意义叙述。与此同时，代表着真正“人的完美理想”的普世性意义叙述——个人和民族的平等，也是因为权力因素制约下的叙事能力和叙述意愿的局限性，却可能变成了一种从人类学的文化角度所进行的叙述——即他者性意义叙述：这种叙述不符合占支配地位的殖民者“文明世界”的普世性意义叙述，因而在当时必定是一种他者性意义叙述。法国哲学家萨特就曾经尖锐地指出了殖民者在面临殖民地人民觉醒时，自己的叙述面临挑战时的惊恐状况：“他们（非西方人）能够自己张口说话了？”①

理解这一点，对于客观准确地把握社会现实及其发展是十分重要的。之所以如此，就像在上文分析中所指出的它们之间第一种矛盾辩证的关系那样，是因为普世性意义叙述与他者性意义叙述之间，本身就是一种动态发展的关系，其所隐含的意义是不言而喻的——即普世性意义叙述是可以转变为滞后时代发展的他者性意义叙述的。果然如此的话，现有的普世性意义叙述，就会被某种原先的他者性意义叙述、但已变成新的普世性意义叙述所取代。例如，在上文中所说提及的殖民主义最终被迫退出历史舞台即是一个很好的案例。由此观之，普世性意义叙述的恶质性发展——如在政治领域中的工具化现象，其所带来的消极负面性影响，有可能远大于他者性意义叙述所带来的可能的消极负面性影响。

在此需要特别指出的是，某一叙述者在一定的社会、政治、经济结构中所处的优势地位，并不一定就决定了其叙述具有真正意义的普世性意义。由此观之，每一种叙述，无论是普世性意义叙述还是他者性意义叙述，由于时空背景的作用，其实都存在着可能的消极一面。作为叙述的主体，叙述者总是凭借着自己所具有的叙述能力的客观基础，在叙述意愿的引领下来宣称自己的叙述才是真正意义上的普世性意义叙述——并且往往赋予这种叙述美好正面的特点。但是需要指出的是，之所以要特别强调权力支撑/制约下的叙述能力和叙述意愿这一点，是为了指出普世性意义叙述

① Frantz Fanon, *The Wretched of the Earth*, preface by Jean Paul Sartre, and translated by Constance Farrington, Grove Press, Inc., New York, p. 8.

可能存在的他者性局限，以及他者性意义叙述可能存在的普世性意义特点，而决不是要否定普世性意义叙述本身的价值。换言之，从真正“人的完美理想”出发，普世性意义叙述本身的价值是不言而喻的。

文化自觉与中国国际关系理论自觉①

武心波*

【内容提要】中国的崛起也是文化自觉的过程。文化自觉包含四个阶段：一是主体回归；二是要重新发现中国，认识中国；三是理论自觉；四是向世界说明中国，解释中国。中国学术界的学术自主意识在提升，国际关系学界的理论自觉意识在萌动，我们必须不断深化对"理论自觉"的认识，以推动中国特色国际关系理论的形成。

一

马丁·雅克在《当中国统治世界：中国的崛起和西方世界的衰

① 2011年6月16日，笔者参加了由上海市国际关系学会、上海市政治学学会、上海外国语大学国际关系与外交事务研究院主办的"庆祝中国共产党成立90周年暨'中国国际关系理论的自觉与中国学派'研讨会"。本文是在此次会议发言的基础上修改而成。

* 武心波，上海外国语大学国际关系与外交事务研究院教授，博士。

落》一书中说："中国绝对不会走上西方民主化的道路，只会选择一条不同于西方世界的发展模式；中国的崛起将改变的不仅仅是世界经济格局，还将彻底动摇我们的思维和生活方式。"[①] 他还预测到，如果说英国曾是海上霸主，美国是空中和经济霸主，那么中国将成为文化霸主。中国的崛起将改变全球，世界将由西方塑造走向更多的中国塑造。对中国是否能成为文化霸主另当别论，但笔者十分赞赏他对中国文化力量的充分肯定。

中国在近代的沉沦是全面的，其中最让人心痛的是中国传统文化的沦丧，遭到一次又一次空前的浩劫和摧残。中国的文化境遇可以用悲惨来形容。但中国要崛起，单靠经济、军事等是远远不够的，伴随着物质力量的强大，早晚还必须爆发一场声势浩大的文艺复兴运动。如同西方的近代崛起一样。要重新找回失落的中国，去发现中国，理解中国，读懂中国，再造中国。

随着中国的强大和中国被过早地推到世界舞台中心，中国的主体意识正被外界不断变化的形势一点点地激活，被自身崛起的力量一点点地唤醒。中国国关界反应灵敏，早在几年前就出现了回归中国的呼声。

《国际观察》2008 年第 2 期发表了复旦大学肖佳灵教授的一篇论文，题为《当代中国外交研究"中国化"：问题与思考》，引起了各界的高度关注和学界的热议。该文认为不能盲目、机械、教条地照搬、运用既有的西方国际关系理论来解释当代中国外交，只有立足于对当代中国外交的全面和系统的研究，正确和适度地把握历史研究与现状研究的关联、基础研究与政策研究的关联，牢固建立起"本土的"当代中国外交研究的知识体系和学科体系，才能推动中国国际关系理论建设的良性发展。

《国际政治科学》杂志在 2009 年第 1 期上发表了周方银、王子昌的文章，题为《国际关系研究中的"三大主义"式论文可以休

---

① ［英］马丁·雅克：《当中国统治世界》，中信出版社，2010 年 1 月版。

矣》，又一次引起了学界的关注和热议。

2009 年 6 月 11 日，复旦大学举办了“国际关系研究的创新与发展：新理论、新领域”的高级学术研讨会，会上学者们普遍认为，中国的国际关系研究应该“少谈主义，多研究问题”，似乎是在集体告别西方理论，转向中国问题的研究。《国际观察》2009 年第 5 期刊发了这次会议推荐的四篇文章，其中一篇是复旦大学张建新教授撰写的《西方国际关系理论范式的终结与“中国学派”成长的困惑》，深化了对当下主题的探讨。

《国际观察》在 2010 年的第二期上，发表了金灿荣等人撰写的《告别西方中心主义——对当前国际格局及其走向的反思》。人大的教授也开始接受旋律变调，参加讨论了。此后有关这方面的讨论便一发而不可收拾。

从学者队伍研究兴趣大转向看，随着兴奋点的转移，似乎出现了集体告别西方理论，少谈甚至不谈西方三大主义，转而研究中国的新趋势。叶自成教授一直以来基本是立足于本土，长期研究中国，较早获得了关于中国的话语权①；阎学通教授除关注大国崛起、中国对外政策、科学研究方法等外，研究志趣这几年也出现了转向，开始致力于从先秦思想中挖掘中国古代政治外交思想，尤其是古代中国对“王”和“霸”的区分，并取得了若干研究成果②；门洪华教授也是很早关注中国战略，并长期热衷于这方面的研究，著作颇丰③；

① 已出版主要专著：《中国大战略》，中国社会科学出版社，2003 年 11 月版；《春秋战国时期的中国外交思想》，香港社会科学出版社，2003 年 8 月版；《新中国外交思想》，北京大学出版社，2001 年版；《地缘政治与中国外交》，北京出版社 1998 年版；《对外开放与中国现代化》，北京大学出版社，1997 年版等。

② 已出版主要专著：《中国先秦国家间政治思想选读》复旦大学出版社，2008 年版、《王霸天下思想及启迪》，世界知识出版社，2009 年版等。

③ 已出版主要专著：《构建中国大战略的框架：国家实力、战略观念与国际制度》，北京大学出版社，2005 版，《中国国际战略导论》，清华大学出版社，2009 年版等；有关中国战略的论文 40 余篇。

秦亚青教授2009年提出了“关系本位”与“过程建构”的概念，试图将中国理念植入国际关系理论①，对建构主义理论进行本土化处理和再加工，赋予它以中国意义；时殷弘教授正博览经典古籍，重新解读古本，吸取中国智慧，捕获中国灵感，试图重新诠释出古籍中蕴含着的中国战略，中国政治等等；苏长和教授在继续关注国际制度与国际组织的同时，将研究视角更多地转向了对中国问题的研究，连续发表了一些很有分量的文章②。

围绕着对传统议题的挑战和对新议题设置的争论，能明显地感觉得到，中国的国际关系学者正在自觉地转型，主体意识明显增强，在集体告别西方中心主义话语体系的同时，试图冲破围城回归主体，从中国视角，中国学派，中国特色，中国节奏，中国元素，中国气派等不同的角度切入中国主题，研究中国问题，力图构筑起一个独具中国特色的国际关系理论体系。

主旋律虽然发生了变调，但总体感觉是困难重重，跋涉艰难。一方面是少数精英和机构在引领国关的潮流，带领大家集体转向，另一方面则是大多数学者的集体失语和无语，盲目而茫然；一方面

① 秦亚青：“关系本位与过程建构：将中国理念植入国际关系理论”，《中国社会科学》，2009年3期。他指出，当今世界的主流国际关系理论都忽略了一个重要的社会性要素：社会互动过程和与之密切相关的社会性关系。结果是讨论国际关系的理论中却没有关系的地位，也很少有关系的理论，这是西方国际关系主流理论的重大缺失。而过程和关系是中国社会文化中的重要元素，也是中国政治哲学中的核心概念。

② 已发表的主要论文：“中国与国际体系：寻求包容性的合作关系”，《外交评论》（外交学院学报），2011年第01期；“中国应该如何生产自己的话语权?”，《领导文萃》，2011年第05期；“中国与全球治理——进程、行为、结构与知识”，《国际政治研究》，2011年第01期；“中国地方政府与次区域合作：动力、行为及机制”，《世界经济与政治》，2010年第05期；“中国外交的全球化及启示”，《当代亚太》，2009年第01期；“中国模式与世界秩序”，《外交评论（外交学院学报）》，2009年第04期；“论中国海外利益”，《世界经济与政治》，2009年第08期；“当代中国国际关系理论：现状和发展”，《国际展望》，2009年第02期等。

是国际关系领域在孤军奋战，另一方面是缺乏与其他人文社会学科的合作与联动；一方面是破除，是创新，另一方面则依然难以摆脱西方理论模式，仍然习惯于用西方的概念和逻辑来诠释中国，套用中国，难免出现误读中国或根本读不懂中国；一方面是急于从中国浩如烟海的古文献中挖掘出中国的国际关系概念与逻辑，另一方面则对东西两大文化的本质与灵魂缺乏整体把握和深刻的认识等等。国关界面临着一个横亘在我们面前的巨大的战略瓶颈。

因此出现了一个十分奇怪的现象，虽然目前是学术创新的最好或者是较佳时期，但面对这一机遇，我们的国际关系学者却感到迷茫、焦虑、无奈、乏力、没有做好必要的心理和思想上的准备，我们的知识生产力严重滞后，显得十分的贫弱与苍白。虽然整体上看有一些亮点，但在过去的一年里，国际关系学界显得极为平静，没有激情和冲动，缺乏新的热点和话题。作为刊物，我们很难找到好的重大选题，似乎陷入了一定程度的“选题荒”。即便是有选题，也很难展开南北彼此呼应的大讨论，不是顾忌重重，谨小慎微，就是漠然无视等。有人说国际关系学者正在被边缘化。

告别西方中心主义，并不是嘴上说告别，或说几句再见就能做到的，告别了西方理论后（断奶后），我们该如何成长，我们该往哪儿去？怎么走？怎么办？

二

张维为在其今年出版的《中国震撼》[①] 一书中开门见山地指出，

① 张维为：《中国震撼：一个‘文明型国家’的崛起》，上海人民出版社，2011年1月版。

中国的崛起是文化自觉的过程。

“文化自觉”是费孝通先生首次提出的[①]。所谓“文化自觉”，是指生活在一定文化历史圈子的人对其文化有自知之明，并对其发展历程和未来有充分的认识。换言之，是文化的自我觉醒，自我反省，自我创建。费孝通先生说：“文化自觉是一个艰巨的过程，首先要认识自己的文化，理解所接触到的多种文化，才有条件在这个正在形成中的多元文化的世界里确立自己的位置，经过自主的适应，和其他文化一起，取长补短，建立一个有共同认可的基本秩序和一套与各种文化能和平共处、各抒所长、联手发展的共处条件。”[②] 费先生还以他在八十岁生日所说的一句话：“各美其美，美人之美，美美与共，天下大同”作为“文化自觉”历程的概括。

文化自觉是个艰巨的过程，对当下的中国来说，笔者以为这一过程至少包含着这样四个阶段：一是主体回归，即费孝通说的“自我觉醒”，中国的崛起极大地激活了中国的主体意识，促使中国意识的萌动和跳跃，驱使我们去重新找回自己；二是要重新发现中国，认识中国，即费孝通说的“自我反省”；三是理论自觉，即费孝通说的自我创建；四是向世界说明中国，解释中国。

第一阶段是主体回归阶段。中国在近代的沉沦是全面的，所谓近代化，实际上就是一个全面彻底的学习西方的过程，同时也是一个痛苦的自我否定的过程，而这种否定的烈度和强度实为人类发展史上所罕见。

主体回归的过程就是一个重新找回自己，重新认识自己，和对自己再发现的过程。我们不要以为自己是中国人就一定懂中国，了解中国，就能马上找回中国，重拾自己。中国文化博大精深，底蕴

---

① 费孝通先生于1997年在北大社会学人类学研究所开办的第二届社会文化人类学高级研讨班上首次提出。

② 费孝通：“对文化的历史性和社会性的思考”，载《思想战线》，2004年第2期，第6页。

深厚，千变万化，与西方文化分属两个截然不同的体系。更何况，长期以来我们对西方迷恋有加，而对本土文化又持强烈的自我否定态度，在流逝的岁月中，我们与自己已渐行渐远，事实是我们是越来越不懂中国了。

现在中国崛起了，但真正的崛起单靠经济、军事等是远远不够的，伴随着物质力量的强大，早晚还必须经历一次深刻而长期的文化复兴运动，就如同西方的近代崛起是以爆发一场声势浩大的文艺复兴运动为前提一样。我们不能做一个没有文化身份和文化个性的大国，我们得找回曾经失落的自己，找回被历史尘封的中国，要去发现她、理解她、读懂她、再造她。

当然，重新找回自己，并不等于全面复古。如果那样做，我们就错了。我们不能从一个极端跳到另一个极端，再次误入历史歧途。

第二阶段是自我反思阶段，“文化自觉”的含义应该包括了对自身文明和他人文明的反思，对自身的反思往往有助于理解不同文明之间的关系。我们应该沉下去，去经历一个探索、发现和思考的精神跋涉的艰苦历程，要去反思自己。文化反省实则是文化发现，不仅要知道自己，还有知道自己与世界的不同，以及为何不同，是什么力量造成了这种不同，从而解开诸多的“中国之谜”（如“李约瑟之谜”（Needham Puzzl e）的命题：为什么古代中国曾经产生过辉煌的科学技术，但是近代以来却远远被西方甩到后面去?）。

近来，谈论“中国模式”、“中国经验”的学者和人士日渐增多，这一现象出现的本身无疑是对中国地位日益上升的一个印证。但另一方面我们也要看到，当我们向世界说明中国的时候，我们必须懂得中国。问题是我们真懂中国吗？如果懂，那么我们为什么这两个世纪来一直在走弯路，而且现在还在走，还在争论不休呢？如果说不懂，那我们又如何去向世界说明自己。急于向世界说明中国，解释中国，总结中国，动机是好的，但在我们还没有完全读懂中国，真正地发现中国的情况下，又如何向世界去说明中国？

笔者认为，当前我们还处在艰苦的文化反思阶段，在向世界表白自己时不能太急功近利了。我们在向世界说明中国之前，首先要去反思中国，发现中国，读懂中国。只有当我们真正地发现了她，认识了她，读懂了她之后，才能向世界去说明中国，解释中国，才能根据我们对中国的认识和了解，更深刻、更完整、更系统地说明中国。

那么我们该如何去反思、去发现中国呢？几千年来我们习惯于自己和自己对话，将自己置于世界的中心，以我为主，傲视天下，我们发现眼里的中国，只是一个缺乏与世界联系的中国，是一个唯我独尊的中国，这样的中国不是一个真实的中国。笔者以为，反思中国，必须和世界对话，只有在和世界对话的过程中，才能真正地反思自己，也才会知道自己是谁，并发现自己和他人不同之所在。不仅如此，而且更重要的是，因为近代以来中国和以中国为代表的东方在世界话语体系中的长期缺位与缺失，我们人类所拥有的话语体系和价值体系是不完整的，发现中国和发现以中国为代表的东方，就是在发现世界的另一半，只有当这一半被挖掘和发现出来之后，世界才会变得完整起来。

从东西大文化的高度来重新解读中国，比从几千年来自己与自己对话来了解自己会更加有效。东西方文化相互激荡已经几千、几百年了，两大文化体系几乎已完整地构成了人类生存发展不可或缺的最基本最主要的文化生态环境。人类文化的共性已经得到了普遍承认，但两者之间的差异，以及隐藏在差异背后的哪些规律是否已经被我们所发现和认识了呢？反思中国，发现中国，是否能从研究东西方文化差异入手，当我们发现和找出那些隐藏在东西文化差异背后的深藏不露的规律和原理时，一个长期与世界共存的鲜活的中国是否便呼之欲出，跃然纸上了呢？我想，这应该是我们反思中国和发现中国的基本路径。

中国的本意是文化中国，主权意义上的中国只是近代以后的事情。追本溯源，就要从源头上，也只有从文化上去发现中国，才能找到世界的“另一半”。

第三阶段是理论自觉阶段，“理论自觉”意味着“对必然性的自觉及对自发性的否定”。自发是指人们在社会活动中盲目地为历史必然性所支配，不能预见自己活动的后果；自觉是指人们在社会活动中在一定程度上理解了自己活动的意义，并且具有较明确的目的性和计划性。关于这一点我下面将专门讲到。

第四阶段是向世界说明中国。当我们弄懂了中国，并从文化的高度自觉走向理论的高度自觉，从历史的必然王国走向自由王国，当我们拥有了自己的话语权，构筑起了能与西方互动交流的完整的认知与知识体系时，随着那一天的到来，我们不仅更迫切，而且更有信心向世界完整、系统、全面、深刻地说明中国。

我们不仅需要一场声势浩大的文艺复兴运动，我们更需要一个长期而深刻的文化自觉过程。文化自觉既是意识的觉醒，也是对主体的寻找和发现，同时也是一种建构。唯有经历了高度的文化自觉，才能为“理论自觉”时期的到来做好充分的准备，创造必要的条件。

三

“理论自觉”这一提法现已引起学术界的关注。30年来，中国学术在创造丰硕成果和总结经验教训的基础上，学术自主意识正在进一步提升，其中，建构当代中国学术话语体系显然是非常必要和重要的。

人们在研究费孝通的学术思想的过程中，形成了“理论自觉”这一概念和命题。费孝通指出了“文化自觉”不可或缺的五个主要方面，即“文化自觉”的内涵、使命、目标、艰巨性、重要性以及实现途径[①]。这些对中国社会科学的“理论自觉”提供了多重启发。因为，“理论自觉”同样也有自己的内涵、使命、目标，也有自己的艰巨性、重要性以及途径。“文化自觉”与“理论自觉”是一般性和特殊性，共性与个性的关系，两者是不能截然分开的。理论是文化的系统化形态，是对文化现象的提炼、概括。文化自觉是理论自觉的基础和条件；理论自觉是文化自觉的更高阶段，是文化自觉更趋理性和高度成熟的结果。

当前中国国际关系学界已经出现了理论自觉的萌动，渴望着建构中国的学术话语体系，但作为目标首先要解决好的一个问题是，我们究竟是要构建一个兼具世界眼光和中国气派的中国国际关系理论体系，还是新瓶装旧酒，搞一个西方国际关系理论的中国版？毫无疑问，我们的选择一定是前者。为此，我们必须进一步深化对“理论自觉”的认识。

首先，我们要认识到，理论自觉是提高中国国际关系学理论地位的有效途径，即它是中国国际关系学在世界国际关系学格局中由边缘走向中心的必由之路，是改变话语权状况的必要条件，是增强自主创新力的必具前提。同时中国国际关系学的“理论自觉”还肩负着双重使命，即一要努力创造自己的有中国特色与风格的理论，二要正确地对待其他各种理论，特别是外来理论。

其次，我们要认识到，理论自觉将使我们增强学术的主体性、反思性，从而使我们产生强烈的处在边缘、但是不甘边缘的动力。“理论自觉”还是一个思想解放的艰巨过程，即从西方强势国际关系学理论中解放出来，正确定位自己、加强自主性的过程。如果没有自主性，就只有边缘性。没有自己可美的东西，就只有别人可美的东西，那就做不到“各美其美”，那就只剩下单纯的“美人之美”，为他人做嫁衣裳了。

---

① 费孝通：《费孝通论文化与文化自觉》，北京群言出版社，2005年版。

其三，我们要认识到，理论自觉使我们觉悟到，适合西方社会概括出来的那些话语，并不都适合中国的实际情况，我们要根据中国的情况，概括和创造适合中国实际情况的学术话语，从而打破、改变学术话语权一直为西方国际关系学垄断的状况。

其四，我们要认识到，中国国际关系学界担负着理论创新的责任，我们有可能是创造者，而不仅仅是外国理论的贩卖者和最终的消费者。

其五，我们要认识到，中国学术走向世界，必须有自己的理论前提和学术体系。西方早已完成了自己逻辑体系的建构，从而确立了自己的话语权。中国虽然起步晚，但必须打造自己的逻辑体系，这是一个战略工程。无法构建体系，就无法重新确定自己在全球体系中的地位，就无法拥有自己的话语权，去说明自己，就无法使中国的崛起自觉获得来自于体系力量的支撑，使之成为一个不可阻挡的进程。如果依赖国外的理论教条，按照国外学者设置的特定话题和理论导向来增加中国的案例，就会使中国社会科学研究产生依附性，失去对知识的生产制造能力。

其六，我们要认识到，“理论自觉”还是形成国际关系学中国理论学派的巨大动力，因为只有“理论自觉”，才能推动学派核心理念的提炼，促进核心团队的凝聚，推进学派氛围的形成。“多一点学派，少一点宗派”，是促进中国学术健康发展的重要理念。

最后，我们应该看到，“理论自觉”对增强中国国际关系学界的学术主体性、增强民族自信性起了并且还会起到巨大的作用。随着中国崛起和中国与国际社会联系的不断加深，中国的国际地位和作用将不断提升和加强，中国需要世界的同时，世界也更需要中国。这为中国国际关系学理论的大发展提供了前所未有的机遇、舞台和资源。面对华夏民族这一五千年未有之大变局，如果我们没有“理论自觉”，如果还是用西方的观点、西方的理论来解释中国，还是在西方的笼子中跳舞，那么，这种前所未有的历史大辉煌，最终只能沦为西方观点、西方理论的某种案例、某个例证而已，这岂非巨大的历史悲哀?

在告别西方理论后，我们唯走“理论自觉”之路，不断深化对这一问题的认识，并将之付诸实施，才能真正打造出具有中国特色的国际关系理论。

第二部分

美国国际战略态势

浅析奥巴马政府的全球战略调整

杨洁勉*

【内容提要】全球战略和外交安全政策是 2008 年美国总统竞选的重要议题。只是因为“突如其来”的金融危机迫使美国朝野延后了全球战略的出台和落实。2010 年是奥巴马政府全球战略基本成形和逐步实施之年。当年 5 月，奥巴马政府提出了它的首份《国家安全战略》报告，将其全球战略定义为“国家振兴与全球领导”，并在全球经济、大国关系、地区政策方面加以实施。当然，奥巴马政府在实施其全球战略时，也在进行调整和修正，其中对华战略和政策始终处于动态调整的过程之中。

一、奥巴马政府以“改变”为旗帜调整美国全球战略

美国全球战略的调整始于小布什政府第二任时期，但作为新总

* 杨洁勉，上海国际战略问题研究会会长、上海国际问题研究院院长

统的奥巴马则是主张全面和逐步调整美国全球战略的代表人物。在奥巴马总统的领导下，美国的战略态势意识从“美国治下和平”调整为“以美引领的多种力量共治”（First among equals）的国际格局；战略指导思想从崇尚武力的“政权更迭”调整为“巧实力”的软硬兼施；战略视野从相对集中于以反恐为中心的军事安全领域调整为强调经济、教育、科技、能源、核安全、互联网与太空活动等；战略布局意图从“两大扩张计划”（大中东和大中亚计划）调整为收缩中东和重返亚洲的“西退东进”部署；战略目标任务从聚焦“反恐战争”调整为“政经兼顾”的综合平衡；军事战略理念从同时打赢两场常规战争首次变为打赢“当前战争”；战略手段方式从“单边主义”调整为“有选择的多边主义”。由此可见，奥巴马政府对美国战略的调整虽然还不是根本性的，但确实是实质性的。

奥巴马政府调整美国全球战略的主要原因是：第一，小布什政府以对大中东和大中亚地区进行改造为中心的“反恐”战略遭受重创，美国身陷伊拉克和阿富汗两场无法取胜的战争，布什政府一时鼓吹和实施的“先发制人”、“政权更迭”、“单边主义”还使美国失去了道德制高点和国际信誉，从而大量消耗了美国在冷战结束时积聚的战略主动。第二，应对国际金融危机和经济衰退造成的美国经济问题。从奥巴马竞选最后关键时刻到入主白宫的头一年，奥巴马总统面临金融危机冲击、经济衰退严重以及财政赤字、贸易逆差和失业率高涨的严重挑战。恢复世界经济和走出金融危机困境既是奥巴马政府必须首先应对的课题，而保有美国经济在世界中的领先地位又是维护美国霸权的核心基础。第三，美国在被迫与其他主要行为体形成多元伙伴关系的同时，必须探索如何在新形势下维护其在世界事务中主导作用的战略和方法。对于当前的美国而言，它被迫开启了第二次世界大战以来必须直面世界多极化的历史进程，在奥巴马政府的全球战略中必须考虑同其他主要行为体分享主导权并共同探讨国际体系的重组问题。改善同主要大国的关系、“二十国集团”、区域合作机制等都是其调整全球战略的重要抓手。最后，美国在运筹其全球战略时正在设法重新定位中国和中美关系。对于历来以“敌人”和“对手”为主要战略目标的美国来说，如何对待综合国力日益强盛的中国，使奥巴马政府陷入迷茫之中。一方面，中国不是美国现实的敌人，也不一定是将来的敌人；但另一方面，中国的崛起对于想永远保持世界领袖地位的美国而言，确实在国际力量对比变化、国际规制权和话语权、亚太合作框架、发展道路和模式、世界热点问题应对等方面提出了挑战。奥巴马政府试图制订出能够应对这一历史性挑战的全球战略，并在实践中予以落实。

二、美国全球战略的进展

奥巴马政府上台两年来，在推行其全球战略方面取得了阶段性成果：

首先，奥巴马政府利用民主党和共和党的改朝换代，同布什政府进行了坚决的切割，以“巧实力”为指导，进行了颇为有效的外交攻势，在一定程度上改善了美国的国际形象。奥巴马以首位非洲裔美国公民登上总统宝座而向世界展示了美国梦想成真的吸引力，并在与其生涯有关的肯尼亚和印度尼西亚等国掀起了阵阵赞赏美国的“飓风”，以至不少国家都出现了“我们需要自己的‘奥巴马’”的呼声。奥巴马总统上任之初强调同伊斯兰国家的合作与对话，并向伊朗和朝鲜伸出了橄榄枝，甚至还得到了“鼓励性的”诺贝尔和平奖。

其次，奥巴马政府在全球议题设置上夺回了主导权。与小布什政府对于全球性议题的冷淡不同，奥巴马政府对于全球性秩序的建设倾注了很大的热情：其一，在气候变化问题上，奥巴马政府不仅积极做出回应，而且正在根据其利益重新塑造这一进程。其二，美国为降低其对海外能源的依赖，在国际能源领域掀起了一场革命，尽管这场革命的结果如何由于现在新能源在工业化和市场化等方面的缺陷而变得扑朔迷离。其三，在核不扩散和核裁军问题上，美国以“无核世界”为口号，以美俄新条约为突破口，以“核安全”为新的概念，正在为这一领域搭建一个新的框架，有可能使这一领域出现一种新的秩序。可以说，奥巴马政府在全球议题的设定和全球秩序的塑造上是颇费了一番心思。

第三，美国在应对国际力量变化的进程中争取到了重组国际体系的话语权。同它的前任相比，奥巴马政府对国际多边机制重要性具有更为深刻的认识。同欧洲和日本相比，美国在承认国际力量重心转移和在新基础上重组国际体系方面表现出更大的自信心，这当然与它的综合实力有关，但也与它更能理解国际力量重心转移的大趋势有关。在发达国家中，美国积极推动“二十国集团”并主张淡化、乃至取消“七/八国集团”，同时也是国际货币基金组织和世界银行改革的有力推动者。

第四，奥巴马政府分集团、分群体、分地域、分层次地改善了同盟国、大国和地区大国、以及地区组织的关系。奥巴马政府支持欧盟统一的外交安全政策并注意“倾听”欧洲意见，重视日本、韩国、澳大利亚等亚太盟国的作用，在重启美俄关系中批准了新的《削减和限制进攻性战略武器条约》，实现了美中关系在2009年的“高开”，加强了美国和印度的“新伙伴关系”，加强了同印度尼西亚、越南、土耳其、巴西等地区大国的关系。此外，美国同美洲国家组织和东南亚国家联盟等地区性组织的关系也有了较大的发展。

最后，奥巴马政府在甩掉小布什政府遗留的某些包袱方面也有新的进展。美国最终结束了在伊拉克的军事行动，并定于2011年7月从阿富汗撤军。此外，美国还重启了中东和平进程，在打破阿以僵局方面走出了象征性的一步。

三、美国全球战略的困境

首先，美国全球战略的指导思想仍然是恢复旧时“独步天下”的领导地位。从历史发展的角度来看，在全球化、多极化和多样化的大背景下，美国在国际力量对比中面对的是其力量相对下降和新兴大国群体性崛起的趋势，奥巴马政府不可能使美国重温单极独霸的旧梦。

而且，美国本身正在或已经成为一些全球性问题的制造者，因而美国的全球战略不可能从根本上解决这些问题。无论从客观上还是主观上，奥巴马的全球新战略中依旧透露出旧有自私的经济战略、狭隘的气候变化应对之道、陈旧的冷战思维等。在当前世界关注的国际货币体系改革问题上，美国在美元的国际储备货币上的损人利己的政策正成为众矢之的。在应对长期困扰的恐怖主义问题上，奥巴马政府除将其从战略目标的“第一”降低到“之一”外，也苦无良策。

此外，美国全球战略存在目标和能力的巨大差距。奥巴马政府津津乐道的“领导世界”缺乏国内基础、实施能力和国际感召力。对于美国来说，问题还不仅在于内向度增加和经济力量相对下降，而是美国的政治、经济和社会制度已不足以应对全球化时代的新挑战。对于选举驱动的美国政府而言，在相当长的时期内不可能具备进行体制性改革的条件。美国在世界上的感召力也大不如前，“9·11”事件暴露了美国安全的脆弱性，国际金融危机暴露了美国经济模式的治理赤字，非西方文化和思想的异军突起也相对缩小了美国文化在世界的影响力。

在应对一些全球性问题和热点问题上，奥巴马政府也是举步维艰。美国在应对国际金融危机中强调了美国的一国利益，在应对全球气候变化中推卸责任、行动乏力，在应对反美的极端主义思潮和行为上则十分被动、黔驴技穷。美国和伊朗、朝鲜在核问题上的矛盾不仅依然如故，而且还面临问题更加深化和复杂化的挑战。美国在阿以冲突与巴以和谈问题上难以推进，在打击海盗方面也没有实质性进展。

四、美国亚太战略的发展趋势

综合奥巴马政府的战略思想和政策实施来看，美国亚太战略具有以下的发展趋势：

在奥巴马政府西退东进的全球战略调整中，亚太是其重点地区。在当前世界政治和经济的重心由西向东和从北向南转移的进程中，亚太在美国全球战略中的地位正在进一步提升。美国正在逐步形成“大亚洲”的概念和意识，扩大了其“亚太地区”的地域界定，即从传统的“东亚和西太平洋地区”向“亚洲和西太平洋地区”拓展。

奥巴马政府将继续在增加与主要行为体的互动中提高美国对亚太地区的战略主导作用。奥巴马政府从传统的地缘战略和地缘政治出发，力图掌控美国和亚太各行为体的互动趋势，并影响亚太各行为体之间的相互关系。在具体操作上，奥巴马政府将加强同中国、日本、韩国、东盟（特别是印度尼西亚、越南、新加坡）、印度等行为体在各领域和各层次的互动关系。

美国力图在议题设置的进程中维护其在亚太地区的主导地位。鉴于美国在亚太地区的经济和文化影响相对减弱，奥巴马政府突出和制造安全议题以维护其对本地区的影响。美国以阿富汗/巴基斯坦反恐为主题占据南亚和中亚的战略要津，以应对朝鲜半岛问题为由巩固美国主导的双边军事同盟体系，以保障自由航行为由扩大在南中国海的战略和政治影响，以跨太平洋战略经济伙伴协定（TPP）为地区合作新抓手并淡化“10＋3”的主渠道作用。

奥巴马政府利用军事安全优势扩大美国在亚太地区的外交政治和经济文化影响。奥巴马总统在第一任任期过半时，已经开始了争取连任的“竞选”活动。为此，奥巴马政府正在筹划撤出阿富汗之后的战略布局，加强同日本、印度和一些东盟国家的军事关系，凸显其在亚太地区存在的“合法性”。为此，美国还将在亚太地区展开多轮的政治、外交、文化攻势，在亚太国家之间纵横捭阖，威逼利诱，巩固和发展美国在本地区的主导权。

五、今后10年中美战略互动展望

在21世纪第二个10年中，全球力量对比将更趋平衡。一方面，在多极格局大体形成中、在美欧亚三大经济板块消长中、在新兴大国群体性崛起中，中国都处于有利态势。另一方面，中美两国的力量对比仍处于量变积聚过程，美国仍将保持着总体和综合优势。

中美战略互动的亮点在全球层次上。在今后10年的世界事务中，机制建设和议题应对将占据重要位置。在全球治理机制尚不完善和国际机制缺失的背景下，大国间的合作显得尤为重要。中美作为两个全球性大国，其全球视野、全球战略、全球利益和全球影响都是其他国家所不能比拟的。因此，中美两国比其他国家更具有改革现有的国际体系和建设新的国际体系的动力。在新一轮的国际机制建设中，中美将继续合作加竞争，但双方合作面将大于竞争面。两国还将在国际金融和贸易机制建设中继续协调各自同其他各方的关系，争取基本完成国际机制的重组任务。在解决全球性问题方面，中美两国在保障能源安全、应对气候变化、反对恐怖主义、防止核扩散、打击海盗和防疫救灾等方面具有共同利益和实施能力。还需要指出的是，随着中美在全球层面互动的加强和加深，两国在时代观、利益观和价值观等方面的分歧将会进一步突出，从而增加双方在全球层次上的竞争面和摩擦点。

中美战略互动的重点在地区层次上。在奥巴马政府西退东进的战略调整中，亚太地区是美国以攻为守的重点。展望今后10年，中美在亚太地区的战略互动主要趋势是：第一，中美关系具有全局性和战略性，但两国战略互动的主要平台还是在中国周边地区，中美两国将逐步制定出“大亚太战略”（其地域将涵盖整个亚洲和西太平洋地区），并将其上接国际体系重组、下连与他方的双边和多边关系。第二，美国加大在亚太地区参与的力度之后，地区的主要国家行为体增多，原有诸如“10＋X”的非国家行为体也在发生重大变化，中美进入围绕地区框架的原则、设计、调整的磨合期。此外，中美的主要领域性议题集中在“高政治”方面，两国在应对海洋安全、防扩散、某些领土（海）争端等问题上面临新挑战。第三，亚太的多边关系重组。中美在上合组织、六方会谈、中俄印、中美日、中美俄、中美越、美日印东盟等多边关系上都将有新的发展，两国在期待、机制、能力等方面的差异也将更突出。

中美战略互动的难点在双边层次上。中美关系的重要症结之一是缺乏战略互信，而且这一问题还将长期存在。究其原因：一是两国不仅在历史、文化、宗教、政治理念、社会制度、发展阶段等方面存在巨大差异，而且在如何理解和应对当代主要矛盾和问题方面时常看法相左；二是支持中美战略互信的国内基础还十分薄弱，两国政府都把国内议题置于国际问题之上，双方领导人在中美关系上妥协让步的余地正在缩小，而“示强示力”又往往会引起极端的解读；三是美国为维护其在全球唯一超级大国的地位，对综合国力不断强大的中国的警惕性不断提高，弱化和淡化中国外交、经济、文化影响；四是美国为维护其在亚太地区的主导地位，对中国的可能排挤乃至取而代之始终存有恐惧之心，正在中国周边进行战略性和防范性的投棋布子；五是两国在事关中国核心利益的台湾、西藏、新疆等问题上存在原则分歧，双方事实上都以“最坏打算”解读对方的言行；六是目前已有的双边互动机制尚不足以从根本上解决中美战略互信问题，因此只能以不断扩大化的合作深度和广度逐步达到增信释疑的目标。

美国二元战略伙伴系统的建构与调适

杨 剑*

【内容提要】美国在实施全球战略时面临一个二元困境，需要同时经营两个相互矛盾的战略伙伴系统：一是以传统盟国为伙伴、以安全为主题、旧的伙伴系统；二是以新兴大国为伙伴、以经济为主题、新的伙伴系统。这一典型的二元结构反映出美国提供全球公共产品能力上的不足，也说明美国面临的挑战是多方位的，单一伙伴系统已无法应对。由于结构的矛盾性以及一系列的限制，美国对新旧伙伴系统的协调将是一个长期过程。

美国全国情报委员会在名为《全球趋势 2025：转型的世界》(Global Trends 2025：A Transformed World）的报告中提到，由于新兴大国崛起、经济全球化、经济实力自西向东转移等因素，战

* 杨剑，上海国际问题研究院副院长，主要从事国际政治经济学及区域战略问题研究。

后建立的国际体系到2025年将面目全非。届时美国仍是最强大的国家，但其国力会日渐式微，影响力将受到掣肘。[①] 在该报告中出现了一个值得注意的特殊表述，称美国需“建立新的关系和对旧的伙伴关系的重新校准”（New Relationship and Recalibrated Old Partnerships）。[②] 在建立新的伙伴关系方面，美国将重点转向中国、印度等新兴大国，以解决经济问题为共同目标，以分担国际责任和承担公共产品提供为具体指向。另一方面，美国将继续维持传统盟国关系，以配合美国的全球安全战略。上述战略伙伴结构是典型的二元结构。虽然该报告未就二元结构的困境进行分析，但“重新校准”的提法已将这一困境展现出来。

本文拟对二元困境的形成进行历史溯源和政策逻辑性分析，揭示美国全球战略伙伴二元结构的矛盾性，进而考察美国在应对战略挑战时所采取的各种协调方式，从中判断未来发展趋势。

一、二元伙伴困境形成的历史原因和政策逻辑

2009年克林顿国务卿在就任后首次到国会听证时，就新一届政府的外交战略宣称，在今日世界，美国已无法单独应对任何挑战，但任何挑战离开了美国也无法应对。美国“首先要通过加强与世界各地的民主伙伴和同盟国来解决广泛的问题，与此同时我们正在与一些地区强国培植伙伴关系（cultivating partnerships）。我们正在培植与中国、俄罗斯、印度这些事关世界未来发展方向的国家之间的

① 美国国家情报委员会编，中国现代国际关系研究院美国研究所译：《全球趋势2025：转型的世界》，时事出版社，2009年9月版，第1页。

② 同上书，第123页。

伙伴关系”。[①] 2010年白宫发表的《美国国家安全战略报告》将建立新的伙伴关系与加强同盟关系并列为“重振美国的领导地位，在变化中的世界中推进美国的利益”这一战略目标中重要的一环。报告提出“要强化美国的传统联盟，同时培植与新兴影响力中心的伙伴关系”。[②] 新兴影响力中心指的是：“一些新兴国家凭借不断增长的经济与稳定的政治，日益显示出强大的全球和地区影响力，并正在改变着国际合作的局面。”[③] 该战略报告进一步指出：“我们将在相互尊重和互利互惠的基础上，继续深化我们与其它21世纪影响力中心——中国、印度、俄罗斯等国的合作。”[④]

理论上讲，在有限的资源条件下，二元结构的伙伴系统并不是一个理想结构。当一国的政治性战略目标和经济性战略目标确定之后，国家资源最优配置的状况应当是，主要的经济合作伙伴和政治安全合作伙伴应处于高度重叠的状态。这种情况曾出现在冷战时期的美国，当时美国与日本和西欧结盟，在政治、安全领域构筑了抵御东方阵营的伙伴体系。同时美国携手欧洲和日本组建七国集团(G7)，控制着世界的经济命脉。1989年G7国家的GDP总量曾达到世界经济总量的68%。当时美国国家战略运行可以说是，资源投入适当，国家利益得以实现，运行过程可持续。如果经营两个重叠性不高的伙伴体系，则资源投入巨大，捉襟见肘，难以持续，战略目标会出现阶段性模糊。特别是当一个领域中的伙伴在另一领域变成战略对手的状况出现时，情况则更加复杂，极可能出现资源运用相互抵消的结果。

今日美国之所以要经营二元结构的伙伴系统可以说是形势使然，

---

① 美国国务院网站 http：//www.state.gov/secretary/rm/2009a/04/122048.htm（上网时间：2011年9月8日）。

② The White House，“*National Security Strategy* 2010”，May 2010，p. 41.

③ Ibid.，p. 44.

④ Ibid.，p. 11.

反映出国际格局演变的必然，也体现出美国政策选择的内在逻辑。

（一）选择二元战略伙伴系统源于美国的相对衰落和对自身实力的理性判断

在经历了两场不顺利的战争之后，单边主义在美国的支持率下降。次贷危机引发的全球经济动荡，更使得美国在战略上开始重视如何在维持霸权的前提下分担责任。

美国主流战略家对实力变化做出的理性判断是，在2025年前后美国仍将保持全球第一的影响力，但仅是“平辈中的第一”(first among equals)。“同过去数十年相比，美国在一个多极世界中的权力变小了。随着经济实力的衰落，以及军事实力的式微，美国不再享有多种政策选择的灵活性。”[①]“美元的衰落将迫使美国在现实伟大的外交目标和为此付出的高昂的国内代价之间作出艰难抉择。”[②] 而且美国公众支持美国承担全球责任的意愿有所下降。“当选民重新评估担当世界领袖的政治、军事成本和机会成本后，美国发挥领导作用的兴趣和意愿也将更受限制。”[③] 三个有逻辑关联的因素，即美国实力相对衰落、政策选择灵活性下降、公众承担世界责任的意愿下降，促使美国领导层认识到“多极世界下的权力共享”将不可避免。

国际格局的速变使得美国已无法用单维的战略思考来处理权力多维化的世界。约瑟夫·奈在谈及重塑美国领导地位时指出，当今国际权力斗争已经变成三维的复杂博弈。军事安全上基本维持着以美国为核心的单极结构；在经济维度上，美国、欧洲和日本要与中

① 美国国家情报委员会编，中国现代国际关系研究院美国研究所译：《全球趋势2025：转型的世界》，时事出版社，2009年9月版，第121页。

② 同上书，第127页。

③ 同上书，第121页。

国等新兴大国分享权力，形成多极。美国不再是霸权国，需经常以平等身份讨价还价；在第三维度，即非传统安全领域中行为体多样化，权力分散。在如此复杂的权力格局下，美国若执意以单独一种战略思维进行博弈，则难以有效维护美国的战略利益。① 二元战略伙伴结构的形成与这种多维战略思考方向是一致的。

根据金德尔伯格（Charles P. Kindleberger）的霸权稳定理论，霸权国为使自己建立的国际体系扩展至全球，需要有支付国际公共产品成本的能力，其收益是世界对国际秩序的认同。国际关系领域中的公共产品有三大类：一是国际自由贸易体制；二是国际安全保障体制；三是国际经济援助体制。② 而霸权衰落的一个重要表现就是公共产品提供能力的下降。在两场战争和金融危机之后，美国已无法为世界继续提供有效而充分的公共产品来维持其霸权稳定。吉尔平（Robert Gilpin）认为在霸权衰落时，霸权国应适当减少国际义务，而且需要伙伴国来分担相应的责任，分担公共产品的提供。这样才可能减少对霸权国国际地位的损害。③ 2010 年《美国国家安全战略报告》中专门提到“要为提供全球公共产品发挥领导力。美国的手段需反映这样的事实：当今世界仍面临诸多挑战，单凭一国之力难以应对。为此我们将塑造国际体系，并与我们的全球伙伴携手应对”。④

美国为了维持霸权所必需的国力，获取世界经济进一步发展的红利，它需要同经济发展最迅速的地区和国家形成利益攸关方。基辛格指出，如果美国不想成为保罗·肯尼迪所说的“帝国过度扩张

① Joseph S. Nye, Jr, “Recovering American Leadership”, *Survival*, February/March 2008, Vol. 50, No. 1, pp. 57—58.

② 樊勇明：《西方国际政治经济学》，上海人民出版社，2006 年 8 月版，第 57—59 页。

③ 同上书，第 70 页。

④ The White House, “*National Security Strategy* 2010”, May 2010, p. 34.

的牺牲品”，它就必须和新的权力中心共同承担维护世界秩序的责任。[①] 分担责任的指向就是新兴大国。

（二）传统盟国无法在经济层面成为美国维持霸权的主要责任分担者

金融危机加速了世界经济重心从北大西洋向亚太地区的转移。西方大国的结构性矛盾凸显，经济复苏受到高失业、高赤字、高债务的拖累。欧洲主权债务问题突出。日本经济长期不振，2011 年又遭遇了地震、海啸、核泄漏的多重打击。因此，当美国需要伙伴国来分担国际公共产品时，其西方盟友并没有充分的承接能力。

美国战略界将欧洲和日本列为经济失去活力地区。日本经济停摆多年，在未来 15 年左右的时间里，仍将“面对人口减少、工业基地老化和政局多变等问题，日本将对其政治、社会和经济体系进行改革”。[②]“欧盟更像一个饱受内部纷争困扰的跛足巨人，其经济实力很难转化为国际影响力”。[③] 在新加盟国家增多后，欧盟的经济和社会问题接连发生，改革推进困难，人口萎缩和老龄化难题严重，欧盟的注意力会转向内部事务，其国际影响力受到抑制。

此外，美国和欧洲在世界金融改革和货币政策方面分歧严重，欧元与美元地位之争还在持续。美欧之间共同领导世界经济的互信基础出现裂痕。美国战略分析报告写道：“随着美国和欧盟间的经济和货币政策的工作重点愈发不同，西方就更难共同领导和发展全球

① ［美］亨利·基辛格：“美国的衰落”，德国《商报》，2010 年 12 月 18 日。保罗·肯尼迪在其《大国的兴衰》一书中曾警告说，“华盛顿的决策者不得不正视这样一种棘手而持久的现实，即美国全球利益和它所承担的义务的总和目前已远远超过它能同时保卫的能力”。

② 美国国家情报委员会编，中国现代国际关系研究院美国研究所译：《全球趋势 2025：转型的世界》，时事出版社，2009 年 9 月版，第 51 页。

③ 同上书，第 50 页。

经济，美欧之间的关系紧张可能导致西方的分裂。”[①]

在美国应对霸权衰落的历史时期，欧洲和日本因为内部经济问题，难以满足美国分担全球公共产品的要求，美国需要另寻战略合作伙伴。当然，这些国家都是美国多年的价值观和安全领域的盟国，是防止新兴大国挑战美国霸权的重要依托，他们作为美国安全伙伴国的地位仍然存续。

（三）世界经济重心东移使美国开始在新兴大国中选择战略合作伙伴

奥巴马政府的战略文件指出：“当前美国在经济上的领导地位不得不去适应新兴经济体的崛起，不得不去适应金融市场膨胀的规模、增长的速度和复杂性，不得不去适应多方参与的国际市场。”[②]

中国等发展中大国参与全球化并获得成功，在地区和全球治理中开始发挥着重要作用，成为解决世界经济问题的重要期待。首先，新兴大国握有相当数量的外汇储备，对于解决发达国家紧迫的经济困难具有重要意义。在次贷危机发生的2008年，中国取代日本成为美国国债最大的海外持有者。在应对危机过程中，美国提升了与中国、印度等国经济合作的战略位阶。美国主导了G20峰会，并确定了两个主题，一个是改革国际金融体系以应对危机，另一个是让新兴经济体成为新的权力支柱，扮演重要的角色。[③] 一些对全球GDP贡献超过1%的发展中国家都进入了这个世界经济治理的平台，中国和印度受到了特别的重视。奥巴马上台后再次以战略文件的方式确

---

① 美国国家情报委员会编，中国现代国际关系研究院美国研究所译：《全球趋势2025：转型的世界》，时事出版社，2009年9月版，第28页。

② The White House，“*National Security Strategy* 2010”，May 2010，p. 31.

③ Mark Landler，“Nations to Talk Finance，As the Pillars of Power Shift”，*The New York Times*，November 14，2008.

认了这一调整。“我们已经开始将经济协调重点从八国集团转向二十国集团。后者更能反映当今世界的权力转移。”[①] 其次，新兴大国具有的发展潜力、市场潜力以及创新动能也让美国将经济战略合作伙伴的目光转向新兴大国。美国战略学界判断，紧随美国强大的创新体系之后，“中国、印度和其它主要发展中国家的公司具有率先开发众多新兴技术的独特机会”。[②] 新兴大国众多的人口也是美国看中的新经济发展的市场潜力。

从中美关系新进展看，美国领导人多次提到美中关系是世界上最重要的双边关系。越来越多的全球性问题被纳入双方战略对话议程之中。美国与印度也开始建构战略伙伴关系。新兴大国在被重视的同时也被要求承担更多的国际责任，中印等国在气候、能源、市场和金融开放等问题上面临西方国家的压力。美国希望达成的效果是，鼓励新兴大国分担公共产品，但尽量减少新兴国家对国际权力的分享。

（四）全球化和相互依赖使两个伙伴系统并存的可能性增加

全球化增强了各国间的相互依赖性和利益重叠性，利益的国家边界已经模糊。新兴大国通过全球化发展本国经济，增进同世界的联系，开始接受全球贸易规则。由于西方跨国公司的全球布局，新兴大国的发展中包含着西方国家的重大利益。这种相互依赖和利益重叠减少了美国与新兴大国发生重大冲突的可能性。这种环境帮助美国相信，“新兴大国提供了建立伙伴关系的机遇”。[③]

在美国国力日渐式微的历史场景下，美国对新兴大国的判断是

---

① The White House, “*National Security Strategy* 2010”, May 2010, p. 46.

② 美国国家情报委员会编，中国现代国际关系研究院美国研究所译：《全球趋势2025：转型的世界》，时事出版社，2009 年 9 月版，第 29 页。

③ The White House, “*National Security Strategy* 2010”, May 2010, p. 8.

一个严峻的、不容误判的课题。美国“如果误判别的国家，如中国，将付出严重的政治代价，可能让美国和其他国家更难制定出一个经济可持续的计划，也可能引起主要大国之间冲突”。[①] 将新兴大国片面地视为霸权的挑战者并加以全面遏制不符合美国的自身利益。

与全球化并存的一个现象是，世界各文明之间、意识形态之间以及发达国家和发展中国家之间结构性矛盾依然存在，西方国家在价值观方面攻城掠地的态势并未削减。新兴大国在发展模式上没有完全遵循西方的自由主义模式。美国需要依靠传统盟国的合作，来防范意识形态与之相左的新兴大国“不受限制地”扩大影响，挑战美国霸权。二战结束后，美国曾成功地遏制了苏联的战略挑战，也遏制了日本的经济挑战。美国对日本的遏制恰恰是在伙伴国阵营内，通过相互依赖关系中美国调控双边关系的能力高于对方的优势实现的。

二、二元伙伴系统结构的矛盾性分析

目前美国所经营的二元伙伴系统存在着结构上的矛盾性，主要表现在以下三个方面：

（一）有限资源与无限任务间的矛盾性

美国是因为国力的相对衰落才不得不经营两套伙伴系统。一方

① 美国国家情报委员会编，中国现代国际关系研究院美国研究所译：《全球趋势2025：转型的世界》，时事出版社，2009年9月版，第129页。

面，美国国力明显衰减，可用于外交和战略的资源出现相对短缺，而美国公众支持政府将资源投放海外的意愿却下降；另一方面，全球性问题突出，国际秩序方面的公共产品需求激增。有限资源与无限任务之间的矛盾性更加凸显。

为了保证传统盟国在安全利益上支持美国，协防新兴大国挑战霸权，美国必须投入一定的外交资源来维持旧的伙伴系统。为增加新的伙伴国在全球经济治理中与美国配合的意愿，美国会将原先已投放到传统盟国的部分权力收回，分配给新兴国家，其中包含着一些制度权力的软资源。美国的战略文件确定："我们将通过二十国集团推动国际货币基金组织和世界银行的改革。我们需要在其它国际金融机构中扩大领导权，使那些经济迅速增长的国家看到其地位的上升，并乐于向这些机构投入其所需要的权威，从而推动全球生产和贸易稳定与增长。"① 2010 年 4 月，世界银行宣布重大改革。该行的信贷资本增加 862 亿美元，其中超过一半的资金由发展中国家提供。由于分担了公共产品，作为交换，一些新兴大国增加了投票权。中国成了仅次于美国、日本的第三大股东。印度、巴西投票权有大幅提高。欧洲及日本则成了投票权转移的输家。2010 年 11 月，国际货币基金组织在美国的主导下，就份额和治理改革方案达成一致。中国份额占比增加 2.398 个百分点至 6.394%，排名从并列第六跃居第三。该方案从经济活力下降市场向新兴市场转移份额达 6 个百分点。美国作为唯一拥有一票否决权国家的现状没有改变。中国、印度、俄罗斯排名前移，均居前十位。份额和投票权出让主要来自欧洲。美国这种重新"校准"意味着资源和权力的重新分配，会造成传统盟国心理上的不适。要弥平这样的情绪，美国还需要以别的外交资源来补偿。

① The White House, "*National Security Strategy* 2010", May 2010, p. 33.

(二) 战略目标和信任基础间的矛盾性

美国与新的伙伴国合作，以此解决美国在世界贸易和金融体系中公共产品提供不足的问题，同时解决美国国内经济问题。而与传统盟国合作主要目的是防止新兴大国挑战美国霸权。美国与新兴大国的合作必然增加合作对象的成长机会，这与防止新兴大国挑战霸权的目标相背离。

美国与旧的伙伴协防新兴大国的做法，会伤及美国与新伙伴之间的战略互信。在没有得到足够的信任回馈的情况下，新兴大国合作意愿会降低，最终会影响美国相关战略目标的实现。这也说明了为什么奥巴马 2009 年 11 月访华时，中美双边对话中战略互信基础部分几乎都是围绕安全领域的争执而展开。反之，在建构新伙伴关系时，必然会作出一些体现重视的安排。这些安排容易伤及美国传统伙伴国的自尊，产生被冷落的感觉，最终影响伙伴关系的紧密程度。

中国和日本分别代表两个伙伴体系中的典型国家，上述现象就时有发生。例如，奥巴马总统在 2011 年的国情咨文中，大谈中国和印度，日本几乎没有被提到。这在日本上下引起了巨大的心理震动。[①] 而克林顿国务卿声称美日安保条约应适用于有主权争议的钓鱼岛海域，致使中国与美国的关系冷却。[②] 美国也在判断，如果美国减

---

① ［日］犬塚陽介："米大統領一般教書演説"，日本《产经新闻》，2011 年 1 月 27 日，第 3 版。

② 日本共同社 10 月 28 日消息，美国国务卿克林顿与日本外相前原诚司在夏威夷举行了会谈。克林顿称钓鱼岛"属于规定美国对日防卫义务的《日美安保条约》第 5 条的适用对象"。中国外交部发言人马朝旭随后表示，美日安保条约是冷战时期的产物，是日美之间的双边安排，不应损害包括中国在内的第三方的利益，中国政府和人民绝不接受任何把钓鱼岛纳入该条约适用范围的言行。见中华人民共和国外交部网站 http：//www.fmprc.gov.cn/chn/pds/wjdt/fyrbt/t765185.htm.（上网时间 2011 年 4 月 20 日）。

弱了对日本的安全承诺，或者留下疏远日本的印象，日本可能会在地区问题上向中国靠拢，最终与中国达成安全安排。[①] 这也是美国不愿意看到的结局。

（三）战略意图和行为示范间的矛盾性

美国借用传统盟国制约新兴大国的战略意图是明确的，但美国在经济上倚重新兴大国的做法成了一种行为示范。它的安全伙伴国为了追求自身利益，会主动调整与新兴大国之间的关系，甚至建立经济战略伙伴关系。

如今中国已成为日本最大的贸易伙伴国和欧盟第二大贸易伙伴国。陷入主权债务危机的欧洲国家迫切希望中国多购买一些国债，助其渡过难关。欧洲与中国之间的战略伙伴关系，就仿效了美国与中国的形式。在2011年的中欧战略对话中，双方承诺要“深化务实合作，努力实现互利共赢。应结合中国‘十二五’规划和‘欧洲2020战略’契合点，扎扎实实推进合作，特别是在基础设施建设、环保、可持续发展等领域的合作。为对方企业赴当地投资兴业提供良好条件”。[②] 另一种深化经济合作的方式是建立地区合作机制。日本和韩国在加强与美国的安全关系的同时，努力在经济上加深与中国的伙伴关系。中、日、韩三国已建立多层级制度性的会谈机制，三国间的经济合作伙伴关系不断加深。[③] 更有指向意义的例子是日本鸠山政府一度推行的均衡的亚太政策，将建立东亚共同体作为对外

① 美国国家情报委员会编，中国现代国际关系研究院美国研究所译：《全球趋势2025：转型的世界》，时事出版社，2009年9月版，第53页。

② 中国外交部网站 http：//www.fmprc.gov.cn/chn/pds/ziliao/zt/dnzt/daiguo-weichuxizhongouduihua/t822321.htm.（上网时间：2011年6月18日）。

③ 中华人民共和国政府网站 http：//www.gov.cn/jrzg/2011－05/22/content_1869096.htm.（上网时间：2011年6月27日）。

战略目标。鸠山认为，日本“在为霸权地位而奋斗的美国和企图成为霸权国家的中国之间，要有效利用美国的军事力量使其发挥作用，同时要尽量防止美国在政治上和经济上的放纵；在减少中国近距离军事威胁的同时，争取将中国带来的经济收益最大化”。[①] 日本外务省在《2011外交蓝皮书》中延续了这种思维，日本认识到新兴国家的崛起带来了国际社会力量平衡的变化。日本在努力与美国合作加强日美同盟的同时，“作为世界第三大经济强国，日本必须立足大局，与世界第二大经济强国中国深化战略互惠关系”。[②] 日本方面的这种政治哲学和政策定位，体现出日本并不愿困囿于美国为其订制的“从安全上制约挑战国”的单一角色，而要在保持特殊日美关系的同时，加强与中国的关系，分享中国经济发展的红利。

三、美国协调二元伙伴系统的主要方式

虽然美国的二元战略伙伴系统存在着结构性的矛盾，但美国还是通过以下各种方式努力协调这些矛盾，争取政治和经济两个战略目标的同时实现。

（一）利用经济伙伴体系边界的模糊和保证安全伙伴系统边界的清晰

尽管欧洲和日本等国经济活力减退，美国并没有将其从经济伙

① ［日］鸠山由纪夫：“私の政治哲学”，《voice》，2009年9月号，第139—140页。

② 日本外务省网站 http：//www.mofa.go.jp/announce/jfpu/2011/4/0411.html（上网时间：2011年9月6日）。

伴国中排除：其一，因为它们仍是世界主要的经济体；其二，保留它们经济伙伴国的身份可增加美国战略经营的效率，发挥政治经济双重作用。G20 就是一个反映经济伙伴体系边界模糊的例子。其中既有欧洲和日本等传统盟国，也有新兴市场国家。美国借新兴国家改变世界经济秩序的要求，迫使欧洲、日本作出权力上的让步，增加发展中国家投票权和决策权；在重要的全球经济平台上，美国也通过与欧洲、日本携手施压，迫使新兴国家在承担公共产品方面和对外经济政策上作出重大让步。

反观安全领域的伙伴国体系，边界十分清晰，具有很强的排它性和非兼容性。任何一个政治上挑战过美国的国家，或在经济制度上可能对美构成挑战的国家，都被美国排斥在安全伙伴国系统之外，中国和俄罗斯都属于这样的国家。尽管俄罗斯已放弃了社会主义，但它仍是美国安全上的防范对象。美国建立所谓的价值观同盟，强调中国威胁论，甚至制造安全议题，都是在进行这样一种清晰化的经营。

（二）强调安全类公共产品的重要性以彰显美国的领导地位

美国提供贸易市场和金融支撑的能力大大下降。中国等新兴大国已成为许多国家最大的贸易伙伴。新兴大国的外汇储备也成为许多国家解决国内财政危机的一个期待。在此情形下，美国要维持全球和地区公共产品主要提供者的地位，维持霸权并抵消新兴大国影响力的扩大，一个有效的办法就是强化安全类公共产品的重要性。美国将“东亚国家之间的矛盾大于单个东亚国家与美国之间的矛盾”当作美国重要的资产来加以利用。2010 年在中日围绕钓鱼岛发生外交争执期间，美国宣布钓鱼岛海域为美日安保条约涉及范围。美国还介入南中国海主权之争，高调介入朝鲜半岛冲突。美国通过这些做法成功地将该地区的一些重要国家与中国拉开距离，强调了安全利益的重要性，暂时掩盖了美国提供贸易和金融类公共产品能力下降的事实，延缓了美国在东亚地区影响力的萎缩。

（三）主导“扩大的区域机制”以延缓“区域紧密机制”的推进

区域紧密机制是指特定区域国家超越美国的两个伙伴体系，根据自身安全和经济需要建立的地缘关系紧密的区域治理机制。从美国的角度看，这种机制的推进将淡化一些国家与美国伙伴关系的忠诚度和紧密度。东盟加中、日、韩的“10＋3”结构就是一种区域紧密机制。美国一直对“10＋3”机制摆脱美国的主导和参与耿耿于怀。

美国曾重点经营 APEC，以保持亚太地区合作领导者的地位，现在已经将“与太平洋国家进行接触以缔造一个具有高标准的地区协定”纳入美国国家安全战略。[①] 东亚在欧洲一体化的启示下，在经历了东亚金融危机之后，开始以东盟为轴心推进区域整合。随着中国、日本、韩国对这一进程的重视，“东盟＋3”的区域紧密型合作机制开始成型，使美国产生了被排挤的感觉。2009 年美国宣布将加入“跨太平洋战略经济伙伴协定”（TPP）。这一协定于 2005 年由智利、新西兰、新加坡、文莱四国发起签署，澳大利亚和秘鲁随后加入。美国的积极推动使这个之前未被重视的协定影响力大增。2010 年 APEC 横滨峰会领导人宣言首次将 TPP 明定为地区合作发展途径之一，与已发展多年的“东盟＋3”相提并论。美国推动 TPP 对“东盟＋3”机制的发展是一种牵制。[②] 由于这个协定涉及地域广，成员差异大，协调成本高，建构过程将旷日持久。根据威廉·赖克

① The white house，“*National Security Strategy* 2010”，May 2010，p. 32.

② 张茉楠：“警惕美国的平衡中国战略——美国力图重塑亚太经济合作与贸易格局”，《中国经贸》2011 年 3 月刊，第 61 页。

(William H. Riker) 的政治联盟理论，联盟的规模、联盟成员参与的意愿都与其对资源的评估和预期回报有关。获胜联盟的规模越大，其总收益就越小；其成员越多，达成一致的难度就越大，其获得收益的成本就越高。[①] 美国推动 TPP 其功不在自身的成，主要在于对“东盟＋3”的拖延与破局作用。

（四）在新经济伙伴中寻找安全盟友以制约主要挑战国

现实中能反映这一调适方式的就是美国推进与印度的关系。印度也是新兴大国，但相较于中国来说，对美国霸权的挑战有限。因此美国加强与印度的伙伴关系比与中国间的伙伴关系更加符合美国的最终战略目标。因为存在着经济伙伴和政治安全伙伴的重叠性，战略运行效率较高。

中印是邻国，历史上发生过战争，还存在着边界争议。这为美国利用印度制约中国提供了机会。美国区别对待中印两国。美国愿意将高科技输出给印度而不给中国。美国明知印度的发展也没有按照西方的自由主义模式，[②] 但还是愿意称印度为“人口最多的民主国家”。[③] 奥巴马在访问印度时盛赞印度的民主成就和反恐斗争，表示要深化两国间的伙伴关系，主动支持印度成为联合国安理会常任理事国。美国学者卡普兰（Robert D. Kaplan ）认为，美国要懂得管理中国与印度之间的竞争。中国虽不是美国的敌人，但却是一个真正意义上的竞争者，而印度则是美国培养中的盟国 (budding ally)。印度海军将成为世界第三大海军，位列美国、中

---

① ［挪威］斯坦因·U. 拉尔森主编，任晓等译：《政治学理论与方法》，上海人民出版社，2006 年 8 月版，第 79—80 页。

② 美国国家情报委员会编，中国现代国际关系研究院美国研究所译：《全球趋势 2025：转型的世界》，时事出版社，2009 年 9 月版，第 3 页。

③ The white house, “*National Security Strategy* 2010”, May 2010, p. 43.

国之后，它完全可以作为美国应付中国军事扩张的对抗手段。[①] 美国将印度作为新的经济安全双重伙伴来加以经营的做法值得中国战略学界认真观察。

四、二元伙伴系统未来发展的趋势

美国在战略层面建立两套伙伴体系源自其提供全球公共产品能力的不足。二元结构反映出美国面临着多方位的挑战，单一的伙伴系统已经无法应对这些挑战。

影响二元伙伴系统未来发展趋势的主要因素有两个：一个是关乎公共产品的提供能力，其中包括美国国力和公共产品提供能力是否恢复，以及需要美国提供的国际公共品总量是上升还是下降；另一个是美国与新兴大国之间的关系，其中包括双方在关键问题上能否继续找到双赢的方案，是否会出现相互间实力判断上的突变，其中一方是否会主动改变游戏规则，以及新兴大国是否会在安全领域挑战美国霸权。

后危机时代，美国仍是世界经济的中心，但难以恢复到危机前的市场活力，美国还将需要新兴大国来分担公共产品。在可以预见的将来，国际格局的变化对国际公共产品的需求大增，在经济领域，在传统和非传统安全领域都是如此。另外，维持盟国关系的巨大成本将拖累美国。美国是全球盟国最多的国家，它难以从既有的扩张中迅速收缩，为了维持影响力必须兑现它的安全承诺。由于美国在各洲的盟国相继步入政治、经济和外交上的多事之秋，美国都要准

① Robert D. Kaplan, "Center stage for the Twenty-first Century: Power plays in the Indian Ocean", *Foreign Affairs* March/April 2009, Volume88, Number 2, p. 24.

备随时投入精力和资源来应对，最终会迫使美国调整战略目标的重要性排序。

与新兴大国之间相互依赖关系加深，使得美国很难将新兴大国作为“完全敌对国家”加以遏制。美国恢复繁荣的任务要比防范潜在挑战者更加紧迫。美国的战略文件认定，美国重振领导地位的首要战略任务是恢复美国经济的繁荣。“繁荣是美国力量的源泉。它向我们的军队提供资金，为我们的外交和发展援助提供担保，是我们对世界影响力最重要的来源。”① 为了恢复繁荣美国需要与新兴大国的合作。美国围绕二元伙伴结构做的各种调适，总体上讲对新伙伴国是有制约也有机会。美国的二元战略伙伴系统会在调整中长期存在。

还有一个主观层面的因素是信心。美国是否继续相信，“美国是世界上唯一的可以以最小的成本将各方整合在一起的国家”。② 并自信这样的整合会增强美国的软实力。如果答案是肯定的话，美国就会继续促进新兴大国在国际事务中作扮演负责任的利益攸关者，就会利用新兴大国对美国更高的依赖程度来继续二元伙伴系统的游戏，实现遏制与借用并举的战略。反之，美国会对伙伴系统的结构作出重大调整，转向强化遏制，强调同盟关系。新兴大国的信心也很重要，要看其是否有信心在霸权国遏制与借重的战略伙伴系统中继续获益，看其是否有信心在承担更多国际责任的同时进一步扩大本国的发展空间。

随着新兴大国实力和参与世界事务管理能力的提升，全球经济利益和战略利益还会出现新一轮的重新分配。美国对此应有心理准备。新兴大国也应认识到，随着自身影响力的增长，以及在特定地

---

① The white house, “*National Security Strategy* 2010”, May 2010, p. 9.

② Joseph S. Nye, Jr, “Recovering American Leadership”, *Survival*, February/March 2008, Vol. 50, No. 1, p. 66.

区直接投放公共产品能力的提升，美国施加的制约也会更加紧迫。如果新兴大国不能很好地处理内外挑战，发展过程将出现曲折；如果美国能在新兴大国突破发展瓶颈之前恢复国力，美国就有可能在遏制和合作中再次拉开与新兴大国的差距。

美国奥巴马政府东亚战略调整评估：对东亚秩序的影响与我国外交应对

刘　鸣*

【内容提要】奥巴马政府东亚战略已经开始调整，主要内容是加强在东亚的影响，综合使用软、硬权力应对中国的崛起，领导和塑造东亚多边合作机制，支持其盟国制约和抗衡中国在东海、南海维护主权的行动。但是，美国这一时期的战略调整是很难持续的。因为，东亚各国不希望卷入与中美的战略竞争中，它们仍然希望与中国保持和扩大经济上的合作。东盟与美国在地区一体化的目标和方式也不一致。我们应把自己定位为与美国具有互补相制作用的核心国，塑造一个有利于我国利益的半制度化的东亚秩序，建立一个与美国双边主义共存，有中国烙印的地区制度。

* 刘鸣，博士，上海社会科学院亚洲太平洋研究所研究员。

为奥巴马政府“东亚战略报告”出台作准备，美国几个主要智库2009年以来发表了一系列研究报告。这包括“太平洋论坛”等五机构的报告《美国亚太地区安全战略》；美国外交关系委员会的费根鲍姆等执笔的《在新亚洲的美国》；新美国安全研究中心的《中国登场：创建一种全球关系的战略构架》；兰德公司麦艾文领衔的报告《太平洋暗流—美国在东亚的盟国与安全伙伴应对中国的崛起》（2008年）；战略与国际研究中心季北慈等人撰写的《关于亚洲区域主义的战略看法》等。美国国务卿希拉里于2010年在夏威夷也发表了“亚洲的地区架构：原则和重点”的演讲。国防部助理部长帮办米德伟（Derek Mitchell）2010年3月12日在日本举行的一次研讨会上表示，在年底之前，将对12年前制订的“东亚战略报告”进行修订，对美国在东亚的作用进行广泛地解释。有关官员也已经透露，新报告将聚焦于未来的美日同盟关系形态、美国对中国军事扩张和朝鲜发展核武器等问题上。[①] 总之，美对东亚的战略轮廓已经逐步呈现。本文将根据这些研究报告和美国近期的政策走势进行比较分析，以对美国这轮战略调整的背景、内容、问题和影响作出初步的判断。

一、研究报告的共识和分歧

上述报告就一系列涉及美国东亚战略进行了评估和分析，其接近于形成原则共识的有几个方面。

---

① “US Eyes Review of East Asia Strategic Policy by Year End”，WASHINGTON（Kyodo News），March 10，2010.

（一）东亚在发生变化，美国要调整和适应

美要使亚洲保持正确的方向，就需要坚持行之有效的政策，同时，提出新的政策，对亚洲的各种多边架构认真对待。[①] 其原因有：（1）美国前几年对东南亚缺少持续的关注，这导致了中国的力量上升，使美国商业利益不知不觉地受到损害，并最终削弱美国在安全上的能力。[②]（2）目前，亚洲新一代领导人正在对与美国密切相连的双边同盟的价值提出挑战，虽然它不会撼动美国联盟结构的重要性，但这个基础必须扩大和延展。（3）亚洲国家认为，目前存在的合作机制和各种协定对这个地区的发展是至关重要的，而美国在亚洲的信用依赖于美是否能够和如何适应亚洲人的这些利益、判断和目标。（4）美国也许能够通过劝说亚洲国家今后重新打造一个更有效的架构来确保美国的利益。（5）那些现在排斥美国参加的多边亚洲组织将不利于美国公司的发展和阻碍美国的目标实现，这包括优惠贸易协定、金融安排和各种规则和标准，最终使美国边缘化。[③] 美国粗略估计东亚自由贸易区将使美国损失至少每年 250 亿美元的出口，相

---

① Ralph Cossa，Brad，Glosserman，Michael McDevitt，Nirav Patel，James Przystup，Brad Roberts，“The United States and the Asia-Pacific Region：Security Strategy for Obama Administration”，A joint report written by Pacific Forum，CSIS，Institute for Defense Analysis，Center for Naval Analysis，Institute for National Strategikc Studies，National Defense University and Center for New American Security，February，2009，p. 48；Evan Feigenbaum and Robert Manning，“The United States in the New Asia”，Council on Foreign Relations，Special Report 50，November 2009，p. 3.

② Emest Bower，“A US Strategy for ASEAN”，http：//csis. org/publication/us-strategy-asean，March 1，2010.

③ Evan Feigenbaum and Robert Manning，“The United States in the New Asia”，p. 4.

当于20万个高工资岗位。[①]（6）东亚所有现有的和未来机构都不会在地区组织中获得核心位置，它们对地区安全和繁荣影响未定。多边机制既对中国有利，也对美国有利。[②]

为此，美要支持一个更广泛意义上的东亚共同体概念，发展地区制度建设的长期战略。美国既不能急于推动其发展；也不能抵制各种正在发展中的合作模式。[③]与亚洲多边论坛扩大互动，通过可持续的、复杂的、建设性的接触来重新塑造现状和未来新机制的特性。[④]

（二）重申美国的战略存在和领导地位

几乎报告所有的作者均认为，在布什总统期间，美国忽视了东亚的重要性，这主要是指美国国务卿数次缺席东盟地区论坛，布什总统没有如约与东盟领导人举行峰会。所以，美国应重申其在东亚的存在、发挥积极的领导作用。这包括：美总统和各级高级官员应经常参加地区的各种会议，特别是对美国具有战略意义的部长级会

① 2010年1月25日美国彼得森国际经济研究所所长佛瑞德·博格斯坦和高级研究员杰弗里·肖特向美国贸易代表处提出了一份关于支持“泛太平洋伙伴关系（简称TPP）协定”的提议。其中强烈建议美国政府和国会积极参与所谓“亚太区伙伴关系协定”的谈判。晏来先：“美国亚太区伙伴关系战略的启示”，http：//www. macrochina. com. cn/zhtg/20100305095870. shtml（中国宏观经济信息网），2010年3月5日。

② John Ikenberry，“Asian Regionalism and the Future of US Strategic Engagement with China”，Abraham Denmark and Niray Patel，ed.，*China Arrival：A Strategic Framework for A Global Relationship*，Center for A New American Security，September，2009，p. 98.

③ Ralph Cossa，Brad，Glosserman，Michael McDevitt，Nirav Patel，James Przystup，Brad Roberts，“The United States and the Asia-Pacific Region：Security Strategy for Obama Administration”，p. 48.

④ Ibid.，pp. 4，39—40.

议，并倡议可扩大美国战略利益的各种会议和峰会；要发表总统声明和政府权威的报告，强调亚洲对美国的重要性；积极参与解决亚洲的体系结构问题①；美要构建和明确表达一个更有前瞻性的亚太地区构想，动用所有工具（军事、政治、经济与文化，软权力和硬权力的结合）来发挥其作用；明确美国在亚洲的安全政策有两个核心目标——确保美国对亚太地区的大规模和持续的经济、政治与军事联系不会受到排斥；避免一个国家或国家联盟集中其充足的资源，直接构成对美国在亚太利益的挑战；让亚洲各国对太平洋大国——美国继续留驻这个地区保持信心。②

（三）激活美国联盟网，保持前沿部署，把管理传统安全挑战与应对新的非传统安全议题结合起来

要与盟友在重要的战略问题上保持事前或持续和公开的磋商，投资改善与盟友之间的军事协同合作。美要向盟国供应重要的武器平台和部件，让它们维持强大的威慑力。美日联盟是美国在亚太的基础，美日的合作宜超越 1996 年的联合宣言的框架，须发表一项更具有前瞻性的联合声明，扩大和深化合作目的。必须承认盟国的效用，开展以非传统性安全领域等特定问题为基础的合作，如气候变化和能源安全。③ 要与韩国发展一种适应 21 世纪联盟的前瞻性构想，

---

① Ralph Cossa，Brad，Glosserman，Michael McDevitt，Nirav Patel，James Przystup，Brad Roberts，“The United States and the Asia-Pacific Region：Security Strategy for Obama Administration”，pp. 4，39－40.

② Evan Medeiros，Keith Crane，et al，“Pacific Currents：The Responses of US Allies and Security Partners in East Asia to China's Rise”，RAND Corporation，2008，p. 244.

③ Ralph Cossa，Brad，Glosserman，Michael McDevitt，Nirav Patel，James Przystup，Brad Roberts，“The United States and the Asia-Pacific Region：Security Strategy for Obama Administration”，p. 42.

通过提出新的战略指针来促进双方在朝鲜半岛及其之外地区的合作。在美国与澳大利亚各自与中国发展关系过程中，要形成一种双方能够扬长补短的战略框架。[①] 在东南亚，要采用微妙的手法和持续的新平衡政策来扭转反差过大的中国与东盟和美国与东盟的关系。其开展工作原则是：东盟处于多边机构的核心，美国仍然要与之积极接触，但考虑到以东盟为中心的多边主义有严重的局限性、凝聚力有限，美国要更多地发展与东南亚的双边主义。[②]

美国在东盟的主要盟国是菲律宾和泰国（有条约），但是，同印尼和越南要发展战略和安全伙伴关系。[③] 未来工作的重点是：加强非传统性安全合作（如反恐、打击国内的反叛力量、改善在菲律宾、印尼和马来西亚三地的海上安全，打击贩毒与人口贩运等）。同时，帮助这些国家提高能力建设，为协助他们稳定国内局势与实现良治提供咨询。

但是，太平洋论坛的科萨等人的报告在肯定传统联盟的同时，又提出了一系列有关战略变化的问题：即单单依靠盟国体制已经不行了，盟国体系需要转型。因为，盟国间的战略共识与实际军力部署阵地的变化存在着差距，虽然军力部署阵地的调整是作战性质的问题，但具有战略性后果；[④] 威胁对象发生了变化；在反恐战争后，更多的工作是治理，盟国间需要在这方面分担成本，包括使命和作

① Ralph Cossa, Brad, Glosserman, Michael McDevitt, Nirav Patel, James Przystup, Brad Roberts, "The United States and the Asia-Pacific Region: Security Strategy for Obama Administration," p. 43.

② Evan Feigenbaum and Robert Manning, "The United States in the New Asia", p. 26.

③ Emest Bower, "A US Strategy for ASEAN," http: //csis. org/publication/us-strategy-asean, March 1, 2010.

④ Ralph Cossa, Brad, Glosserman, Michael McDevitt, Nirav Patel, James Przystup, Brad Roberts, "The United States and the Asia-Pacific Region: Security Strategy for Obama Administration," p. 32.

用的分工；在一些冲突中，盟国可能并不情愿参加，所以，需准备形成一个临时的志愿者联盟。

（四）积极参与地区的多边经济、政治和安全的结构，因应各种传统的和非传统的安全挑战（包括气候、能源安全）

美国应对多边合作持积极的立场，基本原则是以轴辐架构为基础，发展与非盟国的多边合作关系，以应对全区域的非传统安全问题，如灾难救援、气候变化、核不扩散和传染病扩散等。随着这些非传统安全问题的长期化，需要多边合作和建立更多正式的、制度化的多边机构。但美国不一定参加所有的多边机制，重点是参加可加强联盟的架构，关键是要促进美国和盟国的安全利益和维护地区的和平与安全。[①] 为此，要发展以传统同盟为基础的三边合作机制，如美日韩、美日澳，也可以是包括印度在内的四边机制。

（五）阻止大规模毁灭性武器的扩散

重点是防止朝鲜对美国本土和东北亚盟国实施核打击和核扩散的威胁，主要对策是：依靠防扩散倡议（PSI）机制并与中国、日本、印度和俄罗斯、韩国进行战略对话；要支持和赞同东南亚无核区的构想，并鼓励提出后续的倡议。在亚太安全合作理事会磋商的基础上，可配套建立东南亚无核处理的铀浓缩区，以作为堵塞核不扩散机制漏洞的重要的一步。在继续给日韩提供延伸的核威慑保证的同时，要与各盟国共同合作把各自的导弹防御设施整合成一个总的威慑体系。

---

① Ralph Cossa, Brad, Glosserman, Michael McDevitt, Nirav Patel, James Przystup, Brad Roberts, "The United States and the Asia-Pacific Region: Security Strategy for Obama Administration," p. 36.

（六）奉行对华现实与实用性的政策

首先针对中国影响的扩大，既要承认中国在亚太地区的政治与经济影响，接受中国增长的事实，与中国保持接触，反对遏制；但又需对中国的意图保持警惕，[①] 需要在内部定义中国在亚太地区的合法利益，确保中国崛起不威胁到美国历史上存在的利益。[②] 报告认为，美国与中国既有竞争，也有防范，但在广泛的地区议程中，双方潜在的共同利益仍然非常突出。[③] 第二，与这种认识相一致，需要把美国的战略焦点从军事冲突的远景转向地区内经济、政治、文化合作与竞争的领域，以软权力的手段应对中国的崛起。美将要求中国在一系列全球性的挑战问题上承担良好的职责和外交支持，发挥负责任的“利益攸关方”的作用。第三，美在重申其军事力量长期存在的前提下，要把与中国的军事接触进一步扩大，增加有关中国军事现代化和海上安全等问题的战略对话。第四，有关美国所关心的中国的政策问题，需要进行审核和等级排序——人权、军事现代化、资源竞争、环境等问题，需用不同的工具和不同层次的努力和关注应对。第五，在两岸问题上，美国的基本战略仍然是不统、不独、不武，军售则是这种战略的组成部分。但鼓励两岸关系的缓和与建立军事信任，建议大陆减少对台湾的导弹部署和军力的发展来减低台湾购武的理由。

---

① Bates Gill，Michael Green etc，“Strategic Views on Asian Regionalism-Survey Results and Analysis”，February 2009，CSIS，p. VII.

② Ralph Cossa，Brad，Glosserman，Michael McDevitt，Nirav Patel，James Przystup，Brad Roberts，“The United States and the Asia-Pacific Region：Security Strategy for Obama Administration”，p. 33.

③ Bates Gill，Michael Green etc，“Strategic Views on Asian Regionalism-Survey Results and Analysis”，p. 23.

（七）在东南亚实施软硬两手的巧权力和公共外交

为了在更好地反恐和打击极端主义方面，赢得当地人的民心，美要实施软硬两手的巧权力和公共外交。运用军事和外交努力来与亚洲保持紧密接触是必要的，但还需要政治、经济和人道主义的发展，包括通过经济援助来减缓全球经济危机的影响，支持当地的政治和社会发展，通过训练、技术与物质援助、开展研讨、提供专家等来帮助有关国家提高应对海盗、恐怖主义、自然灾害、传染性疾病、环境破坏等非传统安全问题的能力。

上述研究的主要分歧点是：太平洋论坛科萨等人报告的基调具有更多的传统性的战略色彩，如强调前沿部署；美日、美韩、美澳、美国—东盟国家同盟关系；应对中国崛起等，其延伸性的重点是非传统安全合作。对于亚洲的多边机制，虽然谈到了重新塑造及与其加强互动的内容，但实质性的创新内容不多。所以，塑造亚洲的多边机制与加强“轴心与轴辐”同盟关系应该是其提议的同步追求重点。

而费根鲍姆的研究报告由于切入点就是亚洲的多边制度与美国的关系，所以其观点似乎更具有颠覆性和创新性：即“轴心与轴辐”已经不可持续，如果不能塑造亚洲多边机制的趋势，美国在利益、信用和影响上将付出越来越多的代价。[①] 所以，应不同于目前亚洲推进的象征性多边主义，美国应该发展一种有实际意义的多边主义（purposeful multilateralism），即通过新观念上的主导和有活力的经济接触，使美国在亚洲重新定位其作用。[②]

---

① Evan Feigenbaum and Robert Manning, “The United States in the New Asia”, p. 4.

② Ibid.

季北慈等人的报告虽然是从抽样调查和反映东亚国家的意见入手的，但实际上也将影响美国的判断、战略思路与决策，如报告提出日本和韩国非常担心中国和朝鲜的“威胁”，期望美国继续成为阻遏、威慑和防御的主要来源，他们对多边安全机制没有信心。他们认为，美国若要建设更包容性的多边合作机制和扩大与中国的双边合作关系，就先要提高盟国对未来的安全信心。他们从问卷中获得的直接反馈是，中国是未来10年的最大威胁（占问卷的38%）。①

奥巴马政府似乎也更倾向于费根鲍姆等人的观点，如国务卿希拉里2010年1月13日在夏威夷东西方中心发表演讲时的题目就是：“亚洲的地区架构：原则和重点”。在其演讲中，大约有15处提到了亚洲地区架构。而有关同盟关系则仅仅提及一次。她表示，同盟关系会有助于加强亚洲的多边关系组合。换言之，同盟关系的发展为多边关系作了铺垫。② 另外，在应对非传统安全方面，她也数次提到，重要性似乎也高于同盟关系。

另一个分歧是：科萨等人报告支持塑造亚洲的多边机制，但是，它更多的是正式的；而费根鲍姆的研究报告则强调实用性和非机制化，重功能和结果，而不是形式与过程。③ 他认为三边和四边相互叠加、重合的对话并不解决问题。美国要重新定义其角色，以功能推动形式，解决实际问题。应当大力提倡非正式与灵活的组织形式：如禽流感专案组、海啸核心小组；或建立一系列功能性的论坛，就

---

① Bates Gill, Michael Green etc, “Strategic Views on Asian Regionalism-Survey Results and Analysis”, p. 7.

② Hillary Clinton's speech, “Regional Architecture in Asia: Principle and Priorities”, http: //www. iseas. edu. sg/aseanstudiescentre/ascdf3 _ clinton. pdf, January 13, 2010.

③ Evan Feigenbaum and Robert Manning, “The United States in the New Asia”, p. 5.

石油与天然气管道、战略石油储备、亚洲沙尘暴、民用核安全、公共卫生政策以及地区经济合作等议题进行协调；季北慈等人的报告也同样提到，需加强布什政府时提议的“清洁发展和气候问题亚太七国伙伴计划”。[①]

二、美国东亚战略调整的趋势

首先，从以上的报告内容看，美国未来东亚战略调整的重点之一将是东亚合作机制。美将改变其原有的消极态度，积极但有选择地争取进入一些地区机构。同时，它也会对已经参与的组织推动进行改革，以适应美国的要求和利益。费根鲍姆报告的重点是对现存的多边机制进行批判：即亚洲多边机制的主要驱动力是形式和进程，而不是功能，其结果是搞了太多的重复性组织，成员是一样的，议程是重叠的，对区域和全球问题几乎没有什么作用。[②] 为此，美国政府有可能寻机按照美国的利益要求对现存的机制进行改造。

希拉里在夏威夷的讲话中也明显透露出，美国对多边机制要求“具有效益并侧重于产生实效，而非徒具虚名”。[③] 她还表示：“我们需要确定哪些组织将成为决定性的地区机构。因此，尽管我们尊重一些国家自己组建的组织，并将与之合作，但我们必须更好地完成

---

① Bates Gill, Michael Green etc, “Strategic Views on Asian Regionalism-Survey Results and Analysis”, p. VIII.

② Evan Feigenbaum and Robert Manning, “The United States in the New Asia”, p. 5.

③ Hillary Clinton's Speech, “Regional Architecture in Asia: Principle and Priorities”.

努力确定哪些组织能够最有效地捍卫并促进我们的共同前途的工作。”[①] 希拉里的这段话表明，既认可目前的东亚多边机制的合法性，但又希望有选择地接受对其利益有帮助的机制。具体地讲，希望加强 APEC 和参加东亚峰会，同时积极构建亚太共同体和“跨太平洋战略经济伙伴关系”（TPP）。美国 2010 年 5 月发表的《国家安全战略报告》中明确把东盟、APEC、TPP 和东亚峰会列为美国要发挥强有力作用的四个多边机构。[②] 经过美国与东盟的谋划，2010 年 7 月 23 日，在越南举行的第 43 届东盟外交部长会议上，决定让美国及俄罗斯在“东亚峰会＋2”的框架下加入东亚峰会组织。希拉里在 2010 年 7 月第 17 届东盟地区论坛上的积极活动，表明美国的优先目标是承认东亚峰会是亚洲最现实的架构，“鼓励东亚峰会发展成一个基本的安全和政治机构”。[③] 美国尚未确定的另一个目标是，提升 TPP 地位，把 APEC 的领导人会议与东亚峰会领导人会议合并，使 APEC 纯粹成为一个经济部长会议。[④] 另外，在条件成熟时，在东北亚建立五方合作机制。

美认为，“10＋3”区域内贸易已上升到占东亚各国外贸的 58％，所以，美必须扭转这种势头，提升 TPP 就是它们的主要出路。美国国际经济研究所设定的目标是在 2011 年的 APEC 峰会召开前，至少与十几个亚太地区的国家达成“跨太平洋经济战略伙伴关系协定”，其中包括日本、韩国以及至少一个东盟主成员和目前承诺加入此目标的八个国家。这个 TPP 协定将给美国带来两个主要益处：它将增

① Hillary Clinton's Speech，“Regional Architecture in Asia：Principle and Priorities”.

② Ameirican National Security Report，May 2010，p. 43.

③ 希拉里 2010 年 9 月 8 日在纽约对外关系委员会关于美国外交政策的讲话，http：//dongxi. net/b02kq。

④ Evan Feigenbaum and Robert Manning，“The United States in the New Asia”，p. 20.

加和增强美国在亚太区的介入，尤其是抵消由于亚洲内部的贸易协定而给美国出口造成的歧视；通过有效的跨太平洋联结和制度上的安排，实现美重要的安全目标，加强亚太国家对美国的安全责任的信心，阻止日益增强的亚太分离趋势，建立一个由其主导的横跨太平洋的新机制，最终实现横跨整个地区的自贸区建设。①

其次，美国将开始大范围地扩大与东盟国家的交往、合作与政策协调。应该讲，早在布什政府早期，美就开始关注中国在南海和东亚其他地区投送力增加的问题，提出了“东亚沿岸”（East Asia Littoral）战略概念，计划与“日本南方、澳大利亚至孟加拉国湾”的广大海域国家加强安全合作关系，对中国构成环状围堵之势。② 考虑到未来东亚地区政治格局可能出现变化，美军无法借助在日本、韩国的军事基地实现对东亚控制这种可能，美在2005年就开始加强美军在太平洋地区远程进攻能力。美军在关岛部署了64枚常规空射巡航导弹，部署了新一代F－22型隐形战斗机、C－17型运输机和“全球鹰”无人侦察机等，这使美轰炸机有能力在12小时内攻击亚太地区任何地方。

到了布什政府后期，美就开始对东南亚的关系进行调整了。虽然布什2007年取消了美国—东盟峰会，赖斯国务卿两次取消参加东盟地区论坛会议，但是，2007年9月7日布什就向东盟首脑发出邀请，欢迎他们到他的家乡得克萨斯州聚首。2008年，美国第一个决定向东盟派驻大使。当时，国会两大党的议员就已经倾向于准许布什政府签署《东南亚友好合作条约》，以便加强美国和东盟国家的关系。另外，美国与东盟建立起了部长级对话体系、副财长级交流平台、国防部副部长交流机制等。

---

① 晏来先，“美国亚太区伙伴关系战略的启示”，http：//www.macrochina.com.cn/zhtg/20100305095870.shtml（中国宏观经济信息网），2010年3月5日。

② 2002年美国“四年防务评估报告”，http：//www.cetin.net.cn/cetin2/servlet/cetin/action/HtmlDocumentAction? baseid=1&docno=411510。

2007年时，美军就重返了菲律宾，与菲律宾武装力量举行了多次联合诸兵种演习。这些演习表面针对极端恐怖组织，不针对“任何特定的国家”，但菲律宾总统阿罗约在2008年接受采访时透露，美菲军事演习暗藏“保卫斯普拉特利群岛（中国南沙群岛）”的科目。美国对菲律宾的军事援助从2001年的190万美元，增至2008年的4亿美元。2007年6月3日，美国海军陆战队1400人与菲海军陆战队举行的演习，也是以登岛作战、近海歼敌为重点。

到奥巴马时期，情况又有了新发展。2009年7月22日在东盟地区论坛会议期间，美国国务卿希拉里签署了《东南亚友好合作条约》(TAC)，美国成为该条约的第16个区域外成员国。同年11月15日，奥巴马总统在新加坡举行的首届美国—东盟峰会上史无前例地同时会见了东盟10个成员国的首脑，承诺深化贸易、投资以及食品、能源和地区安全等领域的合作。2010年9月24日，美国与东盟在纽约举行了第二届峰会，会后的联合声明强调维护区域和平稳定，保证海事安全、商务通畅、航行自由，以及依照国际法，包括《联合国海洋法公约》及其他国际海事法的原则和平解决争端的重要性。

这种扩大关系的政策，意在平衡中国同东盟的紧密关系，消除东盟对美国承诺的疑虑，确保美国能在亚洲地区性组织中发挥领导作用。其切入点就是南海问题和构筑与越南、印尼战略新伙伴关系。在经历12年的暂停之后，美国于2010年7月22日宣布恢复与印尼特种部队的军事联系与合作。8月5日，美国国务院证实，美国正与越南进行民用核能合作谈判。8月中旬，首先是美国航母“乔治·华盛顿”号在离越南岘港300多公里的南海海域活动，岘港政府派代表登航母参观。之后，美国驱逐舰“麦凯恩”号访问了岘港。此外，越美还在南海举行了非战斗演练。8月17日，越南和美国在河内举行了首次副部长级国防政策对话。

美国这些政策变化的背后战略依据是：中国在南海维护主权的行动有进一步扩大的势头，如果中国把在南海的专属经济区视为其领海海域，这不仅会削弱美国对南海航道利用的绝对优越权，也会威胁美国一些石油和天然气公司在越南海域的勘探活动。① 同时，越南和菲律宾也非常担心中国在南海的捍卫主权的行动②；中国对柬埔寨、老挝和缅甸的援助分化了东盟在此问题上的一致立场；菲律宾前总统阿罗约过去几年与北京的关系过于紧密，其家属得到了中国的各种款待。中国向菲律宾注入大笔资金，阿罗约则允许中国在菲律宾畅行无阻，与中国签订65项双边协议。③

为此，美国应对的策略是：1. 与东盟各国就加强国际海洋法教育和扩大军队训练机会进行合作；2. 与湄公河流域国家进行“美湄合作”，准备提供1.87亿美元的援助。通过软权力影响的扩大，努力减少这些国家对中国经济上的依赖；3. 最终把东盟的所有的点连接起来，以充分发挥美国的领导地位；4. 直接在外交上介入南海问题的解决，让其军方领导人经常性地发出警告和进行武力显耀，以牵制中国海军和海监与渔政部门在南海维护主权的执法行动。

正因为如此，美国务卿希拉里2010年7月23日在第17届东盟地区论坛上对中国的南海政策进行了发难。她称美国深切关注“南中国海争端”的和平解决，提出应让所有的声索国在没有胁迫的条件下，通过合作性的外交进程（a collaborative diplomatic process）来解决各种领土争议。她说，南海的争端妨碍了他国进入该地区的

---

① 美国国防部长盖茨2010年6月在香格里拉会议上称：“南海的领土纠纷威胁到自由勘探和经济发展，局势令人越来越关注。”http：//hi. baidu. com/diqike/blog/item/a26482fadbb25602d8f9fd4a. html。

② 2007年12月25日菲海军司令古雷兹少将接受路透社记者采访时称，中国迅速发展的蓝水海军，确实让亚洲部分国家和地区“感到不安”。http：//junshi. xilu. com/2010/0916/news_343_108729_2. html。

③ ［美］詹姆斯·莱昂斯，《菲律宾星报》，2010年8月10日，http：//military. china. com/zh_cn/important/64/20100818/16087737. html。

国际水域，也违背了国际海洋法。[①]

美国的这个举动是经过充分酝酿的，因为她事先已经派出了她的高参坎贝尔和伯恩斯去了东南亚介绍她这个概念和寻求支持。[②] 2010 年 7 月 22 日，她在河内会见越南总理阮进勇时又说，南中国海有关国家应该在国际法的框架下，共同维护这一海域的和平和安全。她表示美国支持该地区国家寻求这一问题的长远解决方法，首当其冲的是必须遵守《南海各方行为宣言》。同时，美国太总司令威拉德在 2010 年 5 月就声称，中国越来越“野心勃勃地坚持”对南中国海广大岛屿和水域的领土要求，这引起了地区普遍的“担忧”，对此需要应对。[③] 8 月 18 日他又对菲军方领导人表示：美国在南海“争议”上不会支持任何一方，但美国反对“任何单一国家以牺牲其他国家的利益为代价、采取武力或任何形式的胁迫”来主张南海主权。

其三，美国在军事上加大其在太平洋的存在，以遏制中国海军走出第一岛链，控制其在南海主权内及其海上通道的行动。2008 年 11 月 26 日美国空军高层官员就表示，美军计划将 7 个 F－22（猛禽）飞行大队中的 3 个大队部署在太平洋地区。从 2010 年 9 月 1 日

---

① 关于这个讲话是否主要针对中国，美国方面有不同的说法。卡内基高级研究员史文（Michael Swaine）认为“希拉里在河内的讲话并不意味着美国支持以多边方式解决南海领土争端。相反，美国官员强烈反对越南所主张的以多边方式解决南海问题的立场”。根据美方官员对史文所说：“美国并没有意愿单单把责任指向中国。在南海问题上，几个国家都有制造地区不稳定性的行为——对这一点，美国官员有着清醒的认识。”（参见《卡内基中国透视》，http：//chinese. carnegieendowment. org/，2010 年 9 月 2 日）。但是，另一位同样与政府关系密切的前官员 9 月对笔者表示，讲话表明美国不能再容忍中国的行为了，美国不能在南海领土争议问题上再采取“不持支持任何一方的立场”，需要向中国发出信号。

② Emest Bower，“The JMSU：A Tale of Bilateralism and Secrecy in the South China Sea”，http：//csis. org/publication/jmsu-tale-bilateralism-and-secrecy-south-china-sea，July 27，2010.

③ “US Fears Chinese Aggression in Pacific”，*Financial Times*，May 25，2010.

起美国空军首次在美属关岛安德森基地部署了一架“全球鹰”无人侦察机。此举主要目的在于加强对中国军队在亚太地区活动的空中监视能力。美国太平洋空军也透露，该基地已经建设了相关地面设施，到 2011 年共将部署 3 架无人侦察机，覆盖整个亚太地区。日本也将在 2010 年底前决定是否订购 4 架“全球鹰”战略无人侦察机。韩国采购“全球鹰”的申请已获得美国批准，美国还在和新加坡等东南亚国家就建立“全球鹰”维护基地展开谈判。如果这些采购成功，美国及其盟友在中国周边的“全球鹰”监视链条将进一步延长。

其四，对中国政策的重新定位和调整。2010 年是近 10 年来美国对华战略与政策对应最不确定的时期。美国的一系列智库和政府部门的报告，总体上承认和接受中国的崛起。如在美国最新的《国家安全战略报告》中，多次提及要“与其他有影响力的重要中心建立更深层更有效的合作关系——其中包括中国、印度和俄罗斯”。[①] 2010 年版《四年防务评估报告》认为，中国可在重塑亚洲战略版图、提供国际公共产品方面扮演更重要角色，称“美国欢迎一个强大、繁荣和成功的中国的崛起”。在国际机制中，美国也在主动采取行动提升中国的权利和地位。最突出的是：在 2009 年 9 月召开的 G20 匹兹堡峰会上，就国际货币基金组织（IMF）和世界银行的配额调整达成一致建议，同意将国际货币基金组织 5%的份额和世界银行 3%的投票权重新分配给新兴发展中经济体，其中主要得益者是中国。在 2010 年 6 月 25 日加拿大多伦多举行的 G20 峰会上，IMF 提出的调整方案是，发达国家向发展中国家转移 1.6%的投票权，使后者从目前的 40.5%上升为 42.1%。加上 2008 年新加坡会议通过的第一阶段改革成果，中国在 IMF 的份额将增加到 3.997%。中国在世行的投票权从 2.77%提高到 4.42%，其投票权由原来的第六位跃居第三位，仅次于美国和日本。

---

① American National Security Strategy Report，White House，May 2010，p. 3.

但是，无论是研究报告还是具体的对华政策行动，都显示出其对华战略充满着逻辑矛盾。其原因是他们认为中国的行为是矛盾的，挑战是多面性的。这也反映出美国对中国与国际社会及东亚国家关系中的现状态势表现出无奈和对中国未来感到无法把握，缺乏良策。

从主基调看，因判断中国将凭借非暴力手段提升其地位，实现国富民强的目标。所以，美国对中国要采取一种现实和实用主义的接触政策，认为双方潜在的共同利益非常突出，承认中国在亚太地区的政治与经济影响，计划与中国发展一种积极的、建设性的和全面的关系。美国白宫官员也表示：在全球经济复苏、气候变化、朝鲜、伊朗、反核扩散、裁军以及阿富汗与巴基斯坦问题上，“美国的成功都得有中国的合作”。[①] 应对 21 世纪的主要挑战有赖于中美维持一种务实和有效的关系。[②]

但另一方面，美国战略界和军方对中国的担心和疑虑与日俱增：1. 中国正在西太平洋海区建立其存在，海军将突破第一岛链，这会威胁到美国过去半世纪独占的利益和几十年来稳定的陆权和海权平衡。特别是随着中国试图确保其海疆的安全，开始实施阻滞美国进入东亚和台海地区进行干预的作战战略，更使美国感到，其盟国对美国的安全承诺的可信性将产生动摇，日本等盟国会出现被孤立的危险。2. 美国认为中国作为亚洲安全领域内每一个问题的主要行为体，正在一系列问题上改变中美交往的游戏规则。这包括对美国惯例性地对台军售和总统会见达赖的行动采取激烈的反应；干扰美国在南海的侦察活动（2009 年的南海“无暇”号事件）；中国潜艇在南海跟踪美国军舰；在世界气候大会上对美国领导人采取不敬的态

① 这是美国白宫国家安全会议亚洲事务资深主任贝德的观点。谭中：“奥巴马要亚洲处女行有声有色的背后”，《联合早报》2010 年 11 月 16 日，http://news.ifeng.com/opinion/world/200911/1116_6440_1437795.shtml。

② American National Security Strategy Report, White House, May 2010, p. 43.

度；在朝鲜“天安”号事件处理中袒护朝鲜；以咄咄逼人的方式反对美韩在黄海针对朝鲜挑衅行动的军事演习；宣布南海为中国的“核心国家利益”，试图把中国划定的专属经济区作为自己的主权海域，从而使美国在南海的军事行动受到限制；强硬地拒绝人民币汇率升值等。

为此，在面对中国军事力量快速发展和外交上强硬的反应时，“很多美国专家学者希望奥巴马政府在南中国海领土争端和朝鲜问题上毫不让步，同时在台湾、中国货币估值、西藏等问题上针锋相对”。[①] 具有同感的美国军方也认为，美国必须证明其力量仍然是强大的，它不能让中国在东亚和西太平洋地区形成一个由中国说了算的模式。美国要严密监视中国的军事现代化项目，确保美国的利益和盟国不受到不利的影响。虽然，奥巴马及其国安团队并不完全赞同美军方决定采取的“战略上和战术上推回去”（roll back）的政策，但为了回击和抵抗中国在上述问题上的进攻姿态，从政治上显示美维护美国国家利益的决心，安抚国内鹰派的不满情绪，也为了与2010年《国家安全战略报告》中的“通过对地区主要力量和影响力源头的塑造来恢复美国的领导地位”这个提法相一致，他们也默许了军方的一系列传递美国不会退却信号的行动。

除在东盟地区论坛上提出南海问题国际化的建议外，2010年7月，美国和韩国借口“天安舰”事件，在黄海地区举行一连串联合军演。9月9日美国国防部称，“乔治·华盛顿”号航空母舰将会参加黄海军事演习。在美国施展“南北夹击”战略下，日本也频频动作，除在这之前就决定将台湾东北部空域列为日本飞航情报区外，还决定在与那国岛等日本东南诸岛驻军，计划把沿海25个岛屿国有化。

① 引自美国凯托研究所副所长卡彭特的观点，《瞭望》杂志2010年9月4日的“美国学者眼中的中美关系”，news.sina.com.cn/c/sd/2010－09－04/175721039268_3.shtml。

当然，我们还无法就此得出结论，美国的战略发生了根本性的变化。总体上讲，东亚的战略调整是一个长期性的考虑，不管中美关系是否稳定和良好，它都会在结构上进行微调。因为，美国认为这几年，美在东亚失去了太多的软地盘，中国在硬权力的地区对比上有了迅速的上升，亚太的战略空间微妙地出现了向中国倾斜地消长。

但是，2010 年春夏之交的中美军事上的叫板，则更多是美国一种局部性、阶段性的反应和应对，是对中国军方、民间舆论和部分官员 2009 年以来在一系列问题上的对美“不愿顺从”、“以牙还牙”的高调言辞和行动的打压。美国近期的外交政策变化更多是象征性地收复失地，力图恢复美国的领导信誉和所谓威望，一定程度地平衡中国在地区内软硬权力的增长势头。[①] 同时向中国发出强烈的信号：不要尝试用武力改变亚太现状，美国仍然是太平洋的强国。

三、美国东亚战略调整对中国的影响与我们的应对

美国东亚战略的调整显而易见将给中国周边的利益（各种政治与经济影响）；在东亚经济一体化中的作用、地位；给中国通过多边和双边渠道解决地区热点与历史遗留问题的努力带来各种消极影响。2010 年“天安舰”事件后的中韩关系；黄海军演引起的争执；美国务卿希拉里有关南海政策讲话得到 11 个国家和欧盟的喝彩；日本在钓鱼岛对中国渔民采取强硬措施等 2010 年发生的一系列事件，反映

① 美国助理国务卿坎贝尔表示：“（这个地区内）认为美国影响力已衰微的人，看法已有了改变。有越来越多的亚洲国家相信，至少在未来四五十年，美国在亚洲将是个主导力量和重要角色。”见新加坡《联合早报》，2010 年 9 月 27 日。

了中国在整个东亚地区的影响与地位仍然是脆弱的，其政治影响力、安全影响力无法与美国匹配，美国仍然具有独特的地位来利用中国和其他国家的矛盾，以达到削弱中国作用，让中国陷于各种矛盾漩涡之中。这种逆势将主要体现在以下几个方面：

首先，中国近年与东盟、日本、韩国的关系发展，更多是从经济互补、地区与周边稳定、加强互信、互谅互让与缓和矛盾、促进地区经济繁荣和提升区域一体化的目标出发的，它基本上超越了传统政治地缘的制约。但是，一旦美国介入进来，事情就会复杂化，与中国的权力博弈及零和博弈等冷战思维的考虑就会成为主导性的影响因素。是否有利于美国的利益和它能否掌控就成为了各种关系与合作进程如何发展的导向标。

其次，总体上美国的经济实力和对外援助的总额要高于中国。过去若干年，它对东南亚的援助量不高，但是，一旦它开始重视这个问题，它的援助力度和含金量会明显超过中国。这样，像印支的柬埔寨和老挝等就很可能会被美国所提供的这些公共物品所吸引，在一些美国不喜欢或反对的问题上，它们就可能保持中立。另外，东南亚等国向美国出口的年加工贸易产品达 1200 亿美元，双边贸易额 1770 亿美元（2008 年数据），美在东南亚的投资超过中国的两倍。2009 年，中国—东盟之间的贸易下降，仅达到 2130.1 亿美元。其中，中国对东盟出口 1063 亿美元，减少 7%；中国自东盟进口 1067.1 亿美元，减少 8.8%。虽然，中美同东盟的贸易量不相上下，但由于美国与东盟在经济上的互补性更大，美在高技术上更有吸引力，所以美国只要在关税和市场准入等规则上给予东盟等国以更多的优惠，鼓励高科技公司去东南亚发展，后者就会收益无穷，这是中国所无法比拟的。[①] 东盟国家无疑也更热心于建设同美国的自由贸

① Robbert Sutter, "China's Rise, the United States, and Asia Angst", *PacNet* # 41, September 13, 2010, p. 1.

易区。[①]

第三，美日、美韩和美国—东盟国家之间军事上的关系将会进一步加强，东盟、韩国在中美之间游移行为会增多，它们在大国间的活动空间扩大了，中美在东南亚等地的影响力竞争会加剧。随着美国运用软硬综合战略，中国传统外交特色吸引力会有所降低。对“政治上更有影响力、经济上更有竞争力、形象上更有亲和力以及道义上更有感召力”的中国外交目标带来新的挑战和实现的难度。

第四，个别国家会利用美国作后盾，扩大蚕食中国主权权益的行为，中国将面临更多的安全困境，与周边国家的关系复杂化，崛起的成本增加。如一些国家的鹰派政客会借机煽动扩张军力，在与中国有争议的海上岛礁、海域上采取肆无忌惮的措施，进行物理加固、建立新的设施、勘探和开采海洋资源、圈定禁捕区和禁航区，形成占领的既成事实。对于我们的海上执法、军事航行和商业性的开发活动，他们也可能进行海空的干预和干扰，从而引发各种低烈度的冲突。

第五，东亚的中等国家可能在美国的鼓动下，与美进行进一步的战略合作，分阶段、分类别或同时段地制造一些与中国有关的危机，形成东西联动、南北夹击、遥相呼应的效应，使我国在面对迭加型、复合型危机时疲于奔命、无所适从和难以有效应对。

第六，目前，东亚合作的重点和主渠道是“10＋3”，但一旦美国进入东亚峰会后，在日本、澳大利亚、印度、新加坡等国的支持下，“10＋3”的地位和作用将会下降或一定范围的边缘化，中国的影响也会相对缩小。同时，东盟要与所有六个东亚峰会伙伴国形成东亚峰会自贸区（EAS—FTA），则会削弱中国—东盟自贸区的影响和效应。在东亚峰会的议题上，美国可能会推动向传统与非传统安

---

① Alice D. Ba，China and ASEAN，Renavigating Relations For a 21st-Century Asia，*Asian Survey*，VOL. XL111，No. 4，July/August 2003，pp. 643－644.

全问题上发展，有关南海的现状、自由航行权、中国军事发展透明度、朝鲜核问题、缅甸民主化、人民币汇率、碳排放的限额、大国的责任均可能会成为重点。这样，中国面临的多边压力会进一步增加。美国要把中国嵌入于多边机制，限制中国的行为，与中国搞交易[①]。同时，继续以双边同盟遏制中国的军事行动。

第七，最令人担心的是，美国在南海和东海问题上进一步在外交上进行介入，在军事上联合其他盟国在第一岛链范围内加强对中国的监控。由于中国正在通过海监船和渔政船加强对南海、东海进行主权维护的执法行动，与东盟国家的渔船、海军有可能发生摩擦。随着美国军事上的保驾护航，这些国家就会更易与中国的船只进行对抗。如日本会在一定程度上与美国的东亚战略相协调，利用中美矛盾采取对华的强硬制衡措施。钓鱼岛撞船事件中日本的立场就反映了这一动向。今后甚至不排除中日之间因东海问题可能会出现强度更大的对抗。如果中美滑向战略对抗，那么中日关系亦很难维持稳定。[②] 在南海问题上，美国可能会为东盟出谋划策，向中国施压签署对中国不利安排的《南海各方行为准则》，默认各国现在占领的岛礁和开发的各种油田。

在看到这些不利因素发展的同时，也要注意它的对冲趋势，东南亚国家虽然希望美国能对这几年它们过于靠近中国进行适度的平衡和纠偏，但是，它们也非常担心中美之间的紧张关系升级，引起对抗，破坏地区的稳定，使它们这些小国不得不卷入中美的竞争中而受到损害。[③] 在希拉里对中国的南海政策进行发难后，东盟国家已经开始对引入美国的干预进行反思，他们对中国的强烈反应非常吃

---

① John Ikenberry, "Asian Regionalism and the Future of US Strategic Engagement with China", p. 98.

② "美国搅和中日撞船事件 或借机加快战略重心转移"，国际在线——世界新闻报，2010 年 9 月 24 日。

③ Robbert Sutter, "China's Rise, the United States, and Asia Angst", p. 2.

惊，担心中美关系出现紧张。一旦局势恶化，他们将不得不作出选边。他们也对美国在此问题上作出承诺的程度表示怀疑，并且判断希拉里的声明仅仅是她个人的行为，目的是为了从中国那里得分。东南亚一高官表示："中国是东盟必须与之共存的国家，而美国则相距遥远，且反复无常。"[①] 美国国防部负责南亚和东南亚事务的助理部长帮办谢尔在与越南防务对话后说："我谈到了我们对中国军事现代化的看法。"而越南国防部副部长阮志咏马上表示，越南支持中国的发展，"相信和希望中国的崛起，不会侵犯其他国家的主权和权益，也有助于促进区域安全"。[②] 2010 年 8 月他在中国访问时，又明确表示："不要把美越之间的这些防务交流看成是反常的。越南根据党和国家领导制定的战略，实行'三不'政策，即不与任何国家结成军事同盟，不允许任何国家在越南建立军事基地，不拉拢或依靠一个国家反对第三国。"从这一点看，越南也处于非常矛盾的状况：想把南海问题国际化和多边化，提升美越为战略伙伴关系，借助美国的力量，增加在南海问题上与中国博弈的实力和筹码。但它要发展经济，又离不开和中国的合作；要坚持走社会主义道路、反对和平演变，也要依靠中国的支持。

就当前而言，在面对美国东亚战略调整之初，我们可能更多地看到它的消极面，美国力量的上升，它的大手笔下的巧权力扩张，美国在中美争取东南亚小国的竞争博弈中独占鳌头。但是，这一切都是美国这批亚洲战略家人为制造的暂时的兴旺景象，它并不与其奉行的实用主义的亚太多边主义和多边主义从属于双边同盟的原则相一致。

美国在观念上、身份上和认同上并没有，也不会融入亚洲。东

---

① Barry Wain, "ASEAN Caught in a Tight Spot", The Straits Times, September, 16, 2010.

② 参见美越军方安全对话后的联合记者招待会，http://www.ce65.com/news/detail.html? id=519887，2010 年 8 月 16 日。

亚的国家多多少少都有着亚洲的意识，希望在不干预内政、搁置争议的条件下，寻找有利于经济发展和关系和睦与稳定的政治上的框架，即使它仅具象征意义。如日本在1997年就提出了建立亚洲货币基金组织倡议，以在地区范围内共同应对金融危机。但是，首先对美国来说，它没有这样一种意识、激情和责任去推动一个形式上友好但功能上没有提供解决一系列争议问题与促进战略信任的洲际性机制。它所关心的是通过盟国结构主导东亚力量关系，遏制中国与朝鲜，确保冷战遗留下来的西太平洋的政治地缘场景不变，确保它能畅通地进入各国的市场[①]。其次，美国在东亚不存在本土性的固定资产建设的特别利益。由于美国是一个没有亚洲领土的太平洋国家，它在经济上更多是通过贸易和投资等市场性的经营方式来获取功利性的利益。所以，它没有当地国家那样的“我们”的愿望、义务和福利需要来为各国经济长期发展而投资于跨国家的非赢利性的基础设施，对洲际性物流交通网的连接也不可能有一种内在性的利益意识，也不会关心培植各种地区性的公共物品，如形成地区性的通用货币来避免因美元汇率经常性变动而造成贸易结算上的损失。这也就是它在1997年金融危机中甘当旁观者的原因。而中国与本地区国家需要通过公共物品的培植来共享贸易与投资的利益，规避风险。

在大湄公次区域经济合作计划中，有关项目包括单一运输通道变为包含泛亚铁路等在内的多式联运通道；发展能源供应市场与区域内信息高速公路；现代通信技术应用；农村可再生资源开发和利用；减缓气候变化等环境挑战；推介大湄公河区域旅游的联动机制；执行新的教育、卫生及其它社会领域内的合作战略，强化各边境地区间的传染病防控；协调整合海关、移民、防疫等边境部门的规章

① 这些均列入了美国的核心国家利益：保证盟国的生存、让它们与美国保持积极合作，以形成一个有利于美国繁荣的国际体系；预防敌对大国的出现。参见胡鞍纲、门洪华主编：《解读美国大战略》，浙江人民出版社，2003年版，第89页。

制度和手续，促进贸易物流方面的发展等。

目前东盟与中国的合作主要集中于农业、科技、能源、教育、文化、农村信息化、青少年交流、新闻媒体交流、人力资源开发、环境保护、质检和食品安全、禽流感防控、灾害管理、维和等领域，目的主要是社会效益。在这些合作领域，除少数美国有优势，也有利于美国公司今后拓展利益与抗衡中国影响的项目外（如科技、能源和维和等），多数领域美国都兴趣索然。

与过去的战略相比，美国的东亚合作新战略也缺乏清晰性和明确性。如对于美国参与东亚多边合作机制的利益认识并不统一，对到底要得到什么并不明确[①]：是鼓励东盟和日韩把合作重点从“10＋3”转向“10＋8”（所谓精简多余和低效的东亚合作架构），像东亚国家一样承担更多的地区公共物品责任（包括外汇基金和债权市场），分享东亚经济自由化的红利，中和中国的领导地位；还是仅仅从地缘角度出发，削弱中国对东盟等国的影响，把“10＋8”打造成一个由美国部分主导的约束性的多边安全峰会，但不讨论盟国结构上的安全问题。现在表面上看，它的战略调整仅仅是矫正上届政府忽视亚洲的失误。

事实上美国的盟国——日本也并不认同美国的跨太平洋战略经济合作关系构想。当日本外务省获知美国有意参加东亚峰会时，就感到诧异和怀疑。日本经济产业省贸易谈判官员贞森惠佑在与中国商务部高官会谈时就提出：“美国的参与会导致势力版图发生变化。日中双方在区域经济一体化利益与意见一致，应尽快着手创建自由贸易区。”[②] 从这个角度讲，美国要推动 TPP 的发展也不可能顺利，

---

① Feigenbaum 就认为，一些“泛亚洲的合作形式”是不可避免的，美国应该像对待欧洲一体化那样支持它们的发展，但他对“10＋3”和日本前首相鸠山提出的东亚共同体排斥美国参与持反对立场。见 Evan Feigenbaum and Robert Manning，“The United States in the New Asia”，p. 19.

② 日本共同社 2010 年 8 月 29 日电。

因各国发展阶段、经济实力和利益诉求不同，态度也不一致。越南内部对参加 TPP 就有不同意见。一些人主张加入，另一些人反对，认为代价太高。有关谈判的协议范本，美国主张使用它的版本，但其他国家深知美国版本要求高，对其他国家有许多苛刻的条款，所以要求使用新加坡、新西兰、文莱、智利四国原先达成的协议（P4）。另外美国同新西兰和文莱谈判自由贸易区的协定，也将会旷日持久。除了协议等结构问题，谈判还将面临农产品、知识产权、政府采购、纺织品、劳工和环境保护等一系列敏感棘手的问题。[①]

美国新战略的核心是削弱中国的影响，防止中国瓦解美国的盟国结构，但其在地区安全、全球政治上对中国合作的期望与其军事上对中国实施力量遏制又是矛盾的。从美国的战略文化看，就是与主要在军事上存有威胁的大国进行实力和战略要地的竞争，但中国并没有这种意识和能力与美国进行战略竞争。目前东亚国家设计的合作机制的目标、运行的原则与方式与美国则大相径庭。东盟在东亚合作机制中要掌握主导权，这并不符合美国的利益与旨趣。美国感兴趣的是：新的亚洲机制必须发挥它的领导作用，应该具有内聚性和功能明确。[②]

另外，东南亚地区总体保持了和平，周边不存在严重的军事威胁，冷战后它也不再是美国的战略中心和支点。在东亚地区，美国的主要军力部署和战略重点是在东北亚。对于东盟来说，它并没有实实在在遇到中国的威胁，传统上它们不想在中美之间选边，不想成为美国制衡中国的工具。而且不是所有的国家都对美国抱好感，不少国家都从与中国的关系中获取实实在在的利益。印度尼西亚外交部长纳达勒加瓦就表示：“印度尼西亚就借着中国的全方面经济发

① 吴正龙：“TPP 谈判遇拦路虎”，《解放日报》，2010 年 8 月 10 日。

② Evan Feigenbaum and Robert Manning, “The United States in the New Asia”, p. 9.

展而获益良多。”

在南海问题上，美国以帮助东盟为名，行挑拨中国与东盟关系和阻止中国维护主权之实。但是，它忽视了一点，东盟四个声索国之间矛盾丛丛，越南与菲、马、文三国之间的分歧根本没有克服的可能，美国的插足会令问题更复杂化。如果美国想做有效的调停者，它必定会触犯一些国家的利益，最后只能是无功而返。

所以，从长久看，美国这一拨的战略调整是很难持续的。当美国发现它与东盟的密切合作没有取得实质性的进展，东盟在与美国战略性合作对付中国问题上形不成一致意见，当中国在解决南海和东海等问题上积极提出新的共赢构想时，而同时美国在全球范围内又遇到其他更急迫解决的问题，需要中国在政策上和行动上进行配合时，美最高层对东盟的兴趣和战略性投资将自然而然地减少和降低。因此，有可能美在这一轮看似紧张的中美大博弈中的基本底线就是，中国在战略上退一步，在引起争议的问题上保持战略上的收敛。

对于中国来说，既有看到美国战略重心偏向于亚太后对我们的不利方面，心理上要准备好面临一个不利的环境和一个持续的动荡期。但是我们也应临危不惧，在领土主权上坚持应有的原则，不轻易退缩，不能乱了我们的阵脚。中国的外交重点不能放在以零和博弈性的思路上与美国竞争东亚国家影响，因为，在战略倾向、利益矛盾、价值观上我们不具有美国的得天独厚的条件。我们需按照我们的利益、能力、责任、特长、风格、道德目标和周边国家的不同特点独立地开展我们的外交，实施我们的战略，以我们的坚韧意志和既定方针贯彻我们的战略部署。

另一方面，我们也要看到美国战略重心偏向于亚太仅仅是突出它对东亚和中国崛起的重视与战略上和战术上加强其防范的一面，强化了软遏制措施，但它还不是表明美国已经把其主要的战略资源与工作重心转移到东亚，准备与中国进行全面和长期的对抗。两面下注的传统现实主义仍然是其基本的政策，在东亚的朝鲜和缅甸等问题上，美仍然追求中国的合作。因此我们不能误判形势的性质，刻意扩大危机的程度，也不能，也没有必要为一些不完全针对我们的军事行动及美国与第三者的摩擦，去做挡箭牌和打抱不平。

虽然东亚一些国家有借助美国的力量，削弱我们谈判和博弈能力，阻止中国一国独大、形成新的朝贡体系的企图。但它们不希望卷入中美的紧张对峙，不愿放弃搭中国经济快车和与中国在东亚多边机制中保持合作的大局。因此，晓明大义、以理服人、以规处事、不迁就、区别对待、谈判对话、维权执法与军事威慑并重仍是我们的基本方式。在无法取得一致意见的情况下，维护现状是我们最基本的目标（如签署《南海各方行为准则》）。要与东亚国家在原有的合作基础上扩大合作的范围，深化合作的程度，保持合作的友好气氛。

在处理各种地区危机时，要有理、有利、有力、有节，不要随意扩大事态的范围，在突发事件处置中，要尽可能掌握对方的真实意图，避免采取过激反应和非外交的手段，严格按照危机处置的程序行事。要显示新型大国的政治与外交成熟度，力争不违反国际法与国际惯例。在处理历史遗留下来的问题，一定要有轻重缓急等级之分，不能同时解决所有的问题，不能在同一时段与所有的大国处于战略对立。

在处理一些危机时采取强硬立场时，需要在其他国际与地区热点和治理问题上承担更多的责任，提出更多的积极设想，以缓和和以理性的形象来平衡一些国际对我们战略意图的疑虑。即和平崛起须伴随着具体的行动，软硬手段用度需要合理与平衡。

总体上讲，我们应把自己定位为与美国具有互补相制作用的核心国，塑造一个有利于我利益的半制度化的东亚秩序，建立一个与美国双边主义共存，有中国烙印的地区制度。其中，要提出反映东亚文化特征的地区价值观，确立解决或管理冲突的话语权和程式。以合作控制危机，以冲突带动合作。

美国创新战略及其对中美关系的影响

王国兴*

【内容提要】 奥巴马政府最新推出的美国创新战略，适度更新了国家创新战略框架，进一步提出了五大创新行动计划，继续强调了政府在国家创新中的作用。同时，该战略更加关注公共空间领域的创新、提高创新体系的效率和发挥私营企业的作用。但是，该战略也面临三大挑战，包括创新本身的不确定性、创新体系从国防为主向非国防研究和基础研究延伸的有效性以及两党相互牵制和财政赤字高企带来的可持续性。中美创新战略间的竞争不是全方位的竞争，而是有限范围的竞争，美国创新战略的推出在一定程度上强化了两国的竞争态势，尤其是知识产权保护争端将加剧，但在基础教育、全球公共空间和清洁能源等领域的创新方面既有竞争，也可能有合作，两国创新的主体——企业之间也必将是即竞争又合作的关系。

* 王国兴，浦东改革与发展研究院美国经济研究中心常务副主任、研究员。

一、引言

2011年2月，美国国家经济委员会、经济顾问委员会和科技政策办公室联合推出了《美国创新战略：确保美国的经济增长与繁荣》[①]（以下简称《美国创新战略》），这是奥巴马政府2009年9月推出《美国创新战略：推动可持续增长和高质量就业》[②] 基础上的新版创新战略。奥巴马执政短短两年时间里，连续两次发布国家创新战略报告，这在美国历史上还是第一次，显示出本届政府对创新战略的重视达到了前所未有的程度。报告指出，美国未来的经济增长和国际竞争力取决于美国的创新能力。要想赢得未来，美国必须在创新、教育以及基础设施方面超越其他国家，必须为美国的财政赤字买单，发展促使美国更加强大的产业，减少那些无法使美国强大的产业，改革政府运作方式，以使美国可以集中精力推动经济增长，迎接新世纪的挑战。在具体举措上，新版创新战略推出了多项全新计划，并把这些计划视为未来推动经济增长和提高竞争力的关键。新版创新战略将对美国经济、社会发展产生影响，并且这种影响将超越国门，波及其他国家或地区，包括中美关系。

---

① A Strategy for American Innovation: Securing Our Economic Growth and Prosperity, White House, February 2011, http://www.whitehouse.gov/sites/default/files/uploads/InnovationStrategy.pdf.

② A Strategy for American Innovation: Driving Towards Sustainable Growth and Quality, White House, September 2009, http://www.whitehouse.gov/administration/eop/nec/StrategyforAmericanInnovation/.

二、《美国创新战略》的主要内容

(一) 宣布五大创新行动计划

新版《美国创新战略》开篇即宣布了奥巴马政府推进创新的五大创新行动计划，是国家创新战略的具体安排：一是发展无线网络，在未来5年内使美国高速无线网络接入率达到98%。作为推动无线技术革命迅速发展的必要手段，在未来10年内大大拓展商业频谱的范围，并加速无线网络在医疗保健、教育、运输和其他领域的应用；二是提高专利审批效率，将美国商标专利局对专利的平均审批时间从35个月缩短到20个月，减少专利申请大量积压现象，并提高专利质量，使最有价值的专利技术能在12个月内进入市场，从而使创新成果转化为市场竞争优势的时间周期进一步缩短；三是改善基础教育，使每一个高中毕业生都能为未来上大学和参加工作做好准备(K－12教育计划)，支持教育技术研究，支持提升学习能力的计划(Race to the Top)，鼓励更多学生在科学、技术、工程和数学等科目（英文首字母缩写为STEM）上取得好成绩，并计划在未来10年内再培训10万名STEM教师，以提高师资水平；四是加速发展清洁能源，并为此提出了三个具体目标，即增设3个创新研究中心、到2015年使美国道路上行驶的先进技术汽车数达到百万以及到2035年使美国清洁能源发电占全国发电总量的比例达到80%；五是启动美国创业计划，努力促使科研成果尽快走出实验室走向市场，努力促进和发展创业生态系统，帮助初创企业改善创业和发展环境，增加新公司成功的机会。

（二）更新创新战略框架

新版《美国创新战略》保持了原有创新战略总体框架的稳定，但更新了相关内容或优先次序。该总体框架呈金字塔型，由三个层面组成，三个层面逐层递进。第一层以“投资美国创新的基本要素”为基础，在包括培养符合 21 世纪知识和技能需要的下一代人才和世界一流的劳动力队伍、加强和扩大美国在基础研究领域的领先地位、建设 21 世纪先进的基础设施以及发展先进的信息技术生态系统等四大领域进行重点投资。与旧版相比，新战略总体框架的这一层面调整了前两个领域的次序，更强调了培养创新人力资源的重要性，同时对四大领域投资的内容作了适度更新；第二层以“推进以市场为基础的创新”为中坚，具体提出了通过减免研发税收加速企业创新、通过有效的知识产权政策提升创新能力、扶持高成长性创新型企业以及培育创新、开放和充满竞争的市场等四项措施。与旧版相比，保留和小幅更新了扶持高成长性创新型企业这一措施，大幅调整了其他三项措施的重点及其内容；第三层把“促进国家优先领域的创新取得突破”作为关键，设定了清洁能源、生物、纳米和先进制造技术、太空技术及其应用、医疗保健技术以及教育技术等五大领域为创新战略力求取得突破的优先领域。与旧版相比，除继续把清洁能源和医疗保健技术作为优先领域并小幅更新内容外，把生物、纳米和先进制造技术、太空技术及其应用以及教育技术也遴选为创新战略的优先领域。

（三）继续强调政府是创新的推动者

2009 年版《美国创新战略》讨论了创新政策的选择，具体涉及是坚持自由放任主义还是坚持政府干预主义、政府在创新活动中的合适角色以及如何建立一个政府介入创新的框架等问题。与之不同的是，新版《美国创新战略》旗帜鲜明地指出：政府是创新的推动者！并且指出，创新政策最正确的选择不在于是要政府管理还是完全不要政府干预，而在于使政府在支持私营部门创新中发挥适当的作用。因为经济学的历史告诉我们，一个创新友好型的环境需要特别宽容的公众支持。[①] 虽然市场有很多优势，但是当市场无法自己创造强有力的创新流时，政府就应该发挥适当的作用。一个最重要的“市场失灵”领域出现在基础科研领域。因为基础科研几乎没有任何直接的商业回报，它的成本也无法轻易为私营投资者所接受。但是，基础科研的突破可以带来巨大的经济效益。为此，基础科研需要依靠政府资助作为主要来源。民用技术领域也充满着“市场失灵”，因为企业一般只能获得其创新成果的一小部分好处，部分是因为消费者享有了创新成果的大部分好处，部分是因为后续的创新可能由其他公司完成，所以市场仍然无法提供足够的创新激励。[②] 为此，需要政府出台提高私营企业创新积极性的政策，如简化研发税收抵免机制以降低企业研发成本，创新示范基金和政府采购既可以鼓励创建和发展新一代技术，又可以激励私营企业创新更贴近社会利益。

---

① Douglas North and Robert Thomas, The Rise of the Western World: An Economic History, Cambridge: Cambridge University Press (1973); and Charles Jones, Was an Industrial Revolution Inevitable? Economic Growth over the Very Long Run, 2 (1) Advances in Macroeconomics (2001) .

② William D. Nordhaus, “Schumpeterian Profits in the American Economy: Theory and Measurement”, Yale University, 2004.

三、《美国创新战略》的主要特点

（一）更加关注全球公共空间领域的创新

美国视网络空间、太空和海洋为全球公地①，《美国创新战略》首次对网络空间和太空技术的创新做出了规划。首先，因为谁掌握公共网络服务与经济规律，谁就将控制未来经济的主脉②，所以《美国创新战略》将发展无线网络技术放在创新战略五项新计划的首位。与此同时，作为对 2009 年版《国家网络政策》的更新，2011 年 5 月 16 日美国政府又发布了《网络空间国际战略：网络化世界的繁荣、安全与开放》③，显示出美国以推进互联网技术革命为抓手，对内引领医疗保健、教育、交通及其他各领域创新，创造全新的网上经济形态，对外一方面建立符合美国利益与价值观的国际网络空间行为准则和标准，另一方面实现美国与世界供给与需求的高效对接，引领未来世界经济发展新的形态；其次，新增“太空技术及其应用”作为创新战略力求突破的优先领域。奥巴马在 2010 年 6 月 28 日公布了《美国国家太空政策》④ 报告，为

① “《网络空间国际战略》要害”，《计算机世界》，2011 年第 19 期，http：//www. dooland. com/magazine/article _ 133412. html。

② 胡树华、管顺丰、汪秀婷编著：《国家创新战略》，经济管理出版社，2003 年 6 月版。

③ International Strategy for Cyberspace，White House，May 2011，http：//www. whitehouse. gov/sites/default/files/rss _ viewer/international _ strategy _ for _ cyberspace. pdf.

④ National Space Policy of the United States of America，White House，June 2010.

美国的太空行动确定了原则、目标和实施措施，为把推动太空技术及其应用取得突破作为创新战略优先目标打下了基础。奥巴马决心加强太空科技研发，加强互惠互利的国际合作，改善国家航天基地建设，建设有活力、有创新精神和有竞争力的商业太空产业，以巩固美国在太空领域的领先地位。

（二）注重提高国家创新体系效率

一直以来，美国政府和产业界都把创新视为立国之本，视为美国在全球竞争中建立国家竞争力的根本源泉。在 20 世纪、特别是第二次世界大战以后及冷战时期，美国通过对基础研究的投入、对大学教学和研究的投入、国防科技研发、建立反垄断法和知识产权保护制度等，形成了政府、企业、大学各司其责，产品市场、资本市场和企业家市场良性互动的国家创新体系，保证了国防及其他相关技术的领先。但是，当时的美国创新体系存在方向性问题——主要集中在国防、医药和农业领域，尤其是国防科技投入占联邦政府总投入的 60%，最高时甚至达到 80%，导致其它部门资源配置不足和竞争力下降。冷战结束以后，为了应对日本、西欧的崛起对其全球经济领先地位的挑战，美国政府改变了不干预市场的立场，于 1990 年出台了第一个国家民用技术政策。克林顿上台后，更是高举振兴美国经济的旗帜，放弃“星球大战”计划，协助军事工业转向为民用服务，大力发展诸如“信息高速公路”等科技与经济相结合的项目，① 鼓励政府研究商业化，鼓励政府与民间合作研究，鼓励民用技术的开发和扩散，实现了产业升级，增强了经济竞争力，国家创新体系开始从国防领域向民用领域延伸。21 世纪以来，美国社会对创

---

① 胡树华、管顺丰、汪秀婷编著：《国家创新战略，经济管理出版社》，2003 年 6 月版。

新的关注程度达到了前所未有的程度，政府部门、政府资助的机构或委员会、企业联合会和专业性教育组织等发布了一系列有影响的报告，政府则先后出台了《美国竞争力计划》（American Competitiveness Initiative，2006）[①]、《美国创新战略：推动可持续增长和高质量就业》（2009）两项战略以及《2007年美国竞争授权法》[②]、《2010年美国竞争再授权法》[③] 两部法律，国家创新体系进一步将科技和教育的问题"整合"在一起[④]。《美国创新战略》则进一步聚焦如何提高国家创新体系的效率，并为此提出了两大措施：一是作为五大创新行动计划之一的提高专利审批效率；二是建设"创新中心"，以"创新中心"为平台，集国家创新体系的四大系统（联邦政府、企业、高等院校和其他非营利系统[⑤]）为一体，把最有才华的科学家和创业者结合在一起，共同研究国家优先突破领域的创新，加快实验室研究到产品制造的飞跃，进一步提高国家创新体系集成度和效率，美国能源部的能源创新中心计划就是这一措施的产物。创新中心的数量按计划将翻一番，并向其他领域推广[⑥]。

① 赵建中：《创新引领世界——美国创新和竞争力战略》，华东师范大学出版社，2007年3月版。

② America Creating Opportunities to Meaningfully Promote Excellence in Technology，Education，and Science（COMPETES）Act，August 9，2007.

③ America Creating Opportunities to Meaningfully Promote Excellence in Technology，Education，and Science（COMPETES）Reauthorization Act of 2010，January 4，2011.

④ 王程韡："政策范式的社会形塑——以《美国竞争法》为例"，《科学学研究》，2008年第1期。

⑤ 刘云中："对美国国家创新体系演进的几点认识——突出特征、决策过程和创新战略动态"，http：//www.lwlib.com/html/jingjilunwen/qitaxiangguan/2009/1029/36644.html。

⑥ 2011年6月24日奥巴马在匹兹堡宣布了一项由政府投资5亿美元、政府、企业和高校联手的"高级技术合作"伙伴计划，http：//www.nytimes.com/2011/06/25/us/politics/25obama.html？_r=1&ref=us.

（三）进一步突出私营企业在创新战略中的地位和作用

《美国创新战略》特别指出，私营部门是美国创新的引擎。私营企业以其雄厚的资金和人才实力不断推陈出新，而富有活力和创新精神的中小企业则更勇于投资于突破性创新。随着剧烈的市场竞争使技术创新的步伐不断加快，产品的生命周期不断缩短，中小企业的地位和作用更加凸显，美国70％的创新发明是由小企业实现的[①]。因此，《美国创新战略》把扶持私营企业发展作为国家创新战略的重要环节，并采取了以下措施：首先，通过研发税收减免促进企业创新。简化研发税收减免政策，并使之永久化，从而为私营企业创新提供持续的动力。奥巴马政府2011财年预算承诺未来10年为此投入1000亿美元，以撬动更多的研发投资；其次，支持创新与创业。致力于为小企业融资提供便利，对创业者进行培训和指导，促进区域创新集群的发展，以提高企业竞争力。扩大对小企业贷款的支持和税收减免，并支持面向不同规模企业的完善的资本市场。通过专利商标局的专利议程改革和“创业美国”计划以及“负担得起的医疗法案”等，消除创新与创业的障碍；其三，推动建立创新、开放、竞争的市场，促进出口。通过改进管理和加强国内外市场准入来鼓励创新。2010年8月，美国政府发布了新版《横向合并指南》，将创新问题有力地纳入反垄断评估。实际上，突出私营企业在创新战略中的地位，一方面有助于进一步增进与共和党在国家创新战略方面的共识，另一方面也是为了在政府债务高企、研发投入不可能大幅增长的背景下，鼓励私营企业在研发方面投入更多。

---

① 姜桂兴、武夷山：“发达国家的国家创新战略对我国的启示”，《世界科技研究与发展》，2005年第6期。

四、《美国创新战略》面临的主要挑战

（一）创新本身存在内在的不确定性

21世纪特别是“9·11”事件后，美国政府、企业界和大学对新时期如何通过促进科技发展保持国际竞争力和保障国家安全进行了深入的讨论和对话，并逐渐形成了关于科学、技术和创新与国家竞争力关系的一些共识。反映这种共识的第一个战略文件，就是布什于2006年初提出的《美国竞争力计划》，该计划提出了两大目标：在基础研究方面领先世界、在人才和创造力方面领先世界。还提出了四条主要措施：对基础研究的投资翻番；使研发税收减免永久化；加强数学与科学等基础教育；加强对工人的培训。对照新旧两版《美国创新战略》，两党的战略目标是一致的，主要措施几乎也没有变化，但在创新的技术路径选择上既有重合，也有分歧。《美国竞争力计划》的创新重点是氢燃料技术、医疗保健信息技术和宽带技术，旧版美国创新战略则强调了清洁能源、先进汽车和医疗保健信息技术，新版美国创新战略把国家优先突破方向扩大至清洁能源、生物、纳米和先进制造技术、太空技术及其应用、医疗保健技术以及教育技术等五个领域，这至少说明一是迄今为止上述所有领域没有一个取得突破，二是创新本身具有内在的不确定性，人们通常无法预测重大的创新突破来自何方。新版美国创新战略扩大创新重点，正是基于这种不确定性，基于分散的市场有助于帮助扩大孕育可能突破的范围，并且推出了五项新计划，后者取得成功的概率较高，因其中有些计划仅涉及应用技术问题，难度要小许多。尽管如此，不确定性依然是新版创新战略面临的最大挑战。

（二）创新战略调整的有效性

美国国家创新体系一个重要特征是：军工产业在其中具有独特地位。美国在二战后建立了任务导向的军事和国防技术研究开发体系，通过大量的政府采购，从供给和需求两个环节支持了一批重大技术的开发，持续为美国产业提供全新知识和原创性技术。在过去半个多世纪中，联邦研发支出中与国防相关的研发支出所占比例一直很高，20 世纪 60 年代冷战高峰期曾达到 80%，90 年代苏联解体、冷战结束后也占 50%左右。[①] 但是，80 年代后，为了应对日本、西欧的崛起，非国防研究和基础研究也逐渐受到重视，国家创新战略逐渐向既促进国家安全、又利于国际竞争的双重目标转移。与此同时，政府与企业的互动也逐渐从间接转向直接，即从原先通过国防科技的溢出效应来推动企业发展这种间接合作关系，变成政府推出创新计划，如先进技术计划（Advanced Technology Program，ATP）[②]、合作研究和开发计划（Cooperative Research and Development Agreement）、制造业发展伙伴关系计划（Manufacturing Extension Partnership，MEP）、技术再投资计划（Technology Reinvestment project，TRP）以及网络与信息技术研发计划（The Networking and Information Technology Research and Development Program，NITRD）等，使政府与企业在创新活动中直接合作。但事实上，自 20 世纪 80 年代至今，尽管美国创新战略及其体系从军用为主转向军民两用，从面向国防为主转向既面向国防又面向经济

① 刘云中："对美国国家创新体系演进的几点认识——突出特征、决策过程和创新战略动态"，http：//www.lwlib.com/html/jingjilunwen/qitaxiangguan/2009/1029/36644.html.

② 2007 年"美国竞争法案"授权国家标准技术研究所院（NIST）启动新的"技术创新计划"（TIP）取代"先进技术计划"（ATP），专门资助高风险、高回报和超前竞争的中小型高科技企业，以便拉近研究实验室与市场之间的距离。

发展，政府与企业的互动也从间接转向直接，但催生美国新的产业发展的重大技术突破，仍主要源于国防科技研发成果，从飞机制造、航天技术、核能到计算机、半导体、互联网，无一不是如此。而政府研发投入的大部分仍在国防科技领域，如2008财年政府研发预算的59%进入国防项目，41%进入非国防项目。① 奥巴马的《美国创新战略》由美国国家经济委员会、经济顾问委员会和科技政策办公室联合发布，推动非军事科技创新和发展经济是其主要内容，然而能否真正取得成功还有待时间和实践的检验。

（三）创新战略的可持续性

尽管《美国创新战略》攸关美国未来的经济增长与国家竞争力，但该战略的可持续性面临挑战：首先，美国创新决策机制具有高度分散性，除了联邦政府，还有国会，国会与科技创新有关的拨款委员会有25个之多；其次，新旧两版《美国创新战略》的最大区别在于法律依据不同，2009年版创新战略的法律支柱是《2007年美国竞争授权法》和《2009年美国复兴与再投资法》②，后者为创新战略提供了额外的预算，例如预计2009年联邦政府就据此增加了183亿美元的R&D预算③，而新版《美国创新战略》法律依据仅限于《2010年美国竞争再授权法》。《2007年美国竞争授权法》和《2010年美国竞争再授权法》都是授权法案，意味着它们只是提出指导性拨款意见，实际拨款权掌握在国会各拨款委员会手中；第三，尽管21世纪以来美国两党在必须通过创新战略提升国家竞争力这一点上形成了共识，但除了在创

① Science and Engineering Indicators 2010，http://www.nsf.gov/statistics/seind10/pdf/seind10.pdf.

② American Recovery and Reinvestment Act of 2009，February 17，2009.

③ Science and Engineering Indicators 2010，http://www.nsf.gov/statistics/seind10/pdf/seind10.pdf.

新重点上有分歧外，两党的政策原则也不同。在共和党看来，新版美国创新战略不过是奥巴马为民主党一贯奉行的“大政府”政策披上更为华丽的外衣，与之相反，共和党认为提升竞争力的关键是减少政府对经济的干预、缩减政府支出、充分发挥市场的资源调配作用；第四，国家创新战略解决的问题的挑战性和深层次的创新性，决定了战略本身及其具体安排往往要跨越五至十年，本战略也不例外。但事实上，只要政党轮替，创新战略及其具体安排、突破重点等肯定会被再次修改；最后，至少未来10年，美国面临的最大挑战莫过于如何应对不断膨胀的国家债务，财政预算紧缩的趋势已经确立，与医改、国防等现实或“硬性”预算要求相比，创新的未来或“软性”特征易使其难以得到强有力的预算支持。例如，2006年的《美国竞争力计划》提议在10年之内将国家科学基金会（NSF）、能源部科学办公室（DOE SC）和商务部国家标准和技术研究所（NIST）的预算翻一番，但表1数据显示，上述目标难以实现。又如，《2007年美国竞争授权法》提出对国家科学基金会（NSF）拨款到2011财年实现翻番，从表1可见也没有实现。因此，《美国创新战略》面临的挑战是：短期内，在共和党要求削减财政赤字并且掌控众议院的情况下，新版创新战略涉及的大规模政府预算可能难以获得足额拨款；长期内，政党轮替将影响该战略具体安排、突破重点等计划或目标的落实。

表1　　美国三大基础研究机构年度预算执行情况统计表

单位：百万美元

	2006	2007	2008	2009	2010	2011	2012	平均年增长率
国家科学基金会（NSF）	5590	5923	6092	6490	6873	7424	7768	5.64%
能源部科学办公室（DOE SC）	3633	3837	4036	4773	4964	5121	5416	6.88%
商务部国家标准和技术研究所（NIST）	572	498	603	650	668	712	766	4.99%
总计	9795	10258	10731	11913	12505	13257	13950	6.07%

注：（1）2008年的数据来源于 Office of Science and Technology Policy，www. whitehouse. gov/files/documents/ostp/budget/doubling. pdf

(2) 其余数据均来源于 Budget of the United States Government, http: //www. gpoaccess. gov/usbudget/fy12/index. html

http: //www. gpoaccess. gov/usbudget/fy11/index. html

http: //www. gpoaccess. gov/usbudget/fy09/index. html

http: //www. gpoaccess. gov/usbudget/fy08/index. html

(3) 2011 年、2012 年数据为估计值，其余均为实际执行值

(4) NIST 的数据仅包括科学技术研究与服务、研究设施建设两个方面的预算执行情况

五、美国创新战略对中美关系的影响

(一) 中美两国的竞争态势有所加强但范围有限

2010 年 12 月 6 日奥巴马在北卡罗来纳州一所社区大学发表演讲时十次提到中国，列举中国在基础设施、科研、教育等领域取得的成就，并以 1957 年苏联发射人类首枚人造卫星作比，称美国人正迎来新的“人造卫星时刻”。在 2011 年的国情咨文[①]中奥巴马又强调，创新对于美国赢得未来十分必要。然而，美国已在不少方面被其它国家超过，如韩国家庭的互联网接入比例已超过美国，中国拥有世界上最大的私营太阳能研究设施、运行速度最快的计算机等。美国并不甘心在这些方面处于第二的位置，必将千方百计增强核心竞争力，提升在创新、教育和基建方面的能力，重新夺回在国际上的领先地位。《美国创新战略》作为落实奥巴马上述讲话的一个战略文件，不仅强化了美国与其它国家的竞争态势，而且把竞争战线从市场竞争前移至研究与开发竞争，在选择研发主攻方向是否正确、研

① The State of the Union 2011, January 25, 2011, http: //www. whitehouse. gov/state-of-the-union-2011.

发资源的有效配置能力强不强等方面考验各国的核心竞争力，同时也强化了中美之间的竞争态势。但是，以国家创新能力和相对竞争力作为战略要素来观察，美国创新战略是全方位保持全球领先的战略，聚焦的是建设创新友好型社会。而中国创新战略[①]是紧跟战略，是在某些重点领域实现自主创新的战略，关注的是依靠科技创新推动产业升级以及建设资源节约型、环境友好型社会。因此，双方的创新战略不在一个层次上，这就决定了中美之间的竞争不是全方位的竞争，而是两个创新战略少量重叠部分的竞争，是有限范围的竞争。对照《中共中央国务院关于实施科技规划纲要增强自主创新能力的决定》提出的八大科技发展目标以及《中华人民共和国国民经济和社会发展第十二个五年规划纲要》七大战略性新兴产业创新发展工程，中美竞争可能主要发生在清洁能源和信息产业两大领域。实际上，作为全方位保持国际领先的创新战略，美国的主要竞争对手是欧盟和日本。2010 年欧盟通过了“欧洲 2020 战略”，日本公布了着眼于今后 10 年发展的第四期科学技术基本计划纲要（草案），[②]对美国创新战略形成了范围更广、层次更高的挑战。

（二）围绕知识产权保护的争端将加剧

首先，《美国创新战略》把提高专利审批效率位列五大创新计划的第二位，可见知识产权对于美国创新战略的重要意义，不仅意味着美国创新成果转化为市场竞争优势的时间周期将进一步缩短，而且与另外两大创新计划发展无线网络和清洁能源等也都与美国在全

① “国家中长期科学和技术发展规划纲要（2006—2020）中共中央国务院关于实施科技规划纲要增强自主创新能力的决定”，中国法制出版社，2006 年 2 月版；“中华人民共和国国民经济和社会发展第十二个五年规划纲要”，人民出版社，2011 年 3 月版。

② 赵刚：“美国创新战略及对我国的启示”，半月谈网，20110411，http://www.banyuetan.org/hqkd/gjzj/110411/35967_1.shtml.

球化背景下的知识产权战略考虑相关；其次，希拉里在《网络空间国际战略》发布会上称①，该战略的七大政策重点构成了美国“网络外交”的主要内容，今后美国将全力推进这些政策，并会在这些政策领域继续发挥美国的领导作用。七大政策重点的第一大点就包括加强保护知识产权；第三，由奥巴马任命的美国首任知识产权执法协调专员维多利亚·埃斯比诺尔，于2010年6月22日发布了奥巴马政府的第一个打击侵犯知识产权行为的联合战略计划（JSP），该规划由农业部、商务部、卫生和人力资源部、国土安全部、司法部、国务院以及白宫管理和预算办公室、美国贸易代表办公室联合制定，表明美国在知识产权保护方面将采取更加强硬的立场和行动；第四，《美国创新战略》在专栏一（Box 1）中突出强调了创新带来的社会效益大大超过创新者获得的利益。此举是否意味着美国将提高知识产权保护的门槛，作者尚不能确定，但可以确定的是，上述种种计划、政策、措施和描述均表明，为了保护美国创新者产品出口，也为了实现国家出口倍增计划，美国在知识产权保护问题上日趋保守，有可能走向以保护知识产权为名的贸易保护主义。因此，可以预计，未来中美在知识产权保护方面的争端将加剧。另外，《美国创新战略》坚持出口倍增计划，但只字未提改革高科技出口控制体系，也预示着中美围绕贸易和市场份额的摩擦将难以缓解。

（三）可能的合作领域

首先是基础教育。虽然美国教育总体上具有优势，长期以来一直成功地支撑着全球最发达的高等教育和最强大的科技实力，但美

① White House unveils global cyberspace strategy, By Agence France-Presse, May 5, 2011, http://news.xin.msn.com/en/sci-tech/article.aspx?cp-documentid=4847376.

国基础教育存在薄弱环节，表现在学生对 STEM 课程兴趣明显减弱。为此，奥巴马在《美国创新战略》中承诺通过公立与私营部门的合作改进 STEM 教育、在 2020 年前再培养 10 万名 STEM 教师以及改革中小学教育等。中国也已清醒地认识到，建设创新型国家不是一个技术问题，人的创新素质才是根本，而基础教育正是培养创新素质的源头。[①] 两国在基础教育方面的长处正好互补：中国长于“知识教育”，数理成绩好；美国所长是个性化、独立性、想象力、创造力等非知识素质。因此，两国有可能开展双向合作，取长补短。事实上，中国正越来越强调素质教育，注意培养学生的创造力、自信心、社会责任感；美国正越来越注重州级、国家级的统一考试，以及改进 STEM 教育、延长教学时间等，两国合作具有内在的驱动力。双方还可以在师资方面开展合作，美方可委托中方培养或引进 STEM 教师，而中方可委托美方培养或引进高素质的创新型教师；其次，网络、太空等全球公地的公共属性[②]、气候变化的全球属性等，也可能促使两国在网络、太空和清洁能源的研发方面开展一定程度的合作；第三，私营企业尤其是私营中小企业之间在创新活动中，按照市场规则，在竞争的同时开展各种形式合作的可能性也是存在的；最后，美国创新体系从军用为主转向军民两用兼顾的趋势有利于两国在非军用领域逐步提高技术或研发合作的水平。

---

① 杨桦、付朝霞，“中美创新人才培养战略和目标体系比较”，《商业时代》，2007 年第 13 期。

② “《网络空间国际战略》要害”，《计算机世界》，2011 年第 19 期。

美国学者研究视角下的中美战略困境[①]

仇华飞[*]

【内容提要】 进入 21 世纪以来，随着中国和平崛起，美国对中国实力增长不确定性的担忧逐渐加深，美国中国问题专家在研究中美战略关系时越来越强调对华战略竞争因素。强调这些竞争因素是美国旨在扩大和改善同其亚洲盟友和合作伙伴的关系，特别是那些对中国长期抱有忧虑的国家。他们认为，美国在亚洲的安全合作具有多种目的，但目前的重点是建立防止或劝阻中国通过强制外交扩大在该地区影响的机制。[②] 美国还利用这些合作加强其盟友和合作伙伴抵抗中国影响的能力和信心。本文从不同层面分析、论述美国中国问题专家研究视角下的当代中美战略困境。

---

* 仇华飞，同济大学政治与国际关系学院教授、副院长、博士生导师。

① 本文系作者主持的上海市哲学社会科学重大规划课题“当代美国中国学研究”(2011DGJ001) 阶段性成果。

② Evan S. Medeiros，“Strategic Hedging and the Future of Asia-Pacific Stability”，*The Washington Quarterly* 29：1，winter 2005—2006，p. 156.

一、中美安全模式比较

美国的中国战略在其《国家安全战略》(The National Security Strategy (NSS))中有明确的表述，美国的目标是“寻求与中国建立建设性的关系”。[①] 自中美建交以来，美国历届政府坚持与中国的接触（engagement）政策，美国试图通过这个政策使中国融入世界，维持亚太地区的和平与稳定。[②] 但美国的战略家们始终对中国在亚太地区乃至世界其他地区日益增长的影响力表示担忧，他们把中国的崛起视为对美国安全的巨大挑战。布热津斯基是著名国际战略家，长期以来他坚持主张与中国保持接触政策，但上海合作组织成立后不久，他多次表示对美国在中亚地区被边缘化的担忧。[③] 为了遏制中国和平崛起的步伐，美国正加速在亚太地区重新部署其军事力量、加强军事能力。[④] 台海地区安全事关亚太地区和平与稳定，但美国的行为常常加剧这一地区的紧张局势。美国具有官方色彩的智库专家们从不同角度阐述美国对台政策，强调台

① George W. Bush, *The National Security Strategy of the United States of America*, Washington, D.C.: The White House, *New York Times*, 20 September 2002.

② Troy L. Dixon, "More Dreams in Longer Night: United States China Policy", *US AWC Strategy Research Projetc*, U.S. Army War College, Carlisle Barracks, Carlisle, PA, 17013—5050, March 2006.

③ Zbigniew Brzezinski, "A Geostrategy for Eurasia", *Foreign Affairs*, September/October 1997.

④ Hannah Middleton, "What is the U.S. up to in the Pacific?" September 2007, See also Jenny Clegg, *China's Global Strategy: Towards a Multipolar World*, New York: Pluto Press, 2009, p. 35.

海地区安全对美国全球战略的重要性。传统基金会研究员费浩伟（Harvey Feldman）指出："在台湾问题上，美国最重要的保证是不修改《台湾关系法》、不要求台湾与大陆谈判，也不愿让双方达成一个协议。"① 布鲁金斯学会卜睿哲（Richard Bush）认为："美国的双重威慑政策是既要防止中华人民共和国以武力解决台湾问题；又不断地重申美国不支持台湾独立；还重申如果台湾遭到大陆攻击，美国不会弃置不管。"② 可见，美国仍然将台湾作为其遏制中国崛起的战略资源。

关于如何利用双边安全合作机制应对中国崛起，美国南亚问题专家阿什利·特利斯（Ashley Tellis）认为：美国应加强同日本、印度和东南亚主要盟国的关系，以形成结构性限制，这些限制也许能使北京不敢滥用它在该地区日益增长的势力。即使华盛顿努力保持同北京的友好关系——并鼓励这些周边国家也这么做，从长远来讲，加强同这些国家的关系也许是防止中国称霸亚洲的最佳途径。③ 与阿什利观点不同，著名国际经济评论家马丁·塞亚夫（Martin Sieff）指出，中美之间业已存在战略竞争将会延续数十年，尤其是在当今日益恐慌的世界能源问题上。但没有理由说明北京和华盛顿之间不能控制这种竞争。历史上美国和英国这两个最强大对手在1870年至1973年的一百年间为了控制石油而展开竞争，特别是在中东地区。但同时，这两个国家无论是在20世纪的两次世界大战还是

① Harvey Feldman, "A Primer on U. S. Policy Toward the 'One-China Issue: Questions and Answers'", Washington, D. C.: *The Heritage Foundation*, 12 April, 2001.

② Richard C. Bush, "Prepared Statement before The U. S. -China Economic and Security Review Commission", *The Brookings Institution*, *Center for Northeast Asian Policy Studies*, 15 September, 2005.

③ Ashley Tellis, "A Grand Chessboard", *Foreign Policy*, January/February, 2005.

冷战对抗中都是保持着盟友关系。[1] 塞亚夫强调，如果美国对中国采取对抗政策，必将导致美国经济上的巨大风险。2003 年外国在中国直接投资总额首次超过美国。到 2007 年底，中国持有美国债券总额的 20%，美国对中国的贸易逆差超过 2000 亿美元，是世界上最大的双边贸易逆差。[2] 从这些因素考察，中美对抗必将招致美元危机而使美国经济不稳。

中美学者对中国和平崛起有着不同的认知，在中国决策者和分析家们看来，对中国的民族复兴和地区抱负来说，美国是最重要的长期外部威胁。美国之所以要遏制或者至少限制中国重新成为亚洲强国，是因为它担心这会打破美国的全球霸权地位和它所追求的所谓"绝对安全"。美国对华战略动机主要体现在以下三个方面：第一，美国努力鼓励中国政治制度向民主化和平演变；第二，美国试图让中国进一步融入主要受美国规则影响的国际体系；第三，美国利用其盟国遏制中国并阻挠其同台湾的重新统一。[3] 中国对美日同盟发展方向的担忧正在受这种战略动机的影响。因为美国的亚太战略表明，美日同盟不再是防止日本军国主义复活的限制因素，而是发展旨在限制中国实力和阻挠中国统一力量的重要工具。

---

① Martin Sieff, *Shifting Superpowers: The New and Emerging Relationship between the United States, China, and India*, Washington, D. C. Cato Institute 2009, p. 139.

② Ibid., p. 140.

③ Wu Xinbo, "The End of the Silver Lining: A Chinese View of the U. S.-Japanese Alliance", *The Washington Quarterly* 29, no. 1, winter 2005—2006, pp. 119—130, Evan S. Medeiros, "Strategic Hedging and the Future of Asia-Pacific Stability", *The Washington Quarterly* 29: 1 winter 2005—2006, p. 154.

二、中美战略对冲问题

在评价中美战略对亚太政治格局影响时，美国著名智库兰德公司政治分析家麦艾文（Evan S. Medeiros）指出："鉴于中国在亚洲安全和经济事务中所起的作用逐渐加强，美国又想保持其在该地区的优势地位，对方捉摸不定的意向、暗中竞争的战略和潜在的抑制政策迫使两国的决策者在安全问题上采取两面下注的对冲战略。为了达到对冲的目的，美国和中国奉行的政策一方面强调接触和一体化机制，另一方面又强调现实型的力量平衡，其形式是外国同亚洲国家的安全合作和国家军事现代化计划。"[①]

麦艾文认为，中美战略相互对冲（mutual hedging）的逻辑是可以理解的，因为它可以使两国各自维持相互之间同亚洲其他国家之间广泛和互利的经济关系，同时又可以对不确定性和对方日益增长的安全担忧。对冲还有助于防止发生地缘政治对抗，这是另一个共同的核心利益。[②] 在麦艾文看来，美国和中国选择对冲战略说明安全两难动态在一个全球化的世界正在起作用，这个全球化世界的特点是经济上相互依赖并且需要多边安全合作。这种对冲充满着复杂性和危险性，很可能会突然转向对抗和地区不稳定。这是一种微妙的力量平衡，要成为有效的和可持续的，就必须谨慎地处理中美关系中日益积聚的紧张、该地区各国对美国和中国对冲政策的反应以及

---

① Evan S. Medeiros, "Strategic Hedging and the Future of Asia-Pacific Stability", *The Washington Quarterly* 29：1，winter 2005—2006，p. 145.

② Ibid.

各自国家的国内政治气候。"[①] 由于台湾问题的前景及对中美关系的影响加深了这些挑战。因此，麦艾文强调：中美双方"应更加明智、谨慎并且具有创造力，必须在制定未来政策方面发挥更大的想象力，避免使一种不断以僵局告终的动态关系永久化"。[②]

冷战结束以后，美国一方面实施对华接触、平衡和遏制战略；另一方面不断向其亚洲盟国提供大量援助，全面参与亚太地区安全事务，一种以美国为中心的双边联盟和合作伙伴关系在亚太地区形成，人们常用"毂辐状体系"来形容这种关系的架构，称其为该地区带来了稳定和安全，促进了亚洲经济的快速发展。但当今亚太地区国际格局发展趋势表明，人们对这种结构的传统越来越表示怀疑。麦艾文从两个方面分析这种关系结构：第一，作为新兴大国的中国和印度正在崛起；大多数东南亚国家本身也两面下注，跟中国和美国都保持积极的关系。第二，经济和技术上的互相依赖在不断加强，该地区要求加强一体化和多边合作的诉求日益强烈。[③] 事实上，在亚太地区错综复杂的国际环境下，中美互相对冲是一种特别靠不住的交往模式，即使对美国也是弊大于利，处理不慎，既可能破坏历史形成的美国在该地区的中心地位，疏远美国的盟友和安全合作伙伴，又会激化美国和中国之间的敌对竞争。

美国对中国实行对冲战略选择应对的办法是，安全问题上两面下注，经济领域既合作又竞争，从而导致一种所谓的地缘政治保险战略。美国的做法把接触、束缚和抗衡机制结合在一起，其目的是要把中国束缚在美国主导确立下的现有准则、规则和基本原则的国

---

① Evan S. Medeiros, "Strategic Hedging and the Future of Asia-Pacific Stability", *The Washington Quarterly* 29: 1, winter 2005—2006, p. 146.

② Nancy B. Tucker, "At the Core of U. S.-China Relations", *Asia Policy*, No. 8, July 2009, pp. 40—46.

③ Evan S. Medeiros, "Strategic Hedging and the Future of Asia-Pacific Stability", *The Washington Quarterly* 29: 1, winter 2005—2006, p. 146.

际体系中，通过双边和多边接触形成其不断变化的利益和价值观。美国学者认为，这些政策还包括隐含的竞争和潜在的强制政策，以阻止中国挑战目前的地区安全秩序并威慑中国不敢利用强制手段或武力寻求它目前或未来在亚洲的经济或安全利益，比如收复台湾。①

美国对冲战略主要基于有关中国目前的意向和美国在亚洲的利益，麦艾文据此提出四种基本设想：第一，美国决策者似乎断定，维持在冷战期间和冷战之后确立的国际经济和安全规则、准则和基本原则的现状，符合当代中国的长期利益。对中国领导人来说，这些条件将像过去 25 年一样继续有利于国内经济发展、相对的政治稳定和“综合国力”的提升，要想在今后几十年里重新成为一个强国，所有这些都是中国所需要的。② 第二，中国对目前国际体系中的某些方面，如台湾的“未定地位”和美国的单级霸权地位不满。许多中国人认为美国的外交政策是专断的、没有节制的和强制性的，这种趋势正在变得日益严重。中国战略家们十分清楚，美国的强权手段可能会转向大陆。第三，鉴于中国在亚洲的多边竞争利益，在安全问题上采取两面下注的对冲战略是美国的最佳选择。第四，通过明确的外部力量调整和遏制政策同中国对抗，只会把它变成敌人，从而造成美国努力要避免的那种结果。③ 美国采取抗衡和遏制中国的战略，从而限制双边贸易和投资，其经济代价非常高昂。而且，由于美国在亚洲的盟友和合作伙伴不会支持这种高对抗性的做法，这样做会损害美国在亚洲的地位以及它在该地区的经济利益。

关于美国如何与中国实行对冲战略，麦艾文认为，美国和西方国家自 20 世纪 70 年代中国开放以来就一直奉行接触和约束中国的

---

① Evan S. Medeiros，“Strategic Hedging and the Future of Asia-Pacific Stability”，*The Washington Quarterly* 29：1，winter 2005—2006，p. 147.

② Ibid.

③ Richard Armitage，“Insights into the World：China，the Emerging Power”，*Daily Yomiuri*，August 14，2005.

政策。这些政策取得了很大的成功，因为中国外交政策总体上反映了以下事实，即：中国在符合自身利益的经济和安全问题上不同程度地接受了重要的国际规则、准则和基本原则，在这方面的利害关系日益增长，目前美国的政策是防止在此基础上出现倒退，鼓励中国的行为朝着好的方向进一步发展。麦艾文称："美国亚洲政策在合作方面不那么明显，但却同样重要的表现是，欢迎美国的盟国同中国改善双边关系，鼓励中国参与解决亚洲和其它地区问题并为此作出贡献。"[①]

按照麦艾文的观点，中国对冲战略的驱动力来自其国家安全环境的不确定性，特别是中美关系的不确定性：一方面，中国仍然倚重美国的市场、投资和技术，所以它需要同美国建立稳定的关系，以确保经济发展和提高自己的综合国力；另一方面，采取敌视政策会影响中国同美国亚洲盟友的经济和政治互动，从而影响中国和平崛起的战略目标。这些因素综合在一起，使中国感到它在同美国关系的脆弱性。实际上，中美双方都清楚两国关系涉及许多重大的利益关切，双方都避免在亚太地区出现安全困境。

从长远战略看，中国在稳定中美关系的同时，正设法使美国限制其复兴和地区抱负的努力最小化。麦艾文认为："中国的对冲行为，跟美国的对冲行为一样，具有合作和竞争的两个方面。合作的方面包括中国采取行动稳定双边经济和安全紧张，避免同美国发生

---

① See, for example, Harry Harding, *A Fragile Relationship: The United States and China Since* 1972, Washington, D.C.: Brookings Institution Press, 1992; David M. Lampton, *Same Bed Different Dreams: Managing U.S.-China Relations* 1989—2000, Berkeley, Calif.: University of California Press, 2001; Robert L. Suettinger, *Beyond Tiananmen: The Politics of U.S.-China Relations* 1989—2000 Washington, D.C.: Brookings Institution Press, 2003, Evan S. Medeiros, "Strategic Hedging and the Future of Asia-Pacific Stability", *The Washington Quarterly* 29: 1 winter 2005—2006, p. 148.

冲突并扩大合作领域。中国领导人在不同的国际场合下重申中美两国都应登高望远，看清中美关系的主流和时代的潮流，把握大局，着眼未来，扩大共识，发展合作。”[①] “9·11”恐怖主义袭击事件发生后化，中美扩大双边反恐和核不扩散合作，在解决朝鲜核危机进程中取得了积极的成效。

结构现实主义者用国际体系制造的压力和机会来解释国家的行为，根据这种观点，人们认识到：“由于美国和中国同时奉行对冲战略，尽管以不同的形式，它们将面临三个可能破坏中美双边关系和亚洲安全稳定的问题：对台湾问题、地区反应和各自国内政治的处理。如果这些问题没有得到认真控制，它们可能导致逐步偏离目前的状况而敌对竞争，并且也许会导致美国和中国之间彻底的战略对立，这种对冲战略中暗含的力量平衡具有内在不稳定性。需要不断得到滋养才能保持有效并得以维持。”[②] 尤其是中美在亚太地区实现对冲战略，将会在该地区引起不同的反响。

根据现实主义理论逻辑，中国日益增强的实力将使其更大胆的追求自身最大利益，而转而促使美国和其他国家采取制衡的做法。[③] “美国和中国要让它们的方法产生效果都需要合作伙伴的帮助。由于亚太地区大部分国家本身也都通过寻求同中国和美国建立不同程度的积极关系在安全问题上采取两面下注的对冲战略，导致地区局势变得尤其复杂。针对美国的对冲战略，中国一边进行它反遏制的努

① Tang Jiaxuan, “Vigorously Promoting China-U. S. Constructive and Cooperative Relations in the New Century”, address, Welcome Luncheon by National Committee on U. S.-China Relations and U. S.-China Business Council, July 27, 2005; Evan S. Medeiros, “Strategic Hedging and the Future of Asia-Pacific Stability”, *The Washington Quarterly* 29: 1 winter 2005—2006, p. 154.

② Evan S. Medeiros, “Strategic Hedging and the Future of Asia-Pacific Stability”, *The Washington Quarterly* 29. 1 winter 2005—2006, p. 156.

③ Charles Glaser, “Will China's Rise Lead to War? Why Realism Does Not Mean Pessimism?” *Foreign Affairs*, March/April. 2011, Vol. 90.

力，同时又要避免任何被视为是破坏美国联盟的作用或将美国挤出该地区的行动。麦艾文指出：许多东南亚国家长期以来都对中国的地区抱负感到怀疑，并且中国似乎在与美国竞争的政策将加深这种历史造成的忧虑。中国的军事现代化，尽管从防务和解决台湾问题的角度看是合理的，已经增加了该地区对解放军最终目标以及地区稳定的含义的关注。”[①]

美国的亚太战略凸显其同盟国和利益攸关国的密切合作，以确保建立一支战略遏制力量。但美国目前在对冲战略中采用的外部力量调整的行为具有破坏这种信念的危险。鉴于20世纪日本在亚洲残暴开拓殖民地的历史，美国增强日本外交和日本军事在该地区的作用的努力将会引起该地区的忧虑。日本不可能为美国在亚洲扮演类似英国为美国在欧洲扮演的角色。美国和日本的领导人必须建立一种政治战略，以保护美国长期利益的一种保持稳定的方式提高日本在该地区的外交和军事形象。[②] 由于民族主义是亚洲越来越普遍的现象。美国支持像日本那样的安全伙伴的努力可能会无意中助长这种危险的动态，但如何处理该地区的民族情绪是美国面临的难题。它可能会削弱日本潜在的领导作用，加剧地区间的紧张关系，并损害美国在该地区的合法性。

三、对华战略的遏制与反遏制主张

在无政府状态的国际环境下，“安全是国家的最高目标”。“国

① Evan S. Medeiros，“Strategic Hedging and the Future of Asia-Pacific Stability”，*The Washington Quarterly* 29.1 winter 2005—2006，p. 157.

② Ibid.

家只有在确保生存的条件下才能寻求和平、利益、权力等其他目标。”[①] 今天的中国正致力于国内经济的发展和政治稳定，以维护地区和周边安全。现实主义的权力转变分析是建立在“各国可以准确地看清并应对它们面对的国际局势”假设基础上。尽管中国的崛起在世界及地区范围内引起高度关注，但正在变化的权力分配并没用使美国和中国的重大利益不相容。潜在的若干危险并不能导致只能冒一场大的战争风险才能解决大国利益冲突。[②] 因此，美国应适当调整其全球及地区战略利益结构，在发展和加强与盟国合作关系的同时，接纳其他国家参与共同构建亚太国际秩序机制。而中国则要通过自己的行为模式和明晰的战略谋划，打破所谓“大国悲剧的历史定律”。[③] 在当今国际政治环境中，美国在很多领域对中国采取遏制战略。

（一）主张遏制中国和平崛起

中国的崛起引起美国战略分析家们的猜忌和担忧，他们认为：美国的政治目标应是努力防止中国成为敌人。位于首都华盛顿的美国智库“新安全研究中心”（Center for a New American Security）研究员罗伯特·卡普兰（Robert D. Kaplan）2005 年 6 月在《大西洋月刊》上发表署名文章指出：在不久的将来，中国将崛起成为世界强国，成为美国在经济和军事上的首要对手，比前苏联更难对付，

---

① Kenneth Waltz, *Theory of International Politics*, Reading, Mass.: Addision-Wesley, 1979, p. 126.

② Charles Glaser, “Will China's Rise Lead to War? Why Realism Does Not Mean Pessimism?” *Foreign Affairs*, March/April. 2011, Vol. 90.

③ 王辑思：“当代世界政治发展趋势与中国的全球角色”，《北京大学学报》（哲学社会科学版），2009 年 1 期，第 3 页。所谓“大国悲剧的历史定律”指，大国崛起必定冲击世界秩序，引发国家冲突，霸权国和崛起国最终对立和冲突不可避免。

美国将再次卷入类似“冷战”一样的对峙。因此，美国的军队需要将其重点从中东移到太平洋，并且要做好准备，构建与日本、澳大利亚、印度等国家的新型盟友关系，以制衡中国的强大。[①] 美国国内政治精英们普遍意识到，中国作为一个大国重新崛起是不可阻挡的。卡普兰认为，只有采用类似于实用主义的方法，美国才能较好地应对中国的崛起。否则，21 世纪的地球将会变成一个大战场。按照卡普兰的观点，任何强国崛起或重新崛起时，它们都会倾向于过于自信，国际事务也常常会面临巨大的动荡。中国也不例外。美国企业研究所亚洲问题专家卜大年（Dan Blumenthal）指出：相抵触的政治和军事目标将决定中美之间的对抗。对美国来说，这一发展的重要特征是维护其在世界最重要地区的利益，防止在亚洲出现敌对霸权。中国越来越有能力控制美国的盟友，阻断美军以及为追求可能的地区霸权而切断美国与世界部分民众的接触，因此美国必须在中国实力日渐增强的背景下评估自身利益。[②] 伊拉克战争后，美国的战略重心正在从中东向亚太地区转移，风险管理必将成为一种主流意识形态，大多数美国政治家包括军方人士不愿重走伊拉克战争的老路，对他们来说，一次莽撞的军事冒险所造成的经济后果可能过于巨大。关于未来中美可能出现的军事对抗的前景，美国前助理国防部长迈克尔·维克斯（Michael G. Vickers）指出：“与中国人开仗很容易，有很多机会，不仅仅台湾问题，特别是当中国人正在整个太平洋区域发展潜艇和导弹能力的时候。但令人左右为难的问题是，

---

① Robert Kaplan, “The lesson of China and Iran,” *the Atlantic Monthly*, July 2009; “The Geography of Chinese Power: How Far Can Beijing Reach on Land and at Sea?” *Foreign Affairs*, May/June 2010.

② Dan Blumenthal, “Sino-U. S. Competition and U. S. Security: How Do We Assess the Military Balance”, Washington DC: *National Bureau of Asian Research*, Dec. 2010.

如何结束这场战争?"[①] 关于如何应对中国崛起，卡普兰2010年春在美国《外交》杂志上发表文章指出："中国随着国力的强大，正不断发掘新的需求。""今天的中国正在巩固它的陆地疆界并开始向海上拓展。中国的外交政策的野心就像一个世纪前具有侵略性的美国。但出于完全不同的理由。中国不会对世界事务采取富有使命感的态度，而是寻求意识形态的扩展。在国际事务中推行道德价值是美国的目标，不是中国的目标。中国在海外的动机受保障其能源、金属、战略矿藏需求驱使，以便满足中国这个占世界人口五分之一的大国日益高涨的生活水平的需求。"[②]

卡普兰的观点在美国引起不同的反响，"新安全研究中心"亚太项目研究员帕特里克·克罗宁（Patrick Cronin）认为，美国的国家安全计划制定者有充分理由担心中国的崛起。经济的迅速增长可能使中国的政治军事领导人更为自信和咄咄逼人。中国军队不仅为台海局势制定演习方案，还转向范围更广、旨在压制美国军事投放实力的积极防御战略。克罗宁提醒美国政府说，面对一个迅速崛起、高度自信、可能诡计多端而且远离美国海岸的本国周边地区采取非对称和非传统性战争手段的对手，软弱显然将招致麻烦。[③] 普林斯顿大学中国战略问题专家饶济凡（Gilbert Rozman）也声称，中国正执着地重塑自身及美国的地区角色，因为这不仅可以"破坏"国际

---

① Robert D. Kaplan, "How We Would Fight China", *The Atlantic Monthly*, Volume 295, No. 5, June 2005, pp. 49—64，迈克尔·维克斯目前任职于华盛顿战略与预算评估中心。

② Robert D. Kaplan, "The Geography of China Power: How Far Can Beijing Reach on Land and at Sea", *Foreign Affairs*, May-June, 2010, Vol. 89, no. 3, p. 24.

③ ［美］帕特里克·克罗宁："谢谢，登马克，但中国依然让我担心"，美国《外交政策》双月刊网站，2011年3月21日，载《参考资料》新华通讯社主办，2011年4月1日，第1—2页。

体制，还能为中国创造可以填补的政治真空。[①]

和其他主张对中国的崛起采取遏制政策的人一样，卡普兰称中国是一个极为现实的国家，它在向非洲所有能为其提供石油和矿藏的国家渗透。为了获取能源，中国甚至与像伊朗、缅甸、苏丹这些集权专制国家保持友好关系。中国正在向中亚、南亚、东南亚、东亚地区扩张。中国把新疆、西藏、内蒙古作为对中亚、南亚、外蒙古和俄罗斯等地扩张的桥梁。[②] 中国的海军发展战略的变化反映了中国对海洋安全的重视。美国的政治精英们指责中国发展海军的目的是通过向海外扩张来实现其战略利益的获取。所谓中国正在实行"第一岛链"战略，将朝鲜半岛、库页岛、日本、琉球岛、台湾、菲律宾、印度尼西亚、澳大利亚包括在内，实际上是指"中国海军的主要战略方向可能不再着重特定事件（如台湾或南中国海）而是转向保卫中国沿岸水域"。[③] 按照美国学者的观点，中国与所有海上连接的国家都有岛屿和海域争端，中国发展海军的目的是保障其海上资源。

发展海军、构建中国海洋发展战略日益成为中国外交战略的重要内容。卡普兰认为："中国离对美国的航母舰队构成直接的威胁和挑战还有一段很长的路要走。但是中国的目标是发展这样的能力，将美国航母、军舰阻拦在第一岛链之外。中国要构建大中华首先要考虑的是统一台湾。如果台湾回归中国，中国的海军不仅能在第一

---

① ［美］本杰明·肖伯特："深刻认识中国在世界上的地位"，香港《亚洲时报》在线，2011 年 3 月 15 日，载《参考资料》新华通讯社主办，2011 年 4 月 1 日，第 7—10 页。

② Robert D. Kaplan, "The Geography of China Power", *op. cit.*, p. 37.

③ Dean Cheng, "Sea Power and the Chinese State: China's Maritime Ambitions", *Heritage Foundation*, July 11, 2011, www.heritage.org/research/.../sea-power-and-the-chinese-state-chinas-maritime-ambitions.

岛链作战，整个亚太地区将会出现新的军事多边。”[1] 卡普兰承认，目前中美关系要比冷战时期美苏关系稳定，但随着中国经济崛起、军事强大，中美关系必将出现紧张，美国这个西半球的超级大国一定要设法防止东半球出现一个新的超级大国。美国的一些军方人士也对中国加强海军实力表示担忧，他们告诫中国不应挑战美国海上霸权地位，他们甚至不相信中国发展海军是为了保护中国的领海或航海通道安全，认为中国有自己的战略目标。大中华可能是政治型的、经济型的、或者在中亚地区、印度洋地区、东南亚地区、西太平洋地区的军事型的。[2] 面对美国一些智库中国问题专家们的言论，美国军方的反应不尽相同，美国参谋长联席会议主席迈克尔·马伦（Michael Mullen）和美国海军分析研究中心中国项目主任冯德成（David Finkelstein）告诫说：“以零和游戏视角看待美中关系是危险的。因其没有认识到对华关系的重要性和复杂性。”马伦强调，中国崛起并不意味着美国衰弱，恰恰相反，美国可以受益于中国的进步，也希望中国能在世界事务中发挥更大作用。[3]

（二）反对遏制中国和平崛起

卡普兰等有关对中国实施遏制战略的主张引起美国国内众多中国问题专家的异议。美国前国务卿基辛格在一篇题为“遏制中国不会奏效”的文章中指出：中美关系目前呈现不明朗的状态。一方面，美国的共和党和民主党对中国的外交政策长期来看是一致的。从尼克松开始，七任总统都曾强调中美合作的重要性，虽然有些总统，

① Robert D. Kaplan, “The Geography of China Power”, *op. cit.*, p. 43.

② Ibid.

③ Michael Mullen, David Finkelstein, “U. S. -China Relations: Security and the Military-to-Military Exchange”, *Report from Center for American Progress*, Washington DC, Dec. 1, 2010.

如里根、克林顿和小布什在上任初期走过一些弯路，但后来都作出过“一个中国”的承诺。现任总统布什在许多场合曾形容目前的中美关系是建交以来最好的时期。[①] 另一方面，美国官员、国会议员和新闻媒体纷纷出言攻击中国，涉及汇率、军备等许多方面。不少人认为，中国崛起对美国的安全是一个巨大挑战。中国之崛起，乃至亚洲之崛起，将会在未来几十年使国际体系发生质的变化。世界事务的重心，300 年来第一次正由大西洋向太平洋转移，中国作为在亚洲发展最快的国家，正在用日益成熟的手段来维护其所认为的国家利益。

中国崛起所扮演的角色，常被一些西方学者和政治精英拿来和 20 世纪初的德意志帝国相比较，暗示中美之间的战略冲突不可避免。这种假设是冷战思维作祟的表现，因为在 19 世纪欧洲体制下，霸权国要想保住地位，维护自身利益，只有诉诸武力，通过战争才能使其战略地位得以提升。但在当今的全球化时代，这些诉求无疑是异想天开。“大国间的战争就是一场灾难，只会导致两败俱伤，没有赢家。”[②] 美国中国问题专家本杰明·肖伯特（Benjamin Shaw Bot）提醒人们不要误判中美战略关系，把中国放在原苏联的位置上，将其视作经济和意识形态的对手。[③] 历史上的军事帝国不会是中国要走的路。西方首屈一指的战略理论家克劳塞韦茨曾经说过，备战的要领是不战而屈人之兵。中国正以此为目标，认真学习，韬光养晦，以求有所作为。在这样的逻辑下，中国几乎不可能走一条赢家通吃的危险之路。基辛格认为，把中国同冷战时期的苏联相比完全不切实际。苏联有帝国主义传统，从彼得大帝开始到二战结束，

---

① Henry Kissinger, “Contain China will not Work”, *Washington Post*, June 13, 2005.

② Ibid.

③ ［美］本杰明·肖伯特：“中国长远发展看好，美中应弄清各自挑战”，载《参考资料》，新华通讯社主办，2011 年 7 月 25 日，第 139 期，第 2 页。

俄国把疆土从莫斯科周边扩展至欧洲中心，中国目前的疆域则基本上已维持了2000年；俄罗斯帝国以武力来统治，中国的王朝则是以文化融合为手段，实力为后盾。[①]

由于美国一直积极在中国的邻国推行西方的人权、宗教自由和政治制度，中国对美国和其盟友的举动一直怀有戒心。美国约翰·霍普金斯大学高级国际问题研究院中国项目副主任卡拉·弗里曼（Carla P. Freeman）和美国国家利益中心中国项目主任唐安竹（Drew Thompson）认为："中国的不安和戒心是出于自身安全感的缺乏，以及中美双方之间缺少互相了解。美国需要做的是在推行人权、宗教自由和政治制度时，向中国强调自己的出发点是没有敌意的。与此同时，美国应大力支持中国与邻国的经济贸易。"[②]

基于多方面的原因，中国正寻求与美国合作，中美冷战对继续提高生活水平的中国来说具有灾难性的影响，但这并不意味着对于中国的破坏有益于美国本身。美国不应让中国的下一代产生这样的看法：美国永远是一成不变地敌视中国。这不符合美国的利益。"9·11"恐怖主义袭击事件后，中美战略合作不断加强，著名中国问题专家蓝普顿（David S. Lampton）表示，中美两国关系不仅"悄悄"实现正常化，而且在很多方面已经接近于美国与法国、日本、韩国、墨西哥和土耳其等传统盟国关系的水平。但两国的战略分歧犹存，安全领域的合作也不稳定。[③] 蓝普顿认为："中美关系的演变就像一张'三脚凳'，三条腿分别代表两国的安全、经济和文化关

① Henry Kissinger, "Contain China will not Work", *Washington Post*, June 13, 2005.

② Carla Freeman, Drew Thompson, "China on the Edge: China's Border Provinces and Chinese Security Policy", *Report from the Center for the National Interest and SAIS, the Johns Hopkins University*, Washington DC, April, 2011.

③ David M. Lampton, "The Stealth Normalization of US-China Relations", *National Interests*, 73, Fall 2003, pp. 66—82.

系。20世纪七八十年代，代表安全的凳腿长，代表经济和文化的凳腿短，中美关系不稳定；90年代，代表安全的凳腿被大幅度削短，而另外两条凳腿不断加长。‘9·11’事件发生后，代表安全的凳腿又一次加长，但三条腿的长度和强度相当，中美关系较为稳定。”[①]事实上，“9·11”恐怖主义袭击事件发生后，中美台湾问题、朝鲜问题，以及美国与法国、德国、土耳其、日本和韩国等传统盟国在反恐战争和防止大规模杀伤性武器等问题上的分歧，也使中美两国在安全领域的合作进一步加强。

中国的崛起不会像经典现实主义主张所认为的那样意味着风险和安全困境，因为当今推动大国走向冲突的结构性力量相对薄弱。美国学者认为：“中国崛起的结果将不会取决于国际体系施加的压力，而取决于美国和中国领导人能否把局势处理好。冲突并不能预先判定，如果美国能够适应新的国际环境，作出一些不合自己心意的让步，并且不夸大危险，一场大的冲突很可能可以避免。”[②]一些美国战略分析家们建议，美国应该维持目前的对华战略选择，它包含两个方面内容：一方面是在亚洲的安全和政治事务中发挥积极作用，阻止中国利用胁迫手段解决争端；另一方面是通过积极的外交接触，鼓励中国通过建设性的经济和外交政策寻求扩大影响力。[③]

中美两国在加强安全领域合作的同时，不断加深两国之间的经济和文化关系。全球化和相互依赖性使中美两国彼此间变得越来越重要，特别是在全球经济持续疲软的背景下。美国已经成为中国最大的出口市场，2009年美国为中国第二大贸易伙伴。信息技术领域

---

① David M. Lampton, “The Stealth Normalization of US-China Relations”, *National Interests*, 73, Fall 2003, pp. 66—82.

② Charles Glaser, “Will China's Rise Lead to War? Why Realism Does Not Mean Pessimism?” *Foreign Affairs*, March/April. 2011, Vol. 90.

③ Thomas J. Christensen, “Shaping the Choice of a Rising China: Recent of Lessons for the Obama Administration”, *Washington Quarterly*, July 2009.

是中美两国的相互依赖性不断增强的一个明证，美国在中国生产的信息技术产品越来越多。从2000年开始，中国已经成为全球第三大信息技术硬件生产商，仅落后于美国和日本。这种相互依赖性在美国社会和政府引起了一些争议，如美国应当怎样看待关键技术产品依赖中国进口，人员、技术和资本流动是否有利或有损于美国未来的经济竞争力等。[①] 蓝普顿强调应以中国现行体制的政治社会统治能力为着眼点，对中国社会进行深入研究。他说，1949年新中国建立以后，中国的领导体制一直不断地发展统治手法，并对其进行了巧妙的运用。中国的现行体制比想象中要强韧，没那么容易破裂。中国是一个渐渐强大起来的国家。我们需要在意图和能力这两方面对中国的情况进行慎重的考量。[②]

按照西方国际政治理论，在无政府状态的国际环境下，各国都会运用一切手段（硬实力和软实力）来捍卫他们的核心价值（core values），这种核心价值包括：国家的领土和主权完整，政治独立和经济发展。台湾问题涉及中国的核心价值问题，所以，中国必须竭尽全力维护国家领土和主权完整，《反分裂国家法》是体现中国核心价值的法律依据。美国应该认识到台湾问题的高度敏感性，采取务实态度，尽量避免两国因台湾问题走向对抗。目前台湾岛内民众呼声不断朝着有利于改善两岸关系方向发展，这有利于台湾海峡乃至于整个亚太地区的和平与稳定。对美国来说，“中国如何处理台湾问题是对一个崛起的中国的观察点”；相反，对中国来说，“美国如何处理台湾问题将反映出美国如何对待一个崛起的中国”。[③] 虽然美国对台政策受到两岸关系的影响，但是美国始终把遏制大陆对台动武

① David M. Lampton, “The Stealth Normalization of US-China Relations”, *op. cit.*, pp. 66—82.

② Ibid.

③ 美国麻省理工学院政治学系助理教授傅泰林（Taylor Fravel）谈“台海问题及中美关系”，上海美国学会、上海美国研究所编《学会通讯》，第23期，第2页。

作为首要目标，这个政策同美国维持现状相吻合。所以，美国对中国军事现代化十分敏感，将其视为改变台海现状的主要动因。2002年美国的《核态势评估报告》中隐含着，一旦台海发生战端，美国不排除使用核武器的可能。美国还试图将台湾纳入其战区导弹防御体系保护之下。这种核保护伞建成后，将大大降低中国战略核威慑应有的功能，因为迄今为止中国的核战略一直是以“最小量的威慑”为依据的。① 从国家战略安全角度来看，美国导弹防御系统的研发是中国绝不能接受的。但中国无论如何不能卷入一场与美国史无前例的军备竞赛中，以偏离它的经济建设的战略中心任务，消耗十分宝贵的国力和资源。冷战时期的苏联和日本就是两个结局完全相反的例证。② 2010年美国《核态势评估报告》表示：在可预见未来，任何能设想到的核现代化建设都无法使中国有能力摧毁美国大部分的核力量或是损害美国进行大规模报复的能力。报告认为，中国进行的现代化建设充其量是通过让中国拥有一支更庞大、生存能力更强大的军队来使美国丧失相当大的核优势，从而削弱美国在一场重大危机中用核升级来向中国制造威胁的能力。③

---

① ［德］维尔纳·克纳佩：“中国——未来的超级大国”，载德国《欧洲安全》，月刊5月号，《参考资料》，2005年6月15日，第7页。

② 冷战期间苏联将国民生产总值中的20%用于研制和生产武器装备，其中包括核武器，经济崩溃是苏联解体的一个重要原因。而日本军费开支只占其GDP总量的1%，日本取得了战后举世瞩目的经济发展。Alex Mintz & Steve Chan, *Defense, Welfare and Growth: Perspective and Evidence*, New York: Routledge, 1992; Richard J. Rich, *Nation, Strong Army: National Security and the Technological Transformation of Japan*, Ithaca: Cornell University Press, 1994; Joshua S. Goldstein, *International Relations*, p. 245.

③ U. S, Department of Defense: *Nuclear Posture Review Report*, April 2010, http: //www. defense. gov/npr/.

论美国两岸政策的“三元困境”

赵念渝*

【内容提要】美国当局的两岸政策正陷于一种“政府纠结，国会强势和智库保守”的“三元困境”中，如果美国政府的最高决策者不能走出这一具有美国特色的“三元困境”的话，那么，美国政府的两岸政策将始终处于一种自相矛盾的状态中，中美关系也将始终处于“不好不坏，亦好亦坏，时好时坏，好好坏坏”的状态中，而随着两岸关系持续地和平发展，最终受损的不是别人，恰恰是美国自己。

“三元困境”（trilemma）是亚洲金融危机后逐渐出现在金融学的一个专用名词，这一名词最早出现于1998年由美国加州大学伯克利分校的莫瑞斯·奥博斯特弗尔德（Mauris Obstfeld）和艾伦·泰勒（Alan Taylor）在合著的一本书中提出“开放经济的三元困境”（open-economy trilemma），即一个国家无法在实行优先考虑国内目标的货币政策的情况下还能同时维持固定汇率和开放的资本市场。

---

* 赵念渝，上海国际问题研究院副研究员，上海国际战略问题研究会副秘书长。

简单地说，它指的是一国政府只能在“固定汇率、有效的货币政策和资本自由流动”三者间选择其二。

本文借用这一术语，意指美国当局的两岸政策同样陷入了某种状态的“三元困境”。如果美国政府的最高决策者不能走出这一具有美国特色的“三元困境”的话，那么，美国政府的两岸政策将始终处于一种自相矛盾的状态中，中美关系也将始终处于“不好不坏，亦好亦坏，时好时坏，好好坏坏”的状态中，而随着两岸关系持续地和平发展，最终受损的不是别人，恰恰是美国自己。

总体来说，美国当局的两岸政策正处于如下“三元困境”中：纠结的美国政府，强势的美国国会和保守的美国智库。以下各简述之。

一、纠结的美国政府

置美国政府于纠结状态的根本原因就是美国政府长期来在两岸政策上的两面性。这一两面性主要体现在以下三个方面：

1. 美国全球战略的考量以及“令美国担心”的中国持续发展的经济实力及其在全球扮演的角色。2008 年，美国国家情报委员会在出台的“2025 年前全球发展趋势”的文件中认为，截至 2025 年，世界舞台将出现“一系列”的重要行为体，美国将依然是其中“实力最强大的一个”，美国的军事实力仍将是“压倒一切的优势”，但美国的“行动自由度”将受到下列因素的限制：（1）其他国家的科技发展；（2）国家和非国家行为体的非常规战争手段；（3）远程精确打击武器的扩散；（4）网络战争的持续升级。美国仍将是中东和亚洲迫切需要的“区域平衡器”；在全球的反恐战争中，美国的军事实力仍然是举足轻重的力量；在有关解决气候变化等“新安全”问题上，美国仍将处于“一言九鼎”的领导地位[①]。

但是，美国方面同时认为，不可避免的是，美国将面临中国、俄罗斯、印度这三个“崛起的大国的挑战”，“在这三个大国中，对美国来说，中国的挑战是最难对付的”。从美国一系列广泛的利益来说——从对朝鲜的管理到大量廉价的消费品，“中国已经是太重要了”；“中国持续发展的经济实力及其在全球扮演的角色令美国担心，中国的经济发展意味着中国军事现代化进程的加速，而这不但将影响到台湾的安全，还势必影响到亚太地区的均势”；“中国的外交还在向拉丁美洲和非洲深入发展”；“美国人还担心在中国廉价劳动力生产的商品和在低于市场汇率的条件下获得贷款的中国国有企业的竞争下，美国的公司和工人将出局”，等等。[②]

2. 美国外交公信力的贬值以及美国实用主义外交政策的机会主义选择。在台湾问题上，美国外交公信力的贬值始于20世纪40年代中国局势发生变化之时，是时，美国已开始酝酿修改对台政策，开始有计划地放弃在开罗会议上曾支持的将台湾等领土归还中国的立场，图谋将台湾从中国分离出去，1948年11月，美国参谋长联席会议主席李梅上将致函美国国家安全会议，指出：“美国无论如何宜用一切外交及经济手段，使其长期属于对美友好之政权。”可见，美国主张台湾归还中国，是以中国留在美国势力范围内为前提的，一旦这个大前提发生变化，美国的对台政策也将随之发生变化，即使背弃它所参加的国际协议也在所不惜。这就导致了1950年6月朝鲜战争爆发后，美国总统杜鲁门在声明中正式提出了“台湾地位未定论”，声称，“台湾未来地位的决定，须等到太平洋安全恢复之后，

① National Intelligence Council, *Global Trends 2025: A Transformed World*, p. xi, November, 2008, http://www.dni.gov/NIC_2025_project.html

② Joseph MxMillan, Eugene B. Rumer, Phillip C. Saunders: *Engaging Other Major Powers*, 2008。

由对日和约或由联合国决定”。之后，导致即便在20世纪70年代美中关系正常化后，出于战略、军事、经济以及意识形态等方面的考量，美国历届政府在两岸问题上始终是立场暧昧、态度暧昧，即便在中美建立正式外交关系后，美国当局依然如此，特别是对中美之间签署的“三个公报”的实用主义态度，这已经给美国政府的公信力造成了极大的伤害，例如，（1）用美国国内法来牵制中美之间的“三个公报”，其中最典型的就是美国国会的“台湾关系法”；（2）根本无视中美之间的“8·17公报”，实际上，美国方面已经用所谓的“六点保证”取代了具有法律地位的中美“8·17公报”，30年来，美国对台军售是变本加厉；（3）在2009年11月奥巴马访问大陆并签署了“两国相互尊重主权及领土完整”的中美联合声明之后，美国在台协会主席薄瑞光跑到台湾说什么这“完全针对西藏及新疆问题，绝非涵盖台湾”，称美国对台军售只是“时间问题”而已，仍在“认知”（acknowledge）上大玩文字游戏，等等，美国当局的这一系列做法以及其代表人物的这些言论完全无视中美之间的“三个公报”的严肃性和权威性，这就使人不得不怀疑美国当局究竟视国家公信力为何物？

当一个国家的外交公信力受到质疑时，或者说当一个国家无视自身外交公信力而造成外交困境时，各种揭秘和内幕传闻就应运而生，日前维基揭秘暴露出来的言论就佐证了美国实用主义外交政策中机会主义色彩。维基揭秘披露了大量有关岛内政情和美台之间的材料，且不说这些材料的真伪程度，就以美国驻外官员以这一手法搜罗材料而言，可以认为，这恰恰说明美国当局一是对正常的外事交流缺乏自信，二是对交流对象的严重不信任，三是自信的缺乏和他信的不足，导致美国官员只能借助流言蜚语或片言只语来为美国当局的外交决策提供咨询，而据此手法产生的官方决策只能是充满了机会主义的色彩，不言而喻，其负面的作用和影响只会对美国当局的外交公信力造成更大的损害。而且维基揭秘还带来了相当不利于美国的政治影响：首先，“维基揭秘”是无意为之还是有意为之？其次，维基揭秘的时间与台湾大选正好同步，揭秘的内容不但涉及蓝绿之间的矛盾，更涉及蓝营的内部矛盾，以及对蓝营政治人物的评估，联想到不久前美国一些政要通过媒体或演讲对马政府团队的指责，人们自然要问，这背后究竟是怎么回事？“维基揭秘”究竟是在传递什么信息？谁又是这些信息背后的操纵者呢？第三，马政府这三年来坚持“九二共识”，两岸关系取得了历史性的进展，美国政要在公开场合是没有不对这一进展赞美有加的，但突然间，人们似乎看到了《镜花缘》中“两面国”人物的背后那张脸，这就不得不使人产生很大的疑问，到底是“维基”在揭秘呢，还是某种势力通过“维基”来揭秘？在“关键的时段，对关键性人物，就关键性事件”来了个颇为关键的“揭秘”，且不论“揭秘”的目的，仅表象而言，就令人遐想联翩，而这一系列问题的深层次背景更值得人们思索。

3. 被捆绑在“美利坚军工联合体战车”上的美国“帝国”的行政部门、利益集团的唯利是图以及“美利坚帝国”本质的大曝光。

作为美国行政当局的最高首长，美国历届总统不可能对台海问题的重要性和敏感性不知情，从 1995 年因李登辉访问美国而爆发出的两岸危机到陈水扁 8 年的渐进式台独几乎将两岸推向战争边缘，美国行政部门最高领导对“台独就是战争”是一清二楚的，因此在中美两国领导人互访期间，美国领导人一再重申“尊重中国的主权和领土完整”；一再重申“对一个中国政策的坚定”；一再重申“不支持台独”并对“中国大陆和台湾已经采取的旨在缓和紧张局势和建立台湾海峡两岸的联系所采取的行动表示称赞”。应该说，这不是假话，虽然并非真心话。

之所以不是“真心话”，一大决定性因素就是美国的国家体制，美国行政领导人，无论是克林顿，小布什，还是奥巴马，都根本无法抗衡美国的国家体制。那么，美国究竟是什么国家体制呢？美国学者查默斯·约翰逊（Chalmers Johnson）在其专著《帝国的悲哀》一书中就以犀利语言告诉人们一个真实的美国。他指出：（1）“冷战的军事偏执狂”的结果之一就是使当时的美国和苏联都迅速上升为“军工联合体”；（2）“美国人民慢慢地认识到”，在美国，“军方的作用在增长”，行政部门已经成为“帝国的行政机构”，“美国人民”根本无力“扭转权力向五角大楼和各种情报机构的转移”；（3）虽然1991年苏联解体意味着美国的遏制政策也随之失去了存在的理由，但“美国领导人已经习惯于对半个世界发号施令，以至于要放弃这样的发号施令简直是不可思议的”；（4）美国的霸权理念已经“把开始于第二次世界大战的非正式帝国，转变成了遍及世界的数百个军事基地以安顿我们在和平时期所拥有的规模最大的军队”；（5）“9·11”事件的发生使美国一些领导人的思想“产生危险的变化，他们开始把我们的共和国视为一个真正的帝国，一个新的罗马帝国，历史上最庞大的巨人，不再受国际法的约束，也不再关注盟国的担心，更无视对其使用武力的任何限制”；等等。[①]

这就说明了为什么美国防务部门出台的“中国军力报告”一再把中国列为“假想敌”；美国当局完全无视中国的抗议，一再坚持向台湾出售武器；一再在两岸关系中注入“不和”的因素；并且随着美国“重返”亚洲的开始，一再在中国和东南亚国家之间人为地制造矛盾。

据此，客观地说一句，美国行政当局在两岸政策问题上处于一种“纠结”的状态，导致这一“纠结”状态形成并对美国政府的外交公信力造成损害的不是别人，恰恰是美国自己。

---

① ［美］查默斯·约翰逊（Chalmers Johnson）：《帝国的悲哀》，上海人民出版社，2005年版。

二、强势的国会

1787年，从5月13日至9月15日，美国13个州55名代表，历经4个月的工作，以审慎的态度讨论了有关美国宪法的条文，最后一天42名代表中的39名在4页羊皮纸文件上签名，从此确立了体现立法、行政、司法三权分立的美国宪法。这一原则持续200多年而不动摇。今天，美国国会100名参议员和435名众议员就成了“美国的代表”。按照美国特色的政治架构，总体而言，这535名美国国会议员一是代表了美国国家利益，二是代表了各州及地方政府的利益，三是代表了各利益集团的利益（德州议员科宁日前极力主张美国应向台湾出售总部在德州的洛克希德·马丁公司生产的66架战机，声称可进账87亿美元，增加德州1万人就业，这与其说是“保卫台湾”，还不如说是“保卫选票”，利益输送，可见一斑），四是代表了各选区选民的利益。随着美国国家综合实力的整体发展提升、从100多年前取代当时的大英帝国起，世界的权力从伦敦转到华盛顿，如今，美国已经是全球唯一的超级大国，美国国会的三大功能日益凸显，这就是：对美国最高领导人的“限权功能”，维护各利益集团利益的“连线功能”和关注世界各国事务的“评估功能”。

在今天，当我们观察美国当局的两岸政策时，就离不开美国国会的这“四个代表”和“三大功能”。

自从20世纪90年代以来，随着中国经济的持续发展和综合国力的逐渐提升，美国朝野在如何评估中国的问题上逐渐形成较为一致的看法：既是经济上的可合作伙伴，也是意识形态上的主要对手。美国国会每年出台的数十个有关中国的评估文件就成了美国国会议员了解中国的依据，同时也成了外界人士了解美国国会制定两岸政策的信息源。

简言之，在两岸问题上，美国国会研究处提供的评估文件有三大特点：

1. 中国未来的发展对美国在全球的领导正在构成挑战，美国对此必须予以防范。这一观点可见诸于国会研究处出台的各种有关中国综合实力发展的文件；

2. 中国在亚太地区的发展同样对美国的利益构成挑战，特别是中国软实力的发展不但在影响亚太地区，而且已经发展到拉丁美洲和非洲地区，因此美国必须着力提升对中国的地缘政治的重视，在中国周边加大投棋布子的力度，这可见诸于美国国会于2008年出台的《中国外交政策及其在南美、亚洲和非洲的“软实力”》的文件，该文件以130多页的超长篇幅对中国与这些地区的交往作了详细透彻的分析，值得一读；

3. 台湾问题是牵制中国发展的最好的一张牌，因此，美国国会对两岸问题的关注度是空前的，在两岸问题上，美国国会的总体态度是：维持现状，但不排除在美国主导下的改变现状；防止冲突，但不排除在美国主导下的对台军售以维持两岸的“恐怖平衡”；不论统独，但“台湾地位未定”，“在任何情况下，美国都不应该向北京的‘一个中国’观点靠拢”；支持两岸交流，但不能排除两岸交流中务必满足美国的利益；发展美台关系并支持台湾的国际空间的诉求，但前提是台湾务必满足美国的需求；最后，通过“复杂的话语表述方式”，“从20世纪90年代起，美国国会开始推动（美国）对台政策的变化”，限于篇幅，本文仅就此说来透视美国国会是如何“通过复杂的话语表述”来表明立场的。

语言学常识告诉我们，语序或词序的组合排列是表示话语者立场的一种“尽在不言中”的“高语境”修辞方式，应该说，美国国会文件很善于运用这一方式来表述自己的立场，2007年，国会文件就通过这一表达方式将陈水扁打入另册，且不说一个“不”。2007

年以来，美国国会出台的5个有关《中国/台湾：“一个中国”政策的演变》文件同样通过这一方式表达了美国国会在两岸问题上的立场。简言之，一是将原本属于文件内容中某句话单独抽出并加列表明美国国会立场的醒目标题；二是对历史上一致公认的事实概念予以偷梁换柱的歪曲解读（如“何谓‘一中’，三个公报并未定谳”）；三是将文件中原属注解中旁证性质的内容嵌入其他同类文件的正文中，“登堂入室”，予以“曲线认可”；四是借用议员对历届总统符合“一个中国”政策的话语予以严词批判和纠正，以所谓的“纠偏”方式来凸显美国国会的立场等等。在语言学领域中，关于中西方文化的差异历来有一种“高语境和低语境”的说法，其实，就两岸问题的表述而言，美国国会对“高低语境”拿捏的娴熟程度丝毫不亚于日本人口中的“肯定即否定”的传统表述。①

三、保守的智库

9月15日，在媒体报道美国知名中国问题专家葛来仪（Bonnie Glaser）所说的“蔡英文如果胜选，大陆愿与民进党政府讨论两岸某种新的‘理解’”后，国民党前副秘书长张荣恭旋即指出，这是相当严重的误解，如果台湾选民受到此种观点的影响，后果将非常危险。同时，这一事件在一定程度上还说明了美国智库的目前状况。

世界各国的智库的首要宗旨就是为国家利益服务，美国的也不

① 参见美国国会文件：《China/Taiwan：Evolution of the “One China” Policy》，2007年7月9日；2007年12月13日；2009年8月17日；2011年1月10日；2011年6月24日；《U.S.-Taiwan Relationship：Overview of Policy Issues》，2011年8月4日。

例外；美国智库人才济济，群英荟萃，华盛顿国会山乃至美国各州等地智库林立，智者成千上万，令人称道，肃然起敬。不过，一个现实是，冷战结束以来，随着美国超级大国实力在全球“一枝独秀”，美国智库日趋保守化的倾向也日益显现，因为美国的智库也必须为美国的国家利益服务，为美国在全球的“维稳工作”出谋划策。

首先，美国智库的日益保守化有深刻的历史因素。美国学者伊多·奥伦（Ido Oren）在其专著《美国和美国的敌人》一书中对这一历史原因作了详细的实证和深刻的分析，他在该书中开门见山地指出，美国的政治学其实是“附属于某个特定理念”的“独立学科”，美国的学者与其说是“贴近民主”，还不如说是更贴近“美国本身”，他在列举了著名学者亨廷顿的学术和政治生涯后提问：亨廷顿的学术生涯是独立于他的外交生涯之外还是一个硬币的两个面？他的生涯是不是说明了美国的政治学更附属于美国政权而非民主政治本身？政治学家既然声称他们研究的专业是一门独立的学科，研究者与研究目标是脱钩的，那么，又怎么来解释这些学者对政治的掺乎呢？其次，他指出，纵观美国近百年历史，无论是100年前的德美冲突，还是80年前同纳粹德国的冲突，或是60年前同斯大林苏联的冷战等，美国智库内不乏亲德亲苏的学者，但历史发展的事实证明当年的这些学者都“毁掉了自己的声誉”；第三，他指出，美国的政治学学者中同样存在“民族主义的激进派”和“妥协主义的改良派”，美国意识形态的二元性同样反映在这些学者“对个别外国政体的理解”上，但是从20世纪五六十年代起，美国学界开始“摆向保守的民族主义”；最后，作者虽然没有明说，但从该专著的全部内容来看，作者对“美国的敌人”的指向是既含蓄、又清楚，那就是美国学界内的“妥协主义的改良派”，这或许能从一个侧面解释了为什么当今美国智库学者在两岸问题上基本都倾向“不统不独不武”以及“不和”，为什么都特别一致地强调“过程”而非“结果”，而更有一些美国学者是赤裸裸地支持“台独”[1]。

其次，美国智库日益保守化的现实因素。一大现实因素就是从20世纪90年代以来在美国智库中轮番上阵的“中国崩溃论”和“中国威胁论”，这就充分说明了美国智库学者对中国这30年来的改革开放的欠理解、不放心和不相信。出于国内历史因素的制约和教训，美国智库对中国的发展始终是心存疑虑，对中国在全球范围的参与更是满腹狐疑。美国国会在其《中国外交政策及其在南美、亚洲和非洲的“软实力”》文件中就提出三个问题：(1) 中国的国际参与到底是出于务实的扩展战略需要呢还仅仅是策略性动机以寻求正常的经济和政治优势？(2) 北京到底是想取代美国成为全球大国呢还只是关注其国内发展的需要？(3) 中国在国际上到底是感觉到自己的强大和信心呢还是虚弱和没有把握？美国方面对这三个问题的答复是：没有人知道！于是，奥巴马政府的副国务卿斯坦伯格于2009年9月借在新美国安全中心演讲的机会，以“本届美国政府关于美中关系的设想”为题，提出了“战略性保障”，用斯坦伯格的话来说，就是“中国也必须向全世界其他国家保证，中国的发展及其在全球日益增长的作用将不以其他人的安全和福祉为代价。维护这项条件必须成为美中关系的重点。战略性保障必须通过各种途径强调并增进存在共同利益的领域，同时直接消除导致相互不信任的根源”[2]。接着，2011年8月，美国副总统拜登于访华期间在同中国国家副主席习近平会晤时再次强调，“战略互信是美中关系持久稳定发展的关键，双方应该增加接触，增进相互了解，增进战略互信，避免战略误判”。由此可见，美国对中国始终是不放心的，其疑虑心理将长期存在，难以完全摆脱。

---

① [美] 伊多·奥伦 (Ido Oren)：《美国和美国的敌人：美国的对手与美国政治学的形成》，上海人民出版社，2004年版。

② James B. Steinberg, Deputy Secretary of State, Keynote Address at the Center for a New American Security Washington, DC, September 24, 2009.

第三，美国智库保守化的心理因素。这是个非常微妙的因素，从历史根源来说，这同美国历来笃信的“天定使命”有关；从现实来看，中国30年来超常规模的发展速度及其带来的社会和环保等问题似乎超过了美国智库学者的心理承受力，而中国“生产力和生产关系，经济建设和上层建筑”之间的不平衡发展又使美国学者忧心忡忡，且两岸关系自马政府当政以来，在“九二共识”的基础上，两岸和解速度又似乎出乎美国方面的意料之外。总之，中国不发展，是个问题，中国发展了，也是问题；两岸对峙，是个问题，两岸和解，也是问题，这就是美国方面的矛盾心理。难怪近年来美国有些人士对马政府同大陆关系的发展速度颇有微词，据此，美台商会会长韩儒伯的“马政府的谈判路径犯了根本错误”也罢；白乐琦等数十名美国学者上书马英九也罢；美国军事专家费学礼所称“‘台独势力’就是台湾的民主”也罢；凯托研究所的道格·班多鼓吹“维护美中和平的最好办法就是美国应该继续向台湾武器”也罢[①]，其实也都是从各个侧面反映了美国智库学者的某种程度的心理失衡。

四、结束语

综上所述，如果美国政府走不出“纠结状态”，美国国会始终“强势如常”，美国智库“保守依旧”，那么，美国的两岸政策看来就很难走出这一“三元困境”。其实，以笔者之见，两岸问题的最后解决还是取决两岸自己，两岸当局只要始终坚持“九二共识，反对台独”，坚持“先易后难、先经后政、把握节奏、循序渐进”的政策，

① Doug Bandow, *Squaring the U. S.*, *China*, *Taiwan Triangle*, The Japan Times, August 24, 2011.

坦言之，美国的两岸政策还真的那么重要？以往三年的两岸交流与和平稳定发展已经证明了这一点，如果再让马政府坚持 4 年、8 年、10 年甚至更长呢？这或许还是帮助美国的两岸政策摆脱“三元困境”的最好办法。

美国的南亚战略与中印关系

赵干城*

【内容提要】美军击毙拉登对南亚安全形势产生重大影响，美国及盟国即将从阿富汗撤军给本地区安全结构带来新的变数，其中阿富汗—巴基斯坦局势的演变固然有决定性意义，但地区其他大国，特别是中国和印度的地位与作用，可能有着更为关键的意义，并且地区形势的发展客观上可能也为中印提供了新的合作契机，为最终在本地区建立“亚洲人管理亚洲事务”模式提供新的动力。

2011 年是奥巴马政府推行新的南亚战略的关键一年。从美国的观点来看，南亚之所以重要是因为反恐是美国的头号战略目标，但奥巴马政府上台后谋求一系列改变，美国选民也希望看到与小布什政府时期不同的战略，其中显然包括了反恐这一领域。对奥巴马来说，要实现其在上次大选所许的承诺，恐怕阿富汗是绕不过的一关，也是外界可能赖以评判其新战略的关键。在这个重要的时刻，美国军方果然不负当局的希望，于 5 月 1 日给华盛顿带来了击毙本·拉

* 赵干城，上海国际问题研究院南亚中心主任，研究员。

登的好消息。在该消息的地缘政治效应扩散之际，奥巴马宣布了美军从阿富汗开始撤军，初步勾勒出美国的阿富巴战略。本文拟从此点切入，进而讨论中国和印度这两个本地区的大国在维护地区稳定方面开展合作的前景。

一、拉登之死与美国的策略调整

奥巴马政府的阿富巴战略是反恐战略的一个构件。在小布什政府将全球范围的反恐视为美国主要战略重心后，美国连续发动两场战争，已经耗上了持久的时间和投入。两场战争的实际结果虽然因立场不一而可能导致不同的评价，但没有人认为美国在这两个战场上获得了终结性的胜利，相反这种胜利已经被视为不切实际的目标。奥巴马的“求变”策略正是这种形势下的产物，并认定从打击恐怖主义的角度，阿富汗—巴基斯坦地区的“基地”组织应是打击的重点。相比之下，美国应尽早结束在伊拉克的行动，转而投入阿富汗，为早日结束这两场战争做准备。由于这个原因，在 2008 年的总统大选中，阿富巴问题成为候选人竞选辩论中唯一的外交议题，可见这项战略调整在奥巴马政府的外交政策中必定有比较重要的地位。

作为这项策略的重要成果，击毙拉登显然成为一个具有指标性意义的行动。自从奥巴马 2009 年 12 月 1 日在西点军校宣布向阿富汗增兵 3 万以来，美国的南亚战略下一步究竟如何走是国际社会关注的焦点，而奥巴马设下的撤军日期也为阿富汗问题的解决方案增加了时间压力和紧迫性因素。美国新增军队进入阿富汗以后使在阿美军增加到了 10 万，加上美国的盟国也贡献了 1 万以上的新增兵力，联军在优势兵力的鼓舞下发动了一系列军事行动，取得部分阶段性的胜利，但离奥巴马及国际社会普遍认定的解决标准还是有相当距离，即联军将维持阿富汗安全和稳定的责任移交给阿富汗军队和警察，以便为美国和其盟国下一步行动提供空间。美国大量使用无人机的战术将打击的目标定在消灭“基地”组织和塔利班的首领，并在地面上发动一些新的进攻性战役，但美国仍然极其需要有象征意义的胜利。击毙拉登可以说是在一个适当的时候出现的适当案例，可用以证明奥巴马政府新的阿富巴战略在顺利运作。但这项战略的成功与否最终还是要看奥巴马能否完成他在竞选时许下的承诺，即结束上届政府发动的这两场战争，将美军从伊拉克和阿富汗撤回。6月23日，奥巴马在白宫宣布了他在阿富巴问题上的重大战略决定。美国将从7月开始逐步从该地区撤军，至2012年夏季完成3.3万美军的撤离。该消息宣布后在世界范围内引起反响。论者多将其与1个多月前在巴击毙拉登的事件联系在一起，而事实上这位总统在撤军的演讲中也确实将两者做了一定联系。美国认为这些都是美国领导的反恐战争取得重大进展的标志，美国的阿富巴战略是在有利的条件下做出了调整。这个乐观的基调在分析人士中引起不同的回应，例如《华尔街日报》当天发表的评论就认为“奥巴马的演讲令人鼓舞，并可以改善他在国内的政治支持率”，但“福克斯电视台”的新闻评论员却认为“奥巴马此举显示他并未从此前的错误中吸取教训，而是走向了另一面。他现在给美国结束阿富汗战争设立了一个不现实的时间框架”。[①] 这些意见不一的评论反映了奥巴马政府的阿富巴战略在美国国内远未取得共识的现实，在国际上自然也产生了不同的看法。另一方面，美国决意要从阿富汗撤出相当一部分军队，这其中所包含的意义却一定会对本地区的安全结构产生影响。

奥巴马的阿富巴战略首先产生的地缘政治效应是在巴基斯坦。美国无视巴的主权、未加警告在巴境内击毙拉登，以及奥巴马谴责

① “世界主流媒体点评奥巴马宣布从阿富汗撤军”转引自《新京报》2011年6月24日。

在巴有“支持拉登的网络”并声称要进一步调查，这些事态令巴局势陷入动荡，巴公众则对他们的政府与美国长期合作反恐竟然得到这种结果深感愤怒。很多分析都认为击毙拉登将损害美国与巴基斯坦现有的合作关系，而且必定会导致“基地”组织首先在巴基斯坦实施报复性的攻击行动。因此巴政府面临的是一个两面受到攻击的状况，将迫使巴政府和军方采取反击行动，这又可能使华盛顿更不信任巴。美巴关系因拉登之死而趋于恶化。形势的这种发展实际上非常不利于美国接着必定要出台的阿富汗策略，因为很显然击毙拉登是为更重要目标服务的，如奥巴马不能实现其结束阿富汗战争的承诺，则击毙拉登的政治效应按美国竞选政治的规律将很快消退，这个反恐胜利恐怕不会太有助于他连任，结束战争或基本结束战争则都可以取得完全不同的效应，但后者却和巴形势密切相关。如美巴关系严重恶化，白宫的阿富汗策略将面临难产。基于这个考量，参院外委会主席约翰·克里和国务卿希拉里·克林顿接踵访巴，力图缓和局势，但裂痕已然形成，要完全消除也难。巴政府对美国的行为将做何反应还存在一定变数，但在所谓“后拉登时代”巴基斯坦的相关政策将朝着更为战略自主的方向发展，这应该是比较明确的。

阿富汗政府对拉登之死做的反应比较微妙。除了对美表示支持外，阿政府事实上加快了与塔利班谈判的步伐，并向外界公布了美方不但知晓而且也参与的事实，这透露了美国阿富巴策略的演进方向，美将利用击毙拉登的有利形势谋求阿富汗问题的最终解决。但从种种迹象来看，最终方案在华盛顿仍存在争辩，无论是两党还是军方与行政当局之间都存在不同看法，奥巴马的首批撤军 3.3 万的决定正是在这样的背景下做出的，如何解读其中的含义见仁见智，似乎还不能得出美国和其盟国将完全从阿退出的结论，但美国的初步撤军方案与美国与塔利班的接触预示着美国也许希望在人量军事行动之后逐步达成政治解决，为最终向阿富汗政府移交维护稳定和治安任务奠定基础。虽然华盛顿尚未公布美国的战略意图，但其盟国已经在奥巴马宣布撤军后纷纷宣布了各自的退出方案，其中包含的共同点基本都是要求阿富汗政府负责这个国家的安全与稳定，并为此设置了各自的退出时间表。可见西方在阿富汗问题上的策略是朝着某种脱离的方案发展的，虽然脱离的程度究竟有多大还是要看美国的选择。在这个背景下，阿富汗政府谋求政治解决的决心是显而易见的。卡尔扎伊政府在拉登被击毙后美国的相关策略调整中将居相对更重要的地位，以当前形势的发展而言，美国就算是以前曾经有过在喀布尔“换将”的想法，在目前的时间压力下，诸如此类的计划也只能束之高阁，代之以能够取得看得见效果的手段，因为下届总统的选举在华盛顿已经拉开帷幕，再者美国恐怕一时也难以找到更好的代理人。

综上所述，美国借击毙拉登的有利形势，在完成从伊拉克的撤军后，将其在南亚地区的存在提上了议事日程。美国的行动将在本地区创造一个新的局面，与其他大国的利益息息相关，也与本地区未来的和平与稳定有密切的联系。巴基斯坦总统扎尔达里在拉登被击毙后对俄罗斯的访问就表明了新的战略形势呼之欲出，需要有关各方未雨绸缪，做好预案，以应对充满变数的南亚地区安全前景。

二、美国策略对周边地区大国的影响

美国在阿富汗的举措所产生的影响以及可能取得何种结果是和巴基斯坦局势的发展联系在一起的，中国和印度在美国看来究竟是否系“利益攸关方”可能还无定论。但中国和印度是本地区最重要的大国，两国是否系“利益攸关方”主要由两国自己的看法所决定，美国如何看并不重要。比较而言，印度与阿富汗并不接壤，因而还不是紧邻，但印度对阿富汗的关注和投入是巨大的，自美国发动阿富汗战争以来，印度成为美国领导的联军以外对阿富汗援助最大的国家之一，是阿富汗重建进程的一支重要力量，据统计，迄今印度向阿富汗投资已逾 20 亿美元，[①] 主要集中于大型基础建设项目，如热电厂、变电站、大型水利工程、高速公路、乃至议会大楼等。根据常识判断，这类大型基础建设项目通常是由政府来主持的，私营部门一般不大可能在形势仍不稳定的情况下冒险投资，说明印度政府对阿富汗问题的高度关注，是从战略角度出发的，同样，印度在阿富汗这样一个小国同时运行着 4 个领事馆和 1 个大使馆，应该也是出于类似的考虑。印度虽然并不派遣任何军队进入阿富汗，但对阿富汗事务从经济和政治两方面都有极大的投入，用印度外交部网站上的正式用语来说，印度之所以关注阿富汗是因为“印度与阿富汗有着悠久的历史传统关系，阿富汗的恐怖主义势力对印度构成了严重威胁，印度全力支持国际社会打击恐怖主义的努力”。[②] 看来印度将其对阿富汗的关注与反恐联系在一起，尽管这个看法在巴基斯坦有很大争议，后者认为印度在阿富汗的意图有更深远的战略目的，主要是针对巴基斯坦的，旨在利用阿富汗与巴的漫长边境向巴施加压力。这种看法在伊斯兰堡有很高接受度，使阿富巴地区的前景面临新的变数。一个很现实的问题是如果美国为首的盟军撤离阿富汗，是否会导致印度和巴基斯坦在阿富汗展开新的对峙?

印度对美国撤离阿富汗持谨慎的观望态度，但对拉登被击毙后的阿富汗形势有预期。5 月 12—13 日，印度总理曼·辛格对阿富汗进行了一次事先未经宣布的突然访问。由于这次访问距拉登死后不

---

① 《人民日报“印度欲拿阿富汗铁矿开采大单：既想满足本国内需，又图盖过巴基斯坦影响力”》，2011 年 8 月 3 日。

② 印度外交部网站：http://meaindia.nic.in/mystart.php? id=2701。

久，分析人士普遍认为印度已经在为阿富汗未来局势做准备，即如辛格总理所强调的，印度在政治上支持卡尔扎伊政府维护和平与稳定，经济上将继续加大投入，包括给予阿富汗另外5亿美元的援助，以及鼓励印度私营部门对阿投资，在反恐领域，印度强调和阿富汗的共同利益是继续打击恐怖组织。[①] 印度总理在公开场合避免提及印度是否赞成阿富汗政府与塔利班和解的努力，但大部分分析家都同意，印度事实上是反对可能给予塔利班任何机会的行动的。就印度的战略利益而言，与塔利班和解将扩大巴基斯坦的影响，这似乎并不符合印度的需要。但印度的这个战略思考有一个问题需要回答：如果印度希望阿富汗在美国撤出后继续保持和平与稳定，又如何可能排斥巴的影响和作用？换言之，没有巴的全力参与和合作，阿富汗的局势即使不是全面反转，至少也不可能获得可持续的稳定。而印度如果确实希望在美国撤出后的阿富汗发挥作用，保持该地区的稳定恐怕是符合印度利益的。也许是这个因素，6月印度和巴基斯坦的外交秘书在伊斯兰堡举行了工作会谈，并且在7月继续升级为两国外长在新德里的正式会谈。尽管两国仍未真正解决2008年孟买恐怖袭击案的某些核心问题，但两国显然在拉登击毙和美国的新动向产生后已经意识到有必要讨论更重要的安全问题：如何面对阿富汗变局？

阿富汗形势对本地区另一个大国中国的影响可能更具直接的意义。与印度不同，中国的新疆地区与印巴阿三国都接壤，而新疆也是中国国内恐怖势力与境外极端主义最为密集交接的地区，例如在该地区的喀什与和田连续发生的恐怖骚乱事件，根据中国警方的调查，是和“东突”组织设在巴基斯坦的恐怖分子训练营地联系在一起的。这些恐怖分子在进入中国境内从事破坏活动之前曾受训于设

① “印度总理辛格造访印度，战略布局重在反恐安全”，《广州日报》大洋网（http：//www.dayoo.com/）2011年5月13日。

在巴基斯坦的营地。① 虽然中国并不参与美国领导的反恐战争，但美国的所作所为客观上将给中国的国家安全带来重大的影响，如何评估这种影响以及中国应该如何应对已经在中国学界引起积极的讨论。有论者以为美国撤出后留下的“阿富汗残局将中国的作用提上议事日程，因为中国既是阿富汗的邻国，也是新兴大国，有理由关注美国留下的摊子，尽管现实主义者会认为，中国支持美国结束阿富汗战争的努力应该是中美更宏观的讨价还价的一部分”。② 美国是否会接受与中国就这个问题讨价还价暂搁一边，令人关注的是阿富汗局势演变的潜在影响。

从中国的角度看，阿富汗和巴基斯坦的稳定与和平是至关重要的，理由至少有三点。首先他们都是伊斯兰国家，与中国的穆斯林主要聚集区山水相连，如果那里战火连天，中国的新疆地区也不可能独善其身，更不用说实行战略性的经济大开发。其次，中国境内的主要极端势力组织自冷战结束后就一直视这两个国家为他们的活动基地，美国发动的反恐战争打击的首要目标虽然是“基地”组织和塔利班，但客观上也限制和打击了以“东突”组织为代表的中国境内恐怖组织的活动能力，因此防止国际恐怖势力在这两个国家的大规模复苏是符合中国的利益的。再者，阿富汗和巴基斯坦的稳定与和平是中国在南亚地区推行睦邻友好政策的基础，也是中国稳定南亚周边的关键。美国及其盟国从阿富汗退出，也在相当程度上意味着从南亚地区退出，可能会导致再次产生后冷战初期的南亚局面：当年苏联从阿富汗退出后，随着冷战的结束和苏联的解体，美国对南亚地区的兴趣急剧下降，战略目标几乎缩减为防止大规模杀伤性

---

① “新疆暴力事件真相”，人民网（http：//society.people.com.cn/GB/15199362.html）。2011年7月20日；“喀什恐怖嫌疑犯曾在巴基斯坦受训”，喀什政府网站（http：//www.xjks.gov.cn/），2011年8月2日。

② 朱锋：“中国与阿富汗残局”，《联合早报》网（http：//www.zaobao.com/yl/tx110804_001.shtml）。

武器扩散一节，说得更明白一点，美国当时的目标主要就是防止印巴开发核武器。这个目标最后以失败告终，但这仍然没有导致美国对南亚地区的地缘政治兴趣上升，直到“9·11”事件爆发。虽然历史并不会完全重演，但奥巴马上台前后对该地区发表的一系列言论指向美国的新的亚洲战略，其中南亚的地位和作用都含糊不清，与小布什政府的“大中东计划”简直有天壤之别，甚至小布什政府时期奠定的美印关系都可能有一定的变数。这个战略性变化应予以关注和研究，特别是对中国的影响。

从历史的经验来看，超级大国退出本地区可能会伴随着地区形势产生新的震荡。以阿富汗局势而言，卡尔扎伊政府及其背后的美国如果能与塔利班达成可持续的和解协议，则对该地区的稳定是有利的。但这种前景的几率究竟有多大，现在完全看不出。美国自2009年增兵3万以来采取的军事行动是否足以奠定阿富汗安全形势的稳定基础也是难以判断的问题。由此可以推断，美国撤离阿富汗仍然存在两种可能，一是如奥巴马所期望的完全撤离，将维护安全与和平的任务转交于阿富汗政府，另一是美国做部分撤离，但仍在阿富汗保持相当程度的军事存在，包括现有的军事基地，以防止极端主义势力在喀布尔卷土重来，同时也便于控制中亚和东亚间的枢纽。这两种可能的前景都显示了未来的阿富汗—巴基斯坦地区存在着多种变数，对有关的地区大国将产生政策和行为上的重要影响，中国和印度可能是首当其要者。这对中印关系意味着什么呢?

三、中印在本地区的合作前景

中印关系包含诸多层面，其中在南亚地区进行合作应当说是前景并不被看好的一个方面。由于中国并非南亚国家，而印度是南亚居主导地位的国家，因此从地缘政治的利益竞争角度确实不易在南亚打造中印合作关系。一直以来，印度对中国在南亚的影响和存在都取警惕的态度，巴基斯坦因素不用说，就算是和中印都保持友好关系的其他南亚国家，印度也对所谓中国扩大影响的行为持防范的心态，例如中国与尼泊尔、孟加拉、斯里兰卡等国的合作，印度都有担忧，这从印度的媒体和学界的观点中可以很容易发现。“9·11”事件以后，美国领导的西方国家对南亚的关注骤然加大，美国对阿富汗发动的战争更是持续10多年没有最终结果。随着美国相关策略的调整和南亚安全形势产生的新的变数，南亚地区安全形势似乎不容乐观。这对中印都是挑战，因为动荡的南亚不符合两国的利益。这里有几个因素应可促进中国与印度在美国撤离阿富汗后就南亚地区局势展开新的合作。

第一，中印对美国领导的反恐战争都没有直接加入，对西方与伊斯兰世界的冲突和西方某些看法持严重的保留态度。“9·11”事件以后，西方舆论把对抗的矛头指向伊斯兰世界，小布什政府连续发动的两场战争在广大伊斯兰世界是不得人心的。中印同为发展中国家，对这个矛盾持谨慎的态度，从原则上说，两国也万难赞同把矛头针对伊斯兰世界的做法。虽然美国为首的西方很快改变了这种带有严重意识形态冲突的说法，但事实是美国发动的这两场战争的被攻击对象都是伊斯兰国家，因此对中印两国的外交政策来说，支持国际社会反对国际恐怖主义的努力，这并无问题，但是否一定具体到支持美国领导的联军在伊拉克和阿富汗的战争，则可存疑，事实上对西方利用反恐推行的如此霸权主义的行为，两国都是难以接受的。

第二，中印两国一向主张地区事务应由地区内的相关各方共同协商解决，不同意外部势力利用各种借口对地区事务的干涉。印度对这个问题有着特别的敏感，反对外部势力进入南亚，最典型者如克什米尔争端，印度早在第三次印巴战争结束后举行的“西姆拉会议”及与巴达成的协定就已明确声明印巴争端必须由两国自行解决，不需要任何第三方介入。在阿富汗问题上，虽然美国打的反恐旗号使大部分国家不便于公开反对，特别是美国在开始反恐战争以后，逐步加大调整对印度的政策，使印度在美国等外部势力介入南亚事务方面更多地采取了不争辩的政策，但印度地区政策的实质并没有改变。这个情况和当年苏联入侵阿富汗后印度的表态有相同之处，当时印度已经和苏联签订友好合作条约，难以公开批评苏联的政策，但印度同样也没有公开支持苏联的入侵。对印度的反对外部势力进入南亚的政策有着各种解读，但印度反对的基本立场是清楚的。中国对美国领导的西方联军大规模进入阿富汗也持相当的异议，尽管中国的官方立场是支持反恐。这从中国学界对美国在本地区进行长达 10 年的军事行动均持的批评态度中可以清楚地看出。此外，阿富汗作为与中国陆地接壤的邻国，长期驻有大量北约成员国的军队，这客观上对中国的国家安全也是潜在的不稳定因素。至于美国对巴基斯坦所采取的重压政策，包括在击毙拉登行动中及以后美国的行为，中国的媒体都予以尖锐的批评。中印尽管在南亚地区问题上未必意见都一致，但在反对地区外势力介入本地区事务甚至强行推行西方的政治模式和价值，是持严重保留态度的。

第三，美国及盟国在阿富汗久战不决，对本地区产生的负面影响是中印两国共同感受的一个因素。阿富汗局势的剧烈波动以及巴基斯坦国内不断产生的极端势力活动，给本地区的安全局势带来巨大的影响，印度固然认为从阿富汗扩散到巴基斯坦的国际恐怖组织是印度在 21 世纪头 10 年遭受各类恐怖袭击的源头，中国事实上也是在南亚越演越烈的恐怖活动的受害者，包括“东突”组织在阿巴地区设置的训练营和他们不断加剧的在中国境内的活动对中国边疆地区的稳定造成的损害。国际恐怖势力的发展趋势仍在扩大，成为美国领导的反恐战争的一个消极后果，承受这种后果的不但有美国及联军在阿富汗的损兵折将，也包括中印等并不参与美国领导的反恐战争的国家。从这个角度看，中国和印度恐怕也将继续承受美国退出阿富汗以后所产生的各种后果。

综上所述，本文的结论是美国在南亚进行的反恐战争给中印关系带来一些新的因素，这些因素从本文的立论角度看虽然是负面的，但却将使中印关系在南亚地区问题上有新的合作前景，因为有几个关键条件可以帮助中印在阿巴地区探讨有利于双方的协调合作。首先是中国与该地区最重要的核心国家巴基斯坦有着良好的双边关系，可以坦诚讨论任何重要的问题，而且中国支持巴基斯坦政府维护主权和独立的政策在伊斯兰堡从未受到质疑，这是中国在美国及西方盟国退出阿富汗以后可发挥积极作用的有利因素。其次，印度与阿富汗政府在过去 10 年中通过各种援助项目已经建立了相对牢固的合作关系，使印度有可能在“后拉登时代”的阿富汗问题上有较大的话语权。第三，印巴关系的和解进程在拉登死后已有一定进展，两国外长 7 月在新德里的正式会晤将进一步促进双方朝着有利于地区稳定和双边谈判的方向发展，相信印巴和解的进程将越来越密切地与本地区安全局势联系在一起，阿富汗无疑是重要的议程。中国秉承支持地区稳定的立场，将继续积极支持印巴和平进程。基于上述，中印作为本地区最重要的大国，也是阿巴地区安全局势的重要“利益攸关方”，可以在美国及西方联军退出阿富汗之前进行必要的沟通，在此基础上发挥中国与巴基斯坦“全天候关系”的积极作用，使中印巴共同致力于维护本地区安全局势，使之不至于在美国退出后大幅度恶化，甚至在三方的共同努力下，也完全有理由期望促进阿富汗的稳定与独立，进而在本地区建立“亚洲人管理亚洲事务”的新模式，这说到底也是对国际反恐进程的贡献。

美国国家安全太空战略报告

孙崇文[*]翻译　夏立平[**]校对

【内容提要】2011年1月，美国国防部和国家情报总监出台《国家安全太空战略》报告，从战略环境、战略目标、战略途径和实施等方面详细阐述了奥巴马政府的太空战略，强调太空发展可以塑造美国新的领导力。本文为该报告非机密版本的中文译文。

在过去的50年中，美国在太空活动领域的领导地位刺激了全球经济，提升了美国国家安全，巩固了国家间关系，提升了科学探索水平并改善了我们的生活方式。

太空力量为美国和我们的盟友在国家决策、军事行动和国土安全等方面带来了前所未有的优势。太空系统通过对全球挑战迅速而恰当的回应给予国家安全决策者无所羁绊的全球途径，并带来决策优势。此外，太空系统对于战略和军事发展的监控、协议监控的支持与军备控制的核查都是至关重要的。太空系统同样在我们应对自

* 孙崇文，同济大学政治与国际关系学院国际政治专业硕士研究生。

** 夏立平，同济大学政治与国际关系学院院长、教授、博士生导师。

然与人为灾难、长期环境趋势监测方面不可或缺。太空系统可以让全世界范围内的公众和政府在视野上清晰、交流上无碍、导航上精确、运作上稳定。

保持太空赋予美国的好处是事关美国国家安全的中心任务，而战略环境的不断演变对美国太空优势带来日益增多的挑战。太空这一不为任何国家拥有却被所有国家依赖的疆域，正在变得越来越拥挤、越来越受争议、越来越容易引发竞争。但是这些挑战也为美国带来了赢得领导权和开拓伙伴关系的机遇。美国在 20 世纪帮助促进了太空安全，我们将会以此为基础在 21 世纪迎接机遇、化解挑战。

这份《国家安全太空战略》为美国在未来十年应对现有和预料中的太空战略环境做出规划。充分利用不断涌现的机遇将会加强美国国家安全的太空态势，同时维持并扩大美国从太空获取的优势。

我们的战略需要一种活跃的美国领导力，更新、平衡并整合美国国力一切手段的方法将使这种领导力成为可能。美国国防部与美国情报体系协同其他政府部门和机构，将利用这份战略影响规划、编程、获取、运作、分析，确保战略的实施。

美国国防部长：罗伯特·盖茨

国家情报总监：詹姆斯·克莱珀

一、战略环境

太空对于美国的国家安全，理解正在出现的威胁，在全球范围内部署力量，实施具体运作，支持外交行动和确保全球经济生存力等方面举足轻重。时下，越来越多的国家和非国家行为体意识到这种好处，并寻求发展它们自己的太空或反太空能力，因此我们在太空领域正面临着新的机遇和挑战。

现在和未来的战略环境被三个趋势所主导——太空正在变得越来越拥挤、对太空轨道的争夺越来越激烈、在太空科技方面越来越面临竞争。

太空正在变得越来越拥挤。持续增多的全球性太空活动以及中国毁灭性的反卫星武器系统（ASAT）试验使得空间重要区域更加拥挤。美国国防部追踪到大约 2.2 万个在轨人造物体，其中 1100 个是活跃卫星。此外还可能有多达数十万的微小残片是现有设备无法追踪到的。但是这些微小残片却可以损毁在轨卫星。

如今的太空环境不像太空时代早期，那时只有少数几个国家涉及空间拥挤这一问题。现在，大约有 60 个国家和财团拥有并运作卫星，另外还有数目众多的商业、学术卫星运营方。这种拥挤的现状伴随着实际应用、结构缺陷、涉及空间系统的事故、可产生残片的不负责任的毁灭性反卫星武器试验和使用等带来的副作用，正在使那些想要从太空得到好处的人们进行太空活动面临更加复杂的局面。

2009 年俄罗斯政府“宇宙号”（宇宙－2251，当时已报废——译者注）卫星与美国的商用卫星“铱”星相撞事件更凸显了不断恶化的拥挤性。那次相撞造成了大约 1500 块可追踪的太空垃圾，而中国在 2007 年进行的反卫星武器试验已在太空中制造了 3000 余块太空垃圾。上述两起事件使记录在案的太空垃圾骤然增多。

另一个正在变得拥挤的领域是无线电频谱。无线电频谱作为对世界范围内卫星服务的支撑，其需求增长速度必定会像卫星服务和卫星设备的增长那样迅猛。至 2015 年，预计将有多达 9000 台卫星通讯转发设备运行于轨道。随着对频带宽需求的增多以及越来越多的转发设备投入运行，无线电频谱干扰的可能越来越大，试图将这种干扰降到最低水平的国际进程也将面临更大的压力。

在所有的太空轨道上的争夺正越来越激烈。如今太空系统及其支持性基础设施面临着一系列人为威胁，这些威胁可能会削弱、侵害、欺骗、干扰或者损毁太空资产。潜在的对手正在寻求利用这些已经被意识到的空间脆弱性。在未来的十几年里，随着越来越多的国家和非国家行为体发展反太空能力，对美国太空系统的威胁以及对空间环境稳定性和安全性的挑战将会增加。针对太空系统的不负责任行为可能会造成超出太空领域的影响，从而扰乱民用和商用部门所倚靠的全球性空间服务。

太空科技方面越来越面临竞争。尽管美国在太空能力方面仍保持着总体优势，但美国的竞争优势由于市场进入门槛的降低而有所削减。在其他国家的专业技术有所进步的同时，美国在很多领域中的技术优势正在减弱。太空技术的国际性发展和外国零部件的供应能力的普遍增长使美国进行出口控制的评估更加重要，以保证美国太空工业基础的竞争力，同时协调国家安全需求。

美国供应商，尤其是处于二流和三流层次的供应商的处境，由于不稳定的采购行为和生产率、长发展周期、一流总承包商压制下的兼并活动以及更具竞争力的国外市场而岌岌可危。专门供货商的减少进一步对美国获取关键技术、避免过分的依赖性、激发创新和维持领导优势等形成威胁。上述这些问题因技术劳动力的征召、发展和保持等方面的挑战而更加复杂。

二、战略目标

为了执行《国家太空政策》，我们的《国家安全太空战略》寻求继续维持并提升由我们在太空所进行的活动以及我们的太空力量所带来的国家安全利益，同时协调并塑造战略环境、巩固太空事业的基础。美国国防部和情报体系将会继续依靠太空系统进行军事行动、情报搜集和其他相关活动；必须要确保对太空能力的利用权。在延续美国太空领域优势的同时，我们必须应对在拥挤的、相互争夺的、竞争性强的太空环境中不断发生的挑战。

我们的战略来源于《国家太空政策》的原则与目标，建构自《国家安全战略》规划的战略途径。在此特别指出，我们的国家安全太空目标是：

1. 强化在太空中的运行安全、稳定性和战略安全；

2. 维持并提升由太空赋予美国的战略性国家安全优势；

3. 鼓励支撑美国国家安全的太空工业基础。

我们寻求一个运行安全的太空环境，在那里所有人都可以在最小的事故风险、崩溃风险和故意干扰的风险下进行活动。我们寻求一个稳定的太空环境，在那里国家扮演着太空领域中共同承担负责任的管理者角色并遵循行为规范。我们寻求一个战略安全的太空环境，在那里负责任的国家可以在利用太空、从太空行动中获取利益的同时不必运用他们固有的自卫权。

我们寻求保证国家安全对太空的利用以及太空力量在和平、危机、冲突时的运用。我们寻求满足国家领导人、情报机关和军事人士的需求，不论太空环境的恶化或发生针对某个系统或卫星的攻击。提升这些利益要求我们改善国家安全太空事业的基础活动——包括我们的系统、我们的采购进程、我们的工业基础、我们的技术创新，以及我们的太空专业技术人员队伍。

具有弹性和灵活性、健康发展的太空工业基础必定会巩固我们所有的太空活动。我们寻求培养太空工业基础，这一基础包含可以带来创新技术的熟练技术人员以及可以发挥我们竞争优势的系统。我们太空系统的开发者、运作者和分析者必须提供、使用并维持 21 世纪国家安全所需的太空能力。

三、战略途径

国家安全太空战略利用国家力量的所有要素，要求美国在太空拥有活跃的领导力。美国将会寻求一系列相互关联的战略途径来达到我们的国家安全太空目标：

1. 推动负责任的、和平的、安全的太空利用；

2. 提供改进的美国太空能力；

3. 与负责任的国家、国际组织和商业公司建立伙伴关系；

4. 防止并慑止对为美国国家安全提供保障的太空设施发动的侵犯；

5. 准备好击退攻击并在安全状况不佳的环境下运作。

（一）推动负责任的、和平的、安全的太空利用

如《国家太空政策》所指示，美国将会推动负责任的、和平的、安全的太空利用，并将此作为应对拥挤的和相互竞争的太空领域的根本步骤，确保我们的其他战略途径。我们将会鼓励盟国、伙伴和其他行为体做同样的事情。当越来越多的国家、国际组织和商业公司使用或希望使用太空潜力时，他们在太空负责任的、和平的、安全的行动就显得越来越重要。同时，美国也要以同样的意图缓解他们的担忧。我们将会鼓励在太空的负责任的行为并且以自身榜样领导他国。此外，美国的外交参与将会提升我们与盟国和伙伴开展合作、在所有开发太空的国家中寻求共同点的能力。

美国将会支持数据标准、最佳实践、透明度、建立互信措施、负责任的太空行动准则等方面的发展。我们将会考虑有关军备控制

措施的提议和概念，如果这些提议和概念是平等的、有效的、能提升美国及其盟国国家安全的。我们相信设立可行的太空安全活动指南可以协助避免冲突和其他产生太空垃圾的事件发生，减少无线电频谱干扰，并推进太空领域的安全与稳定——这些符合一切国家的利益。

太空飞行项目的信息共享必须得到改善以促进全球太空飞行安全，协助避免误会、误解和不信任。美国是太空态势感知（SSA）项目的领导者，可以利用 SSA 的知识来促进 SSA 成员的合作关系、支持安全的太空运作、保护美国及其盟友的太空力量和太空行动。

美国国防部将会继续改善所获取的 SSA 信息的数量和质量，拓展为美国政府部门、其他国家和商业公司提供的安全飞行预防措施。美国国防部将会鼓励其他太空运作者共享他们的太空飞行安全数据。美国国防部将与其他政府部门协调，寻求与其他国家和商业公司在维护和改进太空物体数据库，实行共同的国际数据标准和数据整合措施，提供服务和发布轨道跟踪信息，包括太空物体相遇的预报等方面达成一致，来提升所有方面的太空飞行安全。

（二）提供改进的美国太空能力

美国太空能力将会继续作为国家安全的基础。美国国防部和情报体系将会鉴别、改善、优先处理对于能够带来最大优势的力量的投资。我们将会发展、获取、保护、运作、维持太空潜力，以向从士兵到国家决策者的不同用户提供及时、准确的太空服务。我们将会提升现有国家安全体系的协同性和兼容性，跨越运作领域和任务区间，使国家安全架构的效率最大化；我们将会确保这些特性成为未来体系的一部分。我们将会保证数据收集和相关产品以尽可能简约的分类进行发布，以便使它们在用户群体中发挥最大的效用。

确保以一种及时、可靠、可控的方式发展并保护美国的力量对于依靠时效性与准确性信息工作的国家决策者，对于计划并执行高效行动的军事力量，对于依靠及时指令与预警保障上述人士工作的情报体系来说，都至关重要。改进我们的探索进程、鼓励美国太空工业发展、提升技术革新以及精心培养太空专业人才对于维持美国太空领导地位是重要的保证。

在与我们的工业基础伙伴的合作中，美国国防部和情报体系将会使现有措施重新生效并在可行之处实行新的举措，以便更高效的稳定项目探测、改进我们的太空探索进程。我们将会通过改善需求管理来减少程序性风险。我们将会运用已被证实的最好的系统工程、任务保障、合同订立、技术成熟化、成本估算和财务管理等办法来改进系统探索，减少任务失败的风险、增加我们的太空系统发射与运作成功率。

在任务允许的情况下，我们将会把主要探索项目的规划、编程、执行与其他国防部和情报体系的流程同步化，改进我们的探索系统和工业基础的效率和总体性能。美国国防部和情报体系将会评估替代流程的需求与分析，确保将大量可负担的解决方法纳入考虑范围，并鉴别对可能做出的调整的需求。需求流程必须产生物质与非物质解决方法的组合。实际成本和进度估算必须要对总统年度预算申请产生影响。人力资源流程必须要为成功的执行提供正确的人选。

我们寻求培养一个充满活力、富有竞争力、灵活、健康的美国太空工业基础，及时并符合财政预算地提供可靠的太空力量。美国国防部和情报体系与民用空间部门合作，将会更好的进行跨职权投资管理以确保工业基础维持关键技术和技能，产出我们所需要的系统。另外，我们将会继续探索发展周期更短的力量组合以最小化延迟、削减成本增长、并确保更迅捷的技术成熟化、革新化和开发利用。

激励美国太空工业基础的一个关键方面是改革美国出口管制以协调技术安全和全球竞争。由于可以帮助慑止别国非法获取和运用对于我国国家安全相当重要的材料、技术和技能，出口管制对国家安全利益有着长远影响。但是出口管制同样也影响了工业基础的健康与繁荣，对于处于二流和三流层次的供应商尤其如此。改革出口管制将会使美国公司有能力在国际市场上竞争，凭借一种成为或即将成为全球均可获取的能力成为优质供应商，同时强化我们保护美国最关键技术优势的能力。尤其要指出，在国际合作新契机出现时，修订后的出口管制体系将会更好的确保国内公司竞标合同。修订后的出口管制政策将会协调美国公司出口在全球市场中已有的太空相关设备的能力，并同美国政策与国际承诺相一致。

我们将会继续寻求、适用并升级在太空中给予美国战略优势的独有技术、创新型开发技术和多种设备。美国寻求保持并改进获取对于国家安全太空系统所需的全球和国内技术的能力。我们将与学术团体、工业界、美国及其盟国政府、任务用户以及其他先进创新技术核心组织建立技术伙伴关系，同时与美国政策、技术转型目标和国际承诺相协调。为提高保障美国太空潜力的科学技术，我们将继续通过全球技术趋势寻找正在涌现的科技和潜在的技术突破。我们将探索在现有技术条件下的新应用并发展独有的、创新的技术和能力。我们将促进科学研究和技术发展的转型，使其面向操作用户与主要的系统性探索项目。在力所能及的范围内，我们也将把这些能力与技术的结合运用到合适的国内空间项目。

人力是我们最重要的资产。为支持一系列国家安全太空活动，我们将发展现有的以及未来的国家安全太空专业人才——我们的“空间骨干部队”（space cadre），他们能够获取能力、运作系统、分析情报，并在拥挤的、相互争夺的、竞争的环境中成功完成任务。我们将从军队、平民、合同方成员中建设一支更加多样化、更加平衡的力量。这些专业人才必须是接受过良好教育、有丰富经验、受过严格训练的，在各自的领域——不论是规划、编程、探索、制造、运作还是分析，都有着最高超的实践能力。

我们将继续鼓励各个层次的学生寻求掌握作为空间相关领域职业基础的技术课程。在与其他部门和政府机关协同工作的同时，我们将把科学、技术、工程、数学四位一体（STEM）教育与合理的教育投资相结合，确保具备实用技能与潜力的太空专业技术人才供应充足。我们将鼓励我们的太空专业人才参与STEM教育扩展和指导项目。

我们将继续发展严格规划的人才培养项目，扩大、追踪并维持我们的太空人才队伍，运用专门的教育和培训，有目的的利用我们的人才，为他们提供广泛的增长经验的机会。我们将通过培养、奖励、挽留科技专家和专业领袖进一步深化专业发展。我们将通过激发动力、创新、合作、应变和韧性来支持实干精神。随着国家安全太空重心的转移，我们将继续教育和培训适应新重点的人才力量。

（三）与负责任的国家、国际组织和商业公司建立伙伴关系

不断演变的战略环境为与负责任的国家、国际组织和商业公司建立伙伴关系提供了更多的机会。美国国防部和情报体系将继续与它们开展伙伴合作以强化跨任务领域的美国国家安全太空态势。这项举措包括寻求与美国政府民用空间部门在他们需要的伙伴关系下进行合作或协同工作的机遇。通过共享或交换能力、数据、服务、人力、运作项目和技术，我们得以确保从一系列更加多样的系统中获取情报和服务——这在相互争夺的太空环境中是一大优势。我们将推进适当的成本共负、风险共担的伙伴关系来发展和共享空间能力。有关伙伴关系的决策将与美国政策和国际承诺相协调，同时考虑成本以及对美国工业基础的资源、工序的保护和影响。

与其他国家建立伙伴关系对于确保无线电频谱和相关轨道任务的全球性获取途径以及推进负责任、和平、安全的外层空间利用都

是至关重要的。各国通过国际电信联盟（ITU）获得无线电频谱和卫星轨道的国际认可。向ITU登记备案卫星网络能够避免并且在必要时协调无线电干扰问题。

美国将在由在开发太空方面意向相似的国家组成的联盟中发挥领导作用，在恰当的情况下也会同国际机构协作以完成这一目标。同我们的盟友一道，我们将探索发展联合的太空学说，此学说应具备在危机和冲突中接受并确保太空力量合作共享的行为准则、目的和战略目标。我们将寻求扩大与关键伙伴的共同利益协定，以利用能够增强美国国家安全太空力量的现有和计划中的能力。我们将寻求将与伙伴国家更强的协同性、兼容性和整合度，融入美国国防部和情报体系以支持情报共享和共同努力，并将购买力和共同利益考虑在内。同时，美国军方和情报人士将会保证机密信息的适当审查和发布，增加伙伴国家对太空情报的获取。

我们将积极推动由美国发展的太空力量向伙伴国家的销售，并促进这些太空力量与现有的美国军方架构和网络的整合。鼓励国内工业界发展这样的体系也将确保美国工业基础的竞争力。

我们将会寻求把从太空获得的情报作为“全球性工具”与伙伴国家共享。我们将会提供特定的太空系统服务并通过伙伴合作关系提高服务水平，正如我们现在利用全球定位系统（GPS）所提供的定位、导航、精确计时等服务一样。我们将会继续分享太空态势感知（SSA）情报以推进负责的、安全的空间行动。我们也将寻求增强与其他空间服务的信息共享，比如导弹预警和海域领土感知（MDA）项目。我们可能还会寻求建立一项合作型导弹预警网络来探测针对美国及其盟国国家利益的攻击。

与商业公司建立的战略伙伴关系，将继续确保对于更加多样、活跃、分散的空间系统的利用并提供能发布的数据。我们将会在那些既能够稳定成本又可以改善我们所依赖的空间架构弹性的领域继续寻求与商业公司建立战略伙伴关系。我们将会以节约成本和时间的方式探求创新性途径，因其在满足政府工作效率的要求方面有实用性。我们将尽可能的依靠被证实可靠的商业力量，也会在更节约政府成本和时间的情况下调整商业力量以使其满足政府需求。我们只有在没有适合的、节约成本的商业替代品时，或者在国家安全需要的情况下才会发展空间系统。

（四）防止并慑止对为美国国家安全提供保障的太空设施发动的侵犯

鉴于美国对于空间系统以及国家安全支持性基础设施的依赖程度很深，我们必须运用多层次的途径来防止并慑止侵犯。我们寻求提高国家力量来劝阻和慑止反太空系统的发展、试验与运用，防止并慑止针对空间系统和美国国家安全支持性基础设施的侵犯。

本战略中很多基本要素为这一途径提供依据。我们将：支持旨在推进负责任的太空行为准则的外交努力；寻求支持限制潜在对手的国际伙伴；提高我们进行识别攻击的能力；加强架构恢复性能以削弱对手攻击效果；保留威慑措施失效后进行回击的权力。

美国国防部和情报体系将会支持外交人员和国务院的公共外交努力，以推动负责任的太空利用并劝阻威胁空间领域运行安全、稳定和战略安全的活动。我们也将与国务院和其他合适的美国政府部门合作，加强与其他开发太空的国家的联盟关系并寻求与商业公司和国际组织建立伙伴关系。

我们将改进我们的情报态势——包括预先感知、特征界定、预警、属性确定——以更好的监控并确定空间领域的活动性质。因此，太空态势感知（SSA）和基础情报机构将继续处于最优先地位，因为它们巩固了我们维持感知自然事故及他国力量、活动和意图的能力。我们也将培养并发展情报专业人员，使他们能够为情报体系提供视野开阔、具有深度以及质量更好的情报收集与分析。

我们将寻求改善节约成本的保护措施、加强架构恢复能力以削弱对手进攻的战略效果。与其他国家、商业公司和国际组织所建立的伙伴关系，加上美国政府的替代途径——比如跨领域解决方案、备用载荷、易控配件或其他创新性的解决方案等，均能够在我们的空间系统受到攻击时提供力量。这也将确保我们在安全状况不佳的太空环境下有能力运作。

最后，美国将保留威慑措施失效后进行自卫的权力和能力。我们将以与长期存在的国际法准则和美国参加的条约相协调的方式，运用我们的军力，维护固有的自卫权。

（五）做好打退攻击并在安全状况不佳的环境下运作的准备

我们相信避免太空战争符合所有开发太空的国家的利益。尽管如此，某些行为体仍信奉反太空行动带来的军事优势。我们的军事和情报能力必须要准备好在安全状况不佳的环境下奋力生存，并且击退针对我们太空系统和支持性基础设施的进犯。我们必须削弱并挫败敌方为达到他们目的所具备的能力。

在我们投入下一代太空力量建设并填补现存力量中的差距的同时，我们将把恢复能力作为衡量替代性架构的关键标准。恢复能力可以通过多种方式取得，包括节约成本的空间系统保护措施、跨领域解决方案、多平台多轨道备用载荷、对广泛的国际和商业伙伴力量的利用、易控性太空力量的发展与完善等。我们将会开发最可行、最高效、财政上最合理的替代性组合。

为最有效地利用太空保护资源，我们将发现并优先发展支持国家安全需求的关键空间任务的保护措施。我们将实施节约成本的保护措施，这些措施与所面临的威胁、系统利用率、损失影响相匹配，并将应用于空间系统与支持性基础设施的每个部分。

为强化恢复能力，我们将继续发展高效的替代方法，利用包括陆、海、空、太空和网络等领域的替代系统提供关键性力量，这些力量如今大部分由天基平台提供。另外，我们将寻求建立合作和协定关系，使美国的空间系统在运作状况恶化或者无法运转时得以利用伙伴方的力量。我们将准备好利用上述能力在安全状况不佳的太空环境中，确保系统服务的及时连续性。

对付攻击的准备范围必须扩大至涵盖依靠太空信息、运作我们的空间系统、分析空间来源信息的人员和进程。我们将通过专门的教育、培训和演练，以及新的准则和战术、技术、程序组合（TTP），来改进美国军方和情报机构的能力以确保在安全状况不稳定或恶化的太空环境中的运作。

四、实施

与总统在《国家太空政策》中所做的指示相一致，美国国防部和情报体系将会实施此份《国家安全太空战略》，使用其作为未来规划、编程、采购、运作与分析的指南。美国国防部和情报体系将会与其他美国政府机构和部门、外国政府、商业伙伴协作，更新、平衡并整合美国国力的一切手段。我们将逐渐发展与国家安全太空有关的政策、战略和学说。

计划的进一步实施将会基于可行性与可负担性评估，以及成本、收益和风险分析。此外，在实施计划前将会考虑其对于人力、运作和项目产生的影响。正如《国家安全战略》所述，我们要达到长远的太空目标，依靠了我们的财政负担和做出的艰难选择，比如在设备性能和生存能力两者间的抉择。

五、总结——一种新的领导力

美国将会通过强化国内态势和与他国的合作来保持太空领导地位。正如美国国家安全建立于维持战略优势一样，安全也越来越倾向于以活跃的美国领导力为基础，这种领导力在和平时期、危机时期和冲突时期发挥领导盟国与盟友的作用。

活跃的美国领导地位在太空中需要一种整体型政府途径，整合包括从先进技术和工业潜力到同盟建立与外交参与等所有要素的国家力量。领导力不能仅仅依靠所发布的政策。它必须以维护战略优势的强烈意愿为基础，同时与国际社会合作，发展共同准则、分享信息并以增强力量为目的开展合作。

美国在太空的领导地位能够帮助美国和我们的伙伴解决来自太空领域的挑战，太空正变得越来越拥挤、对太空轨道的争夺越来越激烈、在太空科技方面越来越面临竞争。我们的战略寻求通过一系列相关途径处理好这种新的环境：

1. 我们寻求处理好拥挤问题，通过建立准则、增强太空态势感知、促进政策透明和信息共享。我们的言辞和行为应当在总体上缓解盟国和世界有关我们在太空和平、负责任的行动意图方面的担忧，并鼓励其他国家也做同样的事情。

2. 我们寻求通过多层次的威慑途径处理好相互争夺的环境。我们将会支持在太空建立国际准则、透明政策和信任机制，首先是为了改善空间飞行的安全性，同时也为了劝阻侵略性行为并增加其所面临的国际压力。我们将会改进并保护美国的关键太空设施，同时利用协同性、兼容性和整合度建立与负责任的开发太空国家的联盟。我们将会改进我们发现攻击的能力，寻求拒止这种攻击具有战略意义的实际效果。我们将保留在威慑失效后进行自卫回击的权利与能力。

3. 我们寻求解决竞争问题，通过增强我们的能力、改进我们的采购流程、培养健康的美国工业基础以及加强协作与配合。

我们的目标是强化在太空中的运行安全、稳定性和战略安全；维持并提升由太空赋予美国的战略性国家安全优势；以及鼓励支撑美国国家安全的太空工业基础。完成上述目标不仅意味着军方和情报体系要继续利用太空达到国家安全目的，也意味着一系列国家正在开创一个可持续的、和平的太空环境，在未来为世界带来利益。

第三部分

大国战略与热点问题

进入“9·11”事件以后的第二个十年：国际反恐形势评析

潘　光[*]

【内容提要】就全球范围而言，“9·11”事件以来国际恐怖活动主要呈现出高科技化、松散化、意识形态化、本土化、灵活多变、年轻化这六大发展态势。同时，国际社会也在努力加强反恐合作，特别是致力于构建和完善国际反恐合作的法律基础、加强和提高国际反恐合作的机制与效率、提升和更新国际反恐合作的装备与技术、实施和推进国际反恐合作的综合治理战略，以应对国际恐怖主义的新挑战。展望进入“9·11”事件后的第二个十年，国际反恐合作仍然存在着一些缺陷，也面临着各种各样的障碍，如美国霸权战略的干扰、各国的利益差异、重视综合治理不够、在主权让渡问题上存在分歧、缺乏密切协调和配合等等，均需要国际社会继续加以克服和改善，才能使国际反恐合作深入地、可持续地发展。

* 潘光，上海国际战略问题研究会副会长 国家反恐办（公安部）软科学专家。

世界已经进入了“9·11”事件以后的第二个十年，国际恐怖活动仍在不断地变换手法、升级换代，而为了应对挑战，国际反恐合作也在继续加强和发展。同时，国际反恐合作仍然存在着缺陷，也面临着各种各样的障碍，需要国际社会努力加以克服和改善。

一、国际恐怖主义发展的新态势

就全球范围而言，“9·11”事件以来国际恐怖活动主要呈现出如下一些新的发展态势。

一是高科技化趋势。随着高科技的发展和计算机技术的普及，恐怖分子越来越多地使用生物技术、化学技术、核技术、网络技术等高科技手段。尽管恐怖组织难以获取核武器，但搞到放射性物质和核材料制作“赃弹”却非难事，因为“全世界有这种材料的地方数以百万计”。[①] 值得注意的是，网络正在成为恐怖组织的主要信息来源和活动平台之一。根据美国国务院统计，1998 年被美国认定的恐怖组织网站只有 18 个，2005 年已经增加到了 4000 个；到 2007 年，此类网站更是激增到了 5000 多个。[②] 2008 年 12 月，“基地”组织甚至开始利用“脸谱”（Facebook）网站来创建一个同情“圣战”的团伙。[③] 美国陆军首席信息官鲍特尔将军认为，

---

① “恐怖主义的未来”，美国《发现》月刊，2006 年 7 月号。

② Murad Batal al-Shishani：*Taking al-Qaeda's Jihad to Facebook*，Terrorism Monitor，Volume VIII，Issue 5，The Jamestown Foundation，February 4，2010. 2007 年数据参见［美］《防务新闻》网站，2007 年 4 月 12 日。

③ Murad Batal al-Shishani：*Taking al-Qaeda's Jihad to Facebook*，Terrorism Monitor，Volume VIII，Issue 5，The Jamestown Foundation，February 4，2010.

恐怖组织正“将战争从现实空间转移到网络空间”。[1] 在2006年英国警方破获的阴谋攻击赴美航班未遂案件中，恐怖分子计划用新型液体炸药炸毁飞机，这说明他们一直在研究、改进使用化学手段实施恐怖活动的技术。在前俄罗斯特工利特维年科被害案中，凶手更采取了前所未见的“放射性”手段。专家认为，生物、化学恐怖袭击，核（放射性）恐怖袭击和网络恐怖袭击将成为今后恐怖活动的主要形式。[2]

二是松散化趋势。由于国际反恐斗争的强大压力，“基地”组织等组织改变原有的“金字塔”式集中指挥模式，转而采取相对松散、化整为零、各自为战的运作方式。该组织领导人均转入地下或幕后，不再直接地、频繁地出头露面，但是分散的、零星的恐怖攻击却持续不断。正像有学者指出的：“圣战运动已经碎片化”，因此“即使本·拉登被捕或被杀，圣战运动仍将继续。”[3]《2006年美国国家安全战略》报告也指出：“恐怖分子的组织越来越分散。他们不再依赖集中的指挥系统。”[4] 这种松散的活动模式不仅易于隐蔽，而且更容易发动突然袭击，还可以随时调整攻击目标和攻击时间，因而使反恐机构掌握敌情、及时应对的难度也相应加大。需要指出，随着松散化趋势的发展，信息网络技术已成为恐怖组织保持联络，进行跨国协调的主要手段。据报道，在阿富汗塔里班政权垮台之际，逃窜的“基地”组织成员中平均每两人就有一台笔记本电脑。[5]“基地”组织还设计了一个依靠电子邮件和电子布告栏的通讯网络，可使其

---

① ［美］《防务新闻》网站，2007年4月12日。

② 纳丁·古尔等：《恐怖主义的新面孔》，伦敦和纽约，2002年版。

③ George Friedman ：*The Jihadist Strategic Dilemma*，December 7，2009，http：//www.stratfor.com/weekly/20091207 _ jihadist _ strategic _ dilemma.

④ *The National Security Strategy of the United States of America*，March，2006，p.9.

⑤ ［美］《防务新闻》网站，2007年4月12日。

成员迅速交换信息而又不会被抓获。

三是意识形态化趋势。在相互联系日趋松散的情况下，许多新生的恐怖集团是自发形成的，而将这些人凝聚在一起的便是恐怖主义的“圣战”意识形态。“圣战”一词在伊斯兰教中的原义主要是为了真主而抗击异教徒，重视传播伊斯兰教和穆斯林内心的自我躬省。但是，一些伊斯兰极端组织却将“圣战”作为恐怖主义宣教的工具，将恐怖暴力视为清除“邪恶”的重要手段，宣称“圣战者”无论是在屠杀无辜平民时或是在战场上杀敌时死亡，都可在进入天堂时受到欢迎。[①] 那些被边缘化的群体和涉世不深的青少年，就极易受“圣战”理论的诱导走火入魔。专家就此指出：“意识形态在恐怖组织招募和训练新成员过程中起着非常重要的作用。”[②] 恐怖组织“更多地依托一些由共同意识形态鼓动的小团体”，[③] 很多“圣战者”是“通过互联网接受‘基地’组织宣传的”。[④] 在中亚和阿富汗，恐怖组织“乌兹别克斯坦伊斯兰运动”在网站上公开宣称：“我们的目标不只是占领阿富汗和乌兹别克斯坦，我们的目标是占领整个世界。”[⑤] 根据吉尔吉斯斯坦内务部提供的资料，2008 年该国共有 39 起传播宗教极端思想的活动被立案，126 人被捕，发现 5162 份印有宗教极端思

---

① 玛丽·哈伯克：《了解敌人：圣战分子的意识形态及恐怖战争》，耶鲁大学出版社，2006 年版，第 163 页。

② 希莱尔·弗莱德金等：“伊斯兰主义与恐怖主义：意识形态层面解读”，美国哈德逊研究所编辑出版，《伊斯兰分子意识形态当前发展趋势》（第 2 卷），2005 年，第 4 页。

③ *The National Security Strategy of the United States of America*, March, 2006, p. 9.

④ ［德］《明镜》周刊网站，2007 年 4 月 11 日。

⑤ Thomas M. Sanderson, Daniel Kimmage & David A. Gordon, *From the Ferghana Valley to South Waziristan, The Evolving Threat of Central Asian Jihadists: A Report of the CSIS Transnational Threats Project*, CSIS, March, 2010.

想内容的传单，另有 85 起通过网络传播宗教极端思想的案件。[①] 在伊拉克战争、巴以冲突、阿富汗战争、利比亚战争等事件中，大批无辜百姓伤亡，使伊斯兰世界对西方、特别是美国的仇恨大大加深，为国际恐怖主义的意识形态化创造了客观条件。英国联合情报委员会前主任内维尔·琼斯认为：反恐就是"一场关于意识形态的斗争"。[②] 同时，极端右翼的意识形态也是导致恐怖主义的一大根源。2011 年 7 月奥斯陆爆炸枪击事件发生后，欧洲人惊呼："右翼民族主义、基督教原教旨主义和反犹主义"是凶手的犯罪动机。[③] 此外，近年来迅速发展的"生态恐怖主义"也具有越来越强的意识形态色彩。如"地球解放阵线"，就打着"保护生态"、"解放地球"的旗号破坏各种设施、攻击文化体育盛会。[④]

四是本土化趋势。近年来发生的许多恐怖爆炸案，基本上都是由土生土长的恐怖分子策划实施的。2006 年 6 月，加拿大警方破获了一起恐怖活动未遂案，涉案者均为当地青年。2007 年 4 月在阿尔及尔发生的汽车炸弹案，就是由土生土长的"伊斯兰马格里布基地组织"实施。荷兰学者发现，欧洲的"基地"组织成员正在逐渐本土化。[⑤] 美国学者在分析纽约时报广场汽车爆炸未遂案时指出："防范本土'孤狼'已成为重大难题。"[⑥] 其中的原因，与松散化趋势和意识形态化趋势密切相关，也有技术性因素。"9·11"事件以后，国际社会在反恐情报交换、监控人员和资金的跨国流动、交通枢纽的安全检查等方面的合作大大加强。在这种情况下，国际恐怖势力

① 中国现代国际关系研究院反恐怖研究中心：《国际恐怖主义与反恐斗争年鉴 2008》，时事出版社，2009 年版，第 62 页。

② 路透社伦敦 2008 年 1 月 15 日电。

③ [德]《世界报》网站，2011 年 7 月 23 日。

④ [英]《泰晤士报》网站，2008 年 3 月 11 日。

⑤ [德]《明镜》周刊，2007 年 4 月 11 日。

⑥ [美]《纽约时报》，2010 年 5 月 4 日。

的跨国作案更加困难，因而本土恐怖分子成为实施恐怖活动的主力。美国国土安全部长纳波利塔诺惊呼：“本土恐怖主义已成为我们必须面对的威胁之一。”[1] 最新版的美国《国家反恐战略》首次将本土列为反恐的最重要“战场”，将重点“域外打恐”转为优先“境内防恐”。[2]

五是灵活多变趋势。“9·11”事件前后，国际恐怖集团往往以劫持飞机为手段，将军事和政治目标作为主要攻击对象。此后，各国对机场、政府机关、交通枢纽等“硬目标”严加防范，国际恐怖团伙便将攻击目标转向无所不在而又难以防范的“软目标”，[3] 如银行、教堂、学校、医院、剧院、旅馆、饭店、乃至居民住宅。这些地方人口密集且群体防范意识较低，所以恐怖攻击造成的破坏和伤亡更甚，产生的轰动效应也更大。不过，当国际间对飞机被袭的警惕性有所下降之时，恐怖团伙又转而采取劫持或炸毁飞机的老办法。2005 年，恐怖分子试图用几种液体混合而成的炸药炸毁从伦敦飞往美国的飞机。此后，所有的机场都严禁乘客随身携液体登机。于是，恐怖分子又想出了新办法。2009 年底，尼日利亚籍恐怖分子穆塔拉布试图以针剂注射粉末引爆的方法炸毁美国飞机，说明恐怖分子的作案策略更趋向随机应变，采用的袭击手法和确定的攻击目标则更加灵活多变。在这方面，信息技术已成为恐怖组织得心应手的工具。他们越来越多地利用信息技术分析数据，确定目标，互相协调，周密策划，发动攻击。

六是年轻化趋势。自“9·11”事件以来，“基地”组织等恐怖组织吸纳了一批比较年轻、又具有“圣战”经验的成员充实其领导核心。同时，各类恐怖组织加强了在欧美发达国家年轻人中的招募

---

① ［美］《基督教科学箴言报》，2009 年 12 月 9 日。

② 美国《国家反恐战略》，2011 年 6 月 29 日公布。

③ ［美］《纽约时报》，2002 年 11 月 30 日。

工作，尤其重视招纳西方大学里那些有专业素质的穆斯林激进青年。在2007年夏参与英国系列恐怖袭击的人中间，就有不少受过良好训练的医学院学生。前面提到的恐怖分子穆塔拉布年仅23岁，父亲是银行家，本人曾是伦敦大学学生。[①] 英国情报机构负责人埃文斯发出警告：“恐怖分子正在有系统、有意识地把目标对准国内的年轻人和孩子。”[②] 近期，“基地”组织甚至制作儿童动画片，以煽动年轻人以暴力对抗西方。[③] 当然，在发展中国家，恐怖组织发展年轻人更加容易得多。那里存在大量的“弱势”群体，其中那些因无业和赤贫而“绝望”的年轻人是最容易接受极端思想的，而大批无辜平民在“反恐战争”中被杀害，往往是促使他们加入恐怖组织的直接原因。美国《外交政策》杂志惊呼：“第三代圣战者”已形成，成为反恐斗争的大敌。[④]

二、国际反恐怖合作的新发展

国际恐怖活动的这些新态势和特征，对国际社会形成了严峻挑战。为应对挑战，国际反恐合作也在不断加强和发展，主要表现为四个方面：

（一）构建和完善国际反恐合作的法律基础

这一点在国际合作防范、打击高科技恐怖主义方面表现得尤为

① ［美］《华尔街日报》，2009年12月28日。

② ［英］《泰晤士报》网站，2007年11月6日。

③ 路透社伦敦2011年7月20日电。

④ ［美］《外交政策》双月刊，2008年3—4月号。

突出。随着恐怖分子越来越多地使用高科技手段，各国政府和国际社会面临着一系列法律问题，如加强对放射性物质的管理，保护国际、国家、社区、个人等各层次的信息安全，严格掌控可能为恐怖分子利用的生物、化学制品和试验等等，都需要制定相关的法律和法规。同时，前面提到的国际恐怖活动的意识形态化趋势、松散化趋势、年轻化趋势、灵活多变趋势等也向各国政府和国际社会提出了一系列法律问题，如严密监控恐怖嫌疑犯的电话、通信和金钱往来，监控和制止意识形态领域内的恐怖主义宣传，对各类"软目标"加强安全保卫措施，加强对青少年、特别是未成年人的反恐教育等等，均要求出台相关的法律和法规。

目前，各国政府、地区组织、乃至联合国都在这方面采取了相应的措施，但也面临许多困难和阻力。一是加强反恐机制权力与保护公众隐私方面的矛盾，这在欧美发达国家表现的最为突出，以致一些重要的法律和法规引起争议。二是地区或国际的法律、法规与各国国内的法律、法规不相一致，有时甚至互相抵触。如上海合作组织在制定本组织的恐怖组织和恐怖分子名单时，就遇到了这个问题。在这样的形势下，为适应地区合作的需要，各成员国只能通过自己的立法机构对相关国内法律、法规进行相应的修改或补充。联合国在构建国际反恐合作的法律体系方面仍发挥着主导和协调作用。如第59届联合国大会一致通过了《制止核恐怖行为的国际公约》，为预防和惩治核恐怖犯罪提供了重要的法律依据。联合国下属的国际海事组织也通过了旨在加强海上反恐合作的公约。联合国和G20还建立了反恐融资"机制复合体"。

（二）加强和提高国际反恐合作的机制与效率

为了应对国际恐怖活动的新发展趋势，目前各层次的双边、多边反恐合作、乃至联合国框架内的全球反恐合作均在努力加强机制建设，提高合作效率。

其一，进一步加强反恐合作机制建设。目前的双边、多边反恐合作机制有不少流于形式，没有发挥应有的作用。如印度尼西亚和澳大利亚成立了一个联合反恐中心，以加强两国执法机构间的合作，但在印尼频频发生的恐怖爆炸仍使澳大利亚公民伤亡惨重。双方发现，中心没有发挥应有作用的原因在于：双方对恐怖组织的定义等问题有不同的见解；双方对中心的经费、人员等方面投入都不够；双方在一些难解决问题上往往互相扯皮。目前双方决心解决这些问题，以加强合作机制建设。同样的问题在许多反恐合作机制中均存在。如已成立7年的上海合作组织地区反恐机构尽管发挥了重要作用，但其机制还有许多缺陷，目前成员国正在努力改进。以俄罗斯为首的独联体下设的多个反恐中心型同虚设，没有发挥作用。在难以改变这种状况的情况下，俄罗斯等主要成员国目前已将反恐合作的重心转向另一合作平台——集体安全条约组织，努力加强该组织的反恐机制建设。同时，欧盟、非洲联盟等地区组织也在努力加强自身反恐机制建设。

其二，进一步提高反恐合作的效率。合作效率差的主要表现是反应速度太慢，特别是在涉恐情报交换、跨国打击恐怖活动等方面。目前，多边反恐合作的反应和行动速度往往不及一国的单独运作。如恐怖组织在上了“黑名单”后往往会改名，一国政府可以迅速地将改头换面的组织列入名单，而多边组织要做出调整就需要很长时间，而这正是恐怖分子所需要的。涉恐情报交换方面存在的主要问题也是速度太慢，情报的准确性不够。跨国打击恐怖团伙的行动则往往在协调方面花费太多的时间和精力。为提高快速反应能力，近年来双边、多边跨国反恐合作机制均定期举行联合反恐演习，举办一系列培训项目，并在情报分析上加大了人力、财力和技术投入。2007年夏，上海合作组织成功举行了“和平使命—2007”联合反恐演习，参演兵力达到 6500 人。[①] 大型活动的安保合作为提高反恐合作效率提供了实战平台。上合组织在北京奥运会和上海世博会期间开展的安保合作取得巨大成功，大大提高了该组织的反恐合作效率。目前，提高反恐合作效率已取得显著成果。如：美国和巴基斯坦合作，抓获了塔里班二号人物巴拉达尔；[②] 美国和也门合作，击毙了美籍恐怖分子奥拉基。[③]

（三）提升和更新国际反恐合作的装备与技术

如前所述，一些恐怖组织采用高科技成果和吸纳技术人才，使其作案工具、手段、样式和目标不断调整和改进，对国际反恐合作的装备和技术提出了严峻挑战。国际社会的应对突出表现在两个方面。

一是大幅增加在反恐方面的经费投入。恐怖组织装备的升级与作战能力的提高，对反恐武器装备提出了相应的升级要求。如新一代刑侦和技侦设备、防高爆设备、身份识别安检设备、不断升级的计算机硬件和软件、高效无线和卫星通讯器材、新式警用交通工具、高层消防装备、防化特种器材等等，都急需充实到反恐作战第一线。如前述穆塔拉布搞的炸机事件，导致各国在机场安装人体扫描机。到 2010 年初，美国就已有 19 个机场安装了最新一代的人体扫描机。[④] 所有这些，都需要大大增加用于反恐的经费预算。以美国为例，用于研究应对生物恐怖活动和预防公共卫生突发事件的资金就从 2001 年的 4.18 亿美元增加到 2006 年的 50 多亿美元，还在此后

---

① 参见上海合作组织秘书处网站，http：//www.sectsco.org/html/01967.html。

② ［美］《纽约时报》，2010 年 2 月 16 日。

③ ［英］《独立报》，2011 年 10 月 1 日。

④ ［阿根廷］《号角报》，2010 年 1 月 11 日。

10年内投入50亿美元用于购买新疫苗、抗病毒剂和抗生素。[①] 不过，这对小国或穷国来讲是很难承受的，因此推进国际反恐合作更显重要，可以解决一些发展中国家独自难以解决的问题。

二是全力以赴提升反恐技术。对一些特大城市来说，目前最可怕的是使用高科技手段进行恐怖袭击。如在水中放一些剧毒物，对城市来说将是大灾难。又如医院和研究机构都有放射性物质，如有计划地积少成多，就可以制造一颗“脏弹”，在人口密集地区产生致命效应。因此，当前反恐工作在保护公用设施和生命线工程方面的难度越来越大，使努力提升反恐技术更显紧迫。还以美国为例，近年来开发了一系列对付新恐怖威胁的先进技术：在大城市安装生物嗅探器，以测试空气中有无危险的病原体；研制可以迅速确定集装箱内有无“危险物品”的中子和伽马射线“摄像机”；安装可筛选大量网上银行交易并记录可疑金融活动的人工智能设备。[②] 同样，这些先进技术对许多发展中国家来说是可望而不可及的。因此，有识之士呼吁，科技发达国家应该超越私利，在反恐装备和技术领域帮助发展中国家。

（四）实施和推进国际反恐合作的综合治理战略

通过“9·11”事件以来近10年的反恐斗争，国际社会日益认识到这场斗争的长期性和艰巨性，认识到单凭军事手段无法根除恐怖主义，只有标本兼治，实行政治、经济、文化、社会诸方面综合治理，才能最终铲除恐怖主义毒瘤。同时，国际恐怖活动的意识形态化、本土化、年轻化等趋势，正对国际反恐合作在综合治理方面的努力形成强劲挑战。一部分恐怖组织改变暴力形象，转而利用互联网灌输宗教极端思想。这种宗教性的、意识形态化

① “恐怖主义的未来”，美国《发现》月刊，2006年7月号。

② 同上。

的恐怖主义理论欺骗性更强。从深层次看，一些冲突热点长期得不到公正、合理的解决，强权政治和单边主义对某些争端进行未得到国际社会普遍认同的强力干预；发展差距和贫富鸿沟的扩大导致弱势群体长期处于主流社会的边缘，因此滋生强烈的不满现状情绪。这些，都为极端主义提供了经济社会基础，为恐怖主义的滋生和发展提供了土壤。

对这样的严峻挑战，国际社会也已采取了有力的应对措施。各国领导人都提出要重视恐怖主义的“意识形态化”趋势，不能把恐怖主义与特定的宗教或民族挂钩，要加强不同文明、文化之间的对话与合作。美国“9·11”事件独立调查委员会在其最终调查报告中指出：“我们处于一场意识形态的冲突之中。”① 奥巴马在美国执政后，反复强调美国是伊斯兰的朋友，更加重视以“软实力”推进反恐斗争。2005年，联合国专门成了“文明联盟”委员会，以推动不同文明、宗教与民族之间的理解与对话，防止极端主义思潮演变为恐怖主义。2005年7月举行的上海合作组织峰会特别提到：“在居民中采取预防性措施和进行相应解释工作，以抵制错误引导社会舆论的企图，是一项迫切任务。”② 同时，不少国家在这方面也取得了一些成功经验：英国最近与伊斯兰国家合作，培训了一批伊斯兰神职人员，专门去做恐怖嫌犯的思想工作，引导他们正确领悟伊斯兰教义，取得了较好的效果。③ 德国最近在中学推广连环画《安迪》，书中讲述了主人公安迪和他的土耳其裔女友亚希共同帮助亚希的哥哥穆拉特摆脱极端思想和恐怖组织的故事，对引导青少年认清恐怖主义的本质发挥了重要作用。④

---

① 美国“9·11”事件独立调查委员会，《关于恐怖主义攻击美国的最终报告》，第375—380页。

② 《上海合作组织成员国元首宣言》，2005年7月6日，阿斯塔纳。

③ ［美］《基督教科学箴言报》，2008年3月21日。

④ 路透社德国2008年4月10日电。

三、国际反恐怖合作面临的障碍

应该看到，国际反恐合作虽然取得了成绩，但仍然存在着缺陷，也面临着各种各样的障碍，这些缺陷和障碍互相纠缠在一起，严重削弱了国际反恐合作的能力和成效。

（一）全球反恐合作受到美国霸权战略的干扰

“9·11”事件后，美国将恐怖主义视为美国国家安全的主要威胁，并迅速举起反对恐怖主义的旗帜，成为国际反恐斗争的主导力量。这一方面是由于美国的受害者身份，使其处于国际反恐斗争的道义制高点，再加上其超强的军事力量和雄厚的经济实力，因而具备了主导反恐战争的精神和物质基础。另一方面，恐怖主义已经成为国际社会的一大“公害”，反对恐怖主义成为国际社会的共同呼声，而美国的反恐积极性顺应了这一潮流，因此得到了许多国家的支持和呼应。应当承认，美国主导的阿富汗战争以及美国与一系列国家进行的双边和多边反恐合作，打击了以“基地”组织为代表的国际恐怖主义势力，推动了国际反恐合作的发展。

但是，由于受其称霸世界战略的影响，美国逐渐把反恐当作一种实现自己地缘政治目标和国家利益的政策工具，导致其主导的反恐战争走入歧途，也使国际反恐合作受到严重干扰。就在阿富汗和欧亚大陆腹地的反恐斗争处于乘胜追击的关键时刻，美国出于一国之私利将反恐战争扩大化，把伊拉克、朝鲜和伊朗定为支持恐怖主义和寻求大规模杀伤性武器的“邪恶轴心”。2003 年 3 月，美国不顾国际社会的普遍反对，撇开联合国发动了以“倒萨”为目标的伊拉克战争，使美国式“反恐战争”偏离了反恐这一中心目标。此后，布什政府出于为伊拉克战争制造理论根据的目的，一味强调恐怖主义的根源在于缺乏民主和自由，并将推行“民主化”和美式价值观作为“反恐战争”的重要原则。2003年以来，美国不仅出台了旨在将伊拉克打造成为中东民主样板的伊拉克重建方案，还提出了对以“大中东”为中心的伊斯兰世界进行民主改造的“大中东计划”，而且利用独联体和中亚国家的“选举期动荡”策动所谓的“颜色革命”。结果，美国主导下的扩大化的“反恐战争”不仅没能遏制恐怖主义的蔓延和发展，反而导致全球范围的极端势力和恐怖主义再掀恶浪，在阿富汗等地卷土重来，形成了中东—中亚—南亚—东南亚“恐怖高危弧形地带”。

更严重的是，美国以反恐求霸权的战略还使国际反恐合作遭受严重的破坏。美国发动的伊拉克战争，直接导致美国与法德等“老欧洲”国家及俄罗斯的关系紧张。伊拉克战争后布什政府推行的“民主化”战略和“颜色革命”，为恐怖主义势力利用民主程序制造社会动乱提供了可乘之机，以致一些积极参与反恐合作的中东、中亚国家与美国的关系也急剧降温。随着美国“反恐战争”日趋扩大化，美国开始把恐怖主义与伊斯兰教联系在一起。2004年8月6日，美国国务卿赖斯就提出：“我们真正的威胁来自伊斯兰极端主义势力。”[①]《2006年美国国家安全战略》明确地把伊斯兰教与法西斯主义和共产主义相提并论，认为美国“现在又面临着一种新的极权主义意识形态的威胁，它并不是源于世俗哲学，而是源于一种狂妄傲慢的宗教”。[②] 2006年8月10日，布什公开声称：“美国正处在一场与伊斯兰法西斯主义者的战争之中。”[③] 美国将恐怖主义与伊斯兰教

---

① http://www.whitehouse.gov/news/release/2004/08/print/20040806－1.html/.

② *The National Security Strategy of the United States of America*, March, 2006, p.1.

③ http://www.whitehouse.gov/news/releases/2006/08/20060810－3.html.

挂钩，严重冲击了许多参加国际反恐联盟的伊斯兰国家。这些发展，均使国际社会的反恐努力和反恐合作遭受严重挫折，也使国际反恐联盟屡屡面临分裂的危险。

奥巴马上台后，逐渐认识到了上述问题，明确提出伊斯兰是朋友而非敌人，不再用“反恐战争”的提法。相应地，最新版的美国《国家反恐战略》对美国的反恐战略做了重大调整。无疑，这样的调整对国际反恐合作是有利的。

（二）各国的利益差异制约国际反恐合作深入发展

国际社会在反恐问题上难以实现全面、持久、深入的合作，具有深刻的现实利益根源。“9·11”事件之后，世界各国都将恐怖主义视为严重的威胁，纷纷出台相关的法律，并采取各种反恐措施。但是，各国在反恐问题上存在明显的利益差异，这些差异直接影响各国的反恐意愿和行动力度，从而严重制约国际社会反恐合作的广度和深度。首先，一些国家并没有面临迫在眉睫的恐怖威胁，因此对国际反恐合作没有充分重视。其次，由于国情及面临的恐怖威胁不同，各国主要关注的是威胁自身安全的恐怖主义活动，因此参与反恐合作的意愿参差不齐。再次，部分反恐能力较强的国家通过反恐合作创造了一定程度或一定范围的安全环境，成为其它国家可以享用的公共产品，导致在反恐问题上“搭便车”的动机和倾向，影响了国际社会在反恐合作方面的积极性。另外，还有一些国家担心恐怖组织的报复导致安全环境恶化，在打击恐怖主义方面投鼠忌器，也影响了国际反恐合作。正是由于各国在利益上的差异，以及在国际地位、历史境遇、宗教信仰和文化传统等方面千差万别，国际社会在恐怖主义与恐怖组织的认定标准上缺乏共识，导致在反恐问题上采取双重标准和多重标准。

客观地讲，世界的多样性决定了国际社会在反恐问题上必然存在不同看法，不可能也不应该要求大家完全达成一致。同时，各国都将维护和拓展自身利益作为参与国际反恐合作的出发点也具有必然性。如俄罗斯、中国、菲律宾、土耳其等国都将参与反恐合作与打击国内分裂主义势力、维护国家统一密切结合起来。以色列参与国际反恐合作的主要目的就是打击哈马斯、真主党等阿拉伯激进反以力量。日本参与国际反恐合作则有其自己的算盘，即实现派兵出国、修改宪法的目的。如前所述，美国力图主导全球反恐合作则与其全球战略密切相连。当然，这里有一个界线，即在维护和拓展自身利益时不应损害别人的利益。以此衡量，美国的作为显然已经超越了这条界线。

总体来看，国际社会在恐怖主义界定和反恐理论问题上“各自表述”的做法，在一定程度上淡化了分歧，从而为反恐合作提供了基础。同时，这也决定了这种合作的脆弱性。不可否认的是，国际社会在一系列问题上缺乏共识直接妨碍了国际反恐合作，并使联合国在国际反恐合作中发挥主导和协调作用面临很大的困难。而且，由于国际社会在国际法层面上对恐怖主义、恐怖组织、恐怖分子的认定标准等问题没有达成基本共识，也时常导致国际反恐行动和反恐对象的随意性和不确定性。

（三）国际反恐合作仍然对综合治理重视不够

美国著名学者约瑟夫·奈指出，美国反恐战争“首要的错误在于过分强调单纯军事行动的作用”。[①] 前美军参谋长联席会议主席理查德·迈尔斯谈了他反对使用“反恐战争”一词的理由：“如果称之

① ［美］约瑟夫·奈（Joseph S. Nye，Jr.）：“伊拉克战争后美国实力与战略”（U.S. Power and Strategy After Iraq），《外交》（*Foreign Affairs*），July/August，2003。

为战争，那就会认为军人就能解决问题。实际上未来的反恐要求美国运用所有手段、需要世界各国运用所有的手段。恐怖主义的解决方案与其采用军事手段，还不如采取外交、经济和政治的手段。"[①]当前国际社会的反恐合作确实存在这一问题：仍然以军事打击为主要手段，大多侧重于司法、情报和技术等领域，其它方面的措施只是一些应急性的治标行为。联合国的一份调查报告认为，全世界的反恐政策本质上大多是"以军事和安全为导向的"。

需要指出，认为仅仅通过军事手段就能消灭恐怖主义，在理论和实践上都存在严重的误区。恐怖主义作为始于非传统安全领域的一种威胁，并不具备传统安全意义上"主权国家"的行为载体特征。因此，以战争这种国家间冲突的传统手段来打击恐怖主义这一"非国家行为体"，是不可能彻底解决问题的。最典型的例子是阿富汗，美国虽然通过战争推翻了塔利班政权，但始终无法彻底消灭在阿富汗根深蒂固的塔利班势力和"基地"组织。这几年阿富汗、伊拉克等地的发展表明，美国的反恐战争实际上失去了大规模军事行动的打击目标，单纯军事手段已经越来越不适应反恐斗争的新形势。最新版的美国《国家反恐战略》就明确提出，要用"巧实力"来对付恐怖主义。[②]

同时，反恐斗争的实践证明，恐怖主义的产生和发展具有深刻的根源，如对霸权主义和强权政治的不满、极端民族主义和宗教极端势力鼓动的激进情绪、南北差距和贫富分化引起的社会动荡、历史遗留问题和现实权益之争导致的冲突等等，都是恐怖主义势力赖以生长和发展的基础。因此，只有从政治、经济、文化、社会等方面多管齐下，通过促进经济社会发展、谋求社会公正、提高文化教

---

① ［美］埃里克·施密特、汤姆·夏克（Eric Schmitt & Thom Shanker）："Washington recasts terror war as 'struggle'"（华盛顿将反恐战争重新界定为斗争），《国际先驱论坛报》（*the International Herald Tribune*），July 27，2005。

② 美国《国家反恐战略》，2011年6月29日公布。

育水平等途径进行综合治理，实现标本兼治，逐渐消除导致恐怖主义产生的土壤，才能从根本上铲除恐怖主义。前已提及，为此目的，国际社会正在努力实施和推进国际反恐合作的综合治理战略。

（四）在主权让渡问题上的分歧对国际反恐合作产生不利影响

参与国际反恐合作的国家需要付出的一个合作成本就是主权让渡，即主权国家为参与此合作而让渡部分主权，如司法管辖权、领空和领土使用权等。然而，在具体执行过程中，许多参与合作的国家都担心过多的主权让渡会导致外部势力对本国内政的干涉，由此引发的矛盾往往成为国际反恐合作难以深入发展的障碍。比如，在美国、澳大利亚等国与东盟国家的反恐合作中就多次发生此类纷争。2002年7月，美国要求印尼加大打击恐怖主义的力度，并提出向印尼提供军事援助。印尼国防部长立即表示印尼有能力打击恐怖主义，不需要美国的援助。印尼外长也表示，印尼在反恐方面已经尽力，并反对把伊斯兰激进组织与恐怖主义联系在一起。当年发生巴厘岛系列大爆炸之后，针对澳大利亚提出的“先发制人”打击恐怖团伙的主张，印尼和马来西亚明确警告霍华德政府在反恐问题上不要“反应过度”。2004年，针对美国提出派遣军事力量进驻马六甲海峡的言论，马来西亚总理马哈蒂尔指责美国企图利用反恐来干预马六甲海峡国家的主权。实际上，美国自己也不愿过多让渡主权。比如美国一直拒绝与国际刑事法院合作，就是担心该法院会对美国驻外人员采取司法行动。

目前，主权让渡问题已成为国际反恐合作，特别是跨国联合执法过程中的一大难题。在跨国联合执法过程中既要打击恐怖主义势力，又要尊重涉及国主权，不干涉他国内政，确定双重规则（两国一致认定属于恐怖主义行为），以及尊重各合作方的国内法律，这需要互信和配合，但更需要具有国际法效力的保障。前已提及，为此目的，国际社会正在努力构建和完善国际反恐合作的法律基础。

（五）国际反恐合作机制之间缺乏密切协调和配合

“9·11”事件之后，国际社会已经建立了多层次的反恐合作机制。但是，这些机制基本上是各自为战，缺乏必要的协调与配合。首先，全球性反恐合作主要是基于联合国框架，但由于联合国在反恐立法和军事行动上很难有大动作，世界范围的全球反恐合作机制尚难形成，这也是美国能够“领导”全球反恐战争的一个重要原因。其次，国家间的双边或多边反恐合作是当前国际社会反恐合作最直接的形式，这些合作大多表现为反恐需求迫切的国家间的合作或反恐能力较强的国家向恐怖主义重灾区的国家提供各方面支持。但是，这些合作大多具有特定目标和活动范围，对参与目标和范围以外的反恐行动缺乏积极性，很难与其他反恐机制建立和维持长期稳定的合作关系。再次，区域性的反恐合作主要是通过地区组织或合作机制来实现的，日益成为国际反恐合作的主要平台。不过，世界上还没有一个地区组织是以区域反恐合作为主要目标的，反恐合作往往只是地区国际组织的一个合作内容。况且，这些区域合作组织往往采取协商一致原则。因此，要所有成员同意参与区域外的反恐合作具有很大的难度。比如北约在阿富汗承担反恐战争的重担，而上海合作组织的利益也与阿富汗的反恐、反毒品斗争密切相关，但两个组织却没有在阿富汗开展反恐合作，其中的一个重要原因就是双方内部均有不同意见。

总体来看，国际反恐斗争尚未形成一个完整有效的合作体系，国际社会没有一个具有普遍权威的反恐协调机构，在国家、地区和全球这三个层次的反恐合作机制之间也缺乏有效的协调和配合。只有重视这些问题，认真弥补缺陷，努力排除障碍，才能使国际反恐合作深入地、可持续地发展。

普京关于欧亚联盟的设想：背景、目标及其可能性

李　新*

【内容提要】随着俄美关系重启，欧、美被全球经济危机所困扰，经济实力衰退，国际地位下降，特别是欧盟面临主权债务危机的难题，西方发达国家的吸引力逐渐下降。与此同时，以中国和俄罗斯为代表的新兴市场经济体迅速崛起，前苏联地区对俄罗斯的向心力加强，俄罗斯逐步强化该地区的一体化进程：经济方面包括独联体自由贸易区、欧亚经济共同体范围内的关税同盟和统一经济空间乃至欧亚经济联盟；军事上发挥集体安全条约组织的作用并成立共同快速反应部队，干预成员国内部稳定事务；最终实现包括政治联盟在内的欧亚联盟。俄罗斯在努力推进独联体地区的政治、军事、经济、能源和社会、文化的一体化进程。本文主要分析俄罗斯加快推进欧亚经济共同体和多边自由贸易区建设等经济一体化进程及其前景。

* 李新，上海国际问题研究院俄罗斯中亚研究中心主任、研究员。

2011年10月3日，俄罗斯《消息报》发表普京的文章《欧亚新的一体化计划：未来诞生于今天》，[①] 提出了在前苏联地区建立“欧亚联盟”，从而把欧洲与充满生机和活力的亚太地区联系起来的设想。白俄罗斯总统卢卡申科和哈萨克斯坦总统纳扎尔巴耶夫相继于10月17日和25日的《消息报》上发表文章对普京的“欧亚联盟”设想进行积极回应，表示支持。欧亚联盟并非空中楼阁，此前，俄罗斯一直在力推欧亚经济一体化进程如独联体自由贸易区、欧亚经济共同体框架内的俄、白、哈关税同盟和统一经济空间。普京指出：“建设关税同盟和统一经济空间就是要为欧亚经济联盟的形成开辟道路。”[②] 2015年开始启动的欧亚联盟将是更高层次的一体化，[③] 目标是成为多极世界经济中的一极，从而完成其欧亚强国的历史使命。

一、普京提出欧亚联盟设想的国内外背景

普京提出欧亚联盟的设想恰逢世界经济遭遇20世纪30年代以来最严重的金融经济危机。从虚拟经济迅速蔓延到实体经济。美国大量银行和房地产企业纷纷破产倒闭，股市暴跌，流动性严重匮乏，

① Путин В.，Новый интеграционный проект для Евразии-будущее рождается сегодня. Известия，3 октября 2011 года.

② Фаляхов Р.，Таможенный Союз станет евразийским. Газета，12 июля 2011 года. 参见俄罗斯《消息报》2011年7月12日（http：//www. gazeta. ru/business/ 2011/07/12/kz_3693185. shtml。上网时间：2011年7月12日）。

③ 普京在2011年10月20日独联体政府首脑委员会、欧亚经济共同体跨国委员会和关税同盟高级机构会议举行记者招待会上表示，“如果我们能象现在这样努力工作的话，到2015年前后便可实现建立欧亚联盟的思想”（参见关税同盟网站 http：//www. tsouz. ru/news/Pages/21－10－2011. aspx。上网时间：2011年10月21日）。

进出口锐减，失业大增。尽管世界各主要经济体迅速出台大规模的救市计划，但欧美等主要发达经济体增长动力不足，仍然面临流动性紧缺和通货紧缩的困境。大量资金涌向经济强劲发展的中国等新兴市场国家，助长了发展中国家的通货膨胀，抬高了本币币值，抑制了这些国家的出口。发达国家和发展中国家宏观经济政策难以协调。与此同时，欧洲主权债务危机使欧元区面临瓦解，缩减财政支出，减少赤字成为欧洲各国的不二选择。由此点燃了欧洲的社会危机，抗议失业和社会福利减少的大规模持久的罢工浪潮此起彼伏，欧洲极端民族主义抬头。严重的通货膨胀和失业还成为了中东北非国家政治危机甚至利比亚和叙利亚内战等的导火索。欧美在此次危机当中受到重创，经济实力衰退，国际地位下降，特别是欧盟面临主权债务危机的难题，美国霸权开始走下坡路。西方自由主义发展模式受到严重质疑，发达国家对广大发展中国家的吸引力逐渐下降。相反，以中国和俄罗斯为代表的新兴市场国家在这场危机中异军突起，重新崛起为国际经济格局中的重要力量和主要角色。为遏制中国的崛起和对美国地位的挑战，美国不得不将战略重心东移，俄美关系“重启”缓和了21世纪前十年以来两国的紧张态势，美国甚至默许了俄罗斯在前苏联地区的利益。

苏联解体后的最初阶段，俄罗斯在对外关系上一心一意投入西方怀抱，前苏联加盟共和国被看做是沉重的“包袱”。只是后来才逐渐认清西方国家进一步挤压甚至肢解俄罗斯生存空间的真面目。直到世纪之交，独联体国家对俄罗斯的重要性才逐渐显现出来。2000年和2008年发布的《俄罗斯联邦对外政策构想》均明确规定了独联体在地区优先发展方向上的首要地位，“俄罗斯对外政策的优先方向是发展与独联体国家的多边和双边合作”。[①] 俄罗斯对中亚地区的文

① Концепция внешней политики Российской Федерации. Независимая газета，11 июля 2000 года；Российская газета，12 июля 2008 года.

化和意识形态影响极为深厚，历来把前苏联地区看做自己的势力范围，试图借此完成其欧亚强国使命。2010 年 2 月俄罗斯现代发展研究所出台的《俄罗斯在独联体的经济利益和任务》报告，要求把独联体国家从与更强大的俄罗斯经济合作中获取的眼前收益与俄罗斯在前苏联地区的长远和战略收益联系起来，进一步加深独联体一体化进程直到形成共同经济空间。明确指出了俄罗斯在前苏联地区的基本利益包括 9 个方面，其核心内容是通过控制该地区的能源和原料提升自己在国际上的地位和作用，加强国防、核能、航空、火箭航天产业领域的合作，开拓市场，在加工业实施共同合作项目，有效利用独联体劳动力市场，吸引该地区的知识精英，充分挖掘独联体的地缘战略潜力，建立共同的经济空间，完成欧亚强国的使命。[①] 其根本目的在于加强俄罗斯在前苏联地区的影响力和经济存在，将前苏联地区重新整合起来抵制域外大国的渗透。同时，通过经济杠杆也迫使中亚等其他前苏联地区国家加入其势力范围。前苏联地区是俄罗斯的地缘战略优先方面，如果在这个地区丧失影响力，那就意味着俄罗斯的国际分量已经降低到地区大国的水平，考虑到民族利益，这种前景是俄罗斯无论如何也不能接受的。

进入 2000 年以来俄罗斯在独联体市场上与第三国的竞争呈加剧趋势。独联体国家（俄罗斯除外）在世界经济中所起的作用可以说微不足道。但是独联体国家能源等自然资源非常丰富，全世界许多种战略矿产原料储备中，独联体占据 5%—10% 的比例，铀、锌、铅等超过 10%。独联体国家一方面由于竞争力严重下降，越来越多地对工业品、技术设备和大众消费品的需求依赖于从体外进口；另一方面，由于产业结构和出口结构严重失衡，经济结

① Доклад Института современного развития: экономические интересы и задачи России в СНГ, февраль 2010 г.（参见俄罗斯现代发展研究所网站：http://www.insor-russia.ru/files/Intrest_Books_02.pdf。上网时间：2010 年 2 月）

构雷同，它们的经济互补性越来越少，使得独联体内部相互贸易严重落后于同体外国家的贸易。俄罗斯深加工产品、制成品在独联体进口总额中的比例大幅缩减。俄罗斯现代发展研究所的《俄罗斯在独联体的经济利益和目标》报告强调，俄罗斯在独联体国家市场上的主要竞争对手是欧盟、中国和美国，此外印度、土耳其等国也加入了这一竞争。苏联解体后，欧盟运用各种手段试图将前苏联国家纳入自己的影响范围。2003—2004 年开始实行的"欧洲邻国政策"和联合行动计划，资金援助总额达到 10 亿欧元。2009 年又出台了"东方伙伴计划"。根据 WTO 的数据，欧盟 27 国对独联体（俄罗斯除外）的出口总额达到 651.8 亿美元，是 2000 年的 6.3 倍。美国保证了自己在独联体重要能源出口国阿塞拜疆和哈萨克斯坦石油天然气部门的主导地位。根据美国专家在危机前做的估计，美国对阿塞拜疆的投资总额到 2010 年会达到 470 亿美元。截至 2009 年年中，美国在哈萨克斯坦矿山开采行业累积外国直接投资的比重达到 48%，而对该部门的证券投资比重则达到 78%。中国在独联体国家对外经济关系中的地位也在持续上升，中国作为商品供应者的地位毫无例外地在所有独联体国家特别是中亚国家都得到了加强。俄罗斯现代发展研究所的《俄罗斯在独联体的经济利益和目标》报告指出，从 2000—2008 年，中国对独联体（俄罗斯除外）的出口从绝对数来看，已从 10 亿美元增加到 315 亿美元，并强调"中国使欧亚经济共同体国家的贸易流向发生很大改变，中国是俄罗斯在与独联体亚洲成员国，特别是土库曼和哈萨克经贸合作中的主要的和强硬的竞争对手，俄罗斯很难抵制中国在中亚地位的加强"。①

① Доклад Института современного развития: экономические интересы и задачи России в СНГ, февраль 2010 г.（参见俄罗斯现代发展研究所网站：http：//www.insor-russia.ru/files/Intrest _ Books _ 02.pdf。上网时间：2010 年 2 月）

21世纪前10年俄罗斯经济创造了惊人的奇迹。普京执掌俄罗斯政权8年时间，居民实际收入增加了1.5倍，失业和贫困水平降低了一半，经济稳步发展，GDP增加了72%，2007年GDP增长率达到苏联解体后俄罗斯历史的最高水平8.1%。商品进出口总额增加了4倍，吸引外资增加了6倍，2007年俄罗斯资本净流入达到创记录的823亿美元，证券市场市值是1999年的22倍。国家外债已经减少到GDP的3%，这是世界上最低的指标。截至2008年7月1日，外汇储备达到5683亿美元，稳定基金也达到了1600亿美元。2008年俄罗斯按购买力平价计算的国内生产总值达到28120亿美元，在经合组织国家中经济规模仅次于美国、日本和德国，人均近2万美元，迅速跃入高收入国家行列。[①] 全球金融危机爆发的前两年俄罗斯兴起了真正的投资和消费高潮，其推动全球经济增长的作用凸显，经济实力和地位大幅度提升。

在经济实力迅速提高的基础上，俄罗斯加快了推进前苏联地区的政治、军事、经济、能源和文化的一体化进程。一方面强化集体安全条约组织及其快速反应部队的作用，实行安全和军事的一体化；另一方面选择俄、白、哈关税同盟作为经济一体化的“核心”，加快推进独联体自由贸易区和欧亚经济共同体向欧亚经济联盟发展，统一经济空间，实行统一货币，建立共同能源市场，实现商品和服务、资本和劳动力的自由流动。其基本路线图就是自由贸易区——关税同盟——统一经济空间——欧亚经济联盟——欧亚联盟。

---

① 本段采用数据均根据俄罗斯国家统计署出版物计算出来：Национальные счета России в 2003—2010гг.. 2011：Стат. сб. /Росстат. -М.，2011.；Россия в цифрах. 2011：Стат. сб. /Росстат. -М.，2011.；Российский статистический ежегодник. 2010：Стат. сб. /Росстат. -М.，2010。

二、俄罗斯推进欧亚一体化的进程

早在1993年9月独联体12个成员国就在莫斯科签署了《经济联盟条约》。试图按照西欧一体化模式，分阶段建立自由贸易区、关税同盟、共同市场和货币联盟。1994就建立自由贸易区的决定达成一致，但包括俄罗斯在内的许多国家并没有批准这一协定。20世纪90年代中期俄罗斯开始意识到前苏联地区对自身国家安全的重要性，开始改变策略推进小范围的一体化进程。

1995年1月，俄罗斯、白俄罗斯和哈萨克斯坦（后来吉尔吉斯斯坦加入）签署了《关税同盟协定》，目标是消除商品自由交换的障碍；为正当竞争制订统一的"游戏规则"；协调成员国经济政策，包括保护它们在国际市场上的利益。1999年2月签署了《关税同盟和统一经济空间条约》，塔吉克斯坦加入。2000年10月俄、白、哈、吉、塔五国元首在阿斯塔纳签署了《关于建立欧亚经济共同体条约》（2001年5月生效）。其目标是全面实现自由贸易制度，保障资本自由流动，建立共同金融市场，制订统一商品和服务贸易规则和市场准入规则，形成共同运输服务市场和统一运输体系，建立共同能源市场、共同劳动市场、统一教育空间、法律空间等。建立欧亚经济共同体，标志着经济一体化从自由贸易区（免关税贸易）通过关税同盟（对非同盟国商品实行统一关税税率）向共同市场（商品、资本、服务、劳动力自由流动，统一对第三国贸易政策，共同货币政策）的进一步发展。乌克兰、摩尔多瓦和亚美尼亚分别于2002年和2003年取得观察员国资格。欧亚经济共同体成员国进入21世纪后经济有了长足的发展。2003年欧亚经济共同体几乎所有成员国主要宏观经济指标都呈现出正增长，实现了本币对美元汇率的相对稳定，通货膨胀速度相继放缓，平均工资大幅增加。根据俄罗斯总统和哈萨克斯坦总统的倡议，2006年1月两国签署了设立欧亚开发银行的协议，在全球经济危机的压力下，亚美尼亚和塔吉克斯坦分别在2009年4月和6月，白俄罗斯在2010年6月，吉尔吉斯斯坦在2011年8月加入了欧亚开发银行。为促进欧亚经济共同体国家共同抵御全球经济危机，2009年又成立了欧亚经济共同体框架内的反危机基金。欧亚经济共同体法院也将从2012年开始运转。

21世纪前十年在推进欧亚经济共同体发展方面采取了四步走战略：

第一步就是加快俄、白、哈关税同盟建设。2007年10月，三国签署了新的《关税同盟条约》，两年后签署了《关税同盟海关法典》，标志着关税同盟正式成立。从2010年1月正式实行统一的关税税率、关税限额使用机制、优惠和特惠体系以及统一的对第三国禁止或限制进出口的商品清单。到2011年7月建成了统一关税空间，标志着关税同盟的实际运行。形成了一个拥有1.7亿人口、石油储量900亿桶、GDP总量2万亿美元的次区域经济组织。由俄主导的“统一经济空间”已初具雏形，对原苏联地区建立共同市场和统一货币空间起到有力的促进作用。随着吉尔吉斯斯坦和塔吉克斯坦入盟谈判的积极展开，关税同盟即将扩大至整个欧亚经济共同体。

第二步就是将俄、白、哈关税同盟升华为统一经济空间。2010年12月，三国总统在莫斯科发表共同宣言，从2012年1月1日起统一经济空间将开始全面运作，不仅要实现商品、资本和人员的自由流动，还要建立超国家的协调机构，协调各成员国宏观和微观经济政策，建立统一中央银行，实行统一货币，建立共同能源市场。这将是前苏联地区第一个最务实的经济一体化组织，将从根本上改变三国商品、资本和劳动力的流通规则，从而加强“三驾马车”的地缘政治地位。

第三步是将统一经济空间进一步升级为欧亚经济联盟。2011 年 10 月关税同盟政府首脑会议审议了《关于建立欧亚经济联盟的决议草案》，并有望于 2011 年 12 月由三国领导人签署。计划 2013 年启动欧亚经济联盟程序，在关税同盟和统一经济空间基础上走向更紧密的经济和货币政策协调，创建真正意义上的经济联盟。目前已经加快了编纂《统一经济空间和关税同盟基本法》的工作，这是一份包括从统一宏观经济和关税政策到协调移民和签证制度的所有合作方向的整套文件，并将成为《欧亚经济联盟条约》的基础。普京坚定地指出："我们有完全充分的理由认为我们将于 2013 年迈出这第三步。"[①]

第四步即是从欧亚经济联盟迈向欧亚联盟。2010 年 12 月，欧亚经济共同体莫斯科元首峰会就在俄、白、哈统一经济空间基础上建立欧亚联盟达成一致。普京在 2011 年 10 月 20 日欧亚经济共同体跨国委员会和关税同盟高级机构会议记者招待会上豪迈地表示："我们不会就此止步，我们为自己提出了更具雄心的任务：走向下一阶段更高水平的一体化：欧亚联盟。"他预计 2015 年将实现这一欧亚强国的历史使命。[②]

与此同时，俄罗斯从 2008 年开始加强独联体经济一体化的推进工作。2009 年 3 月成立了自由贸易区协定草案谈判工作组。2010 年俄罗斯作为独联体主席国起草了取代 1994 年签署的毫无意义的独联体自由贸易协议和 100 多份成员国相互间贸易协议以及消除一系列相互贸易壁垒的独联体多边自由贸易区协定。独联体 8 个

---

① 俄罗斯电视台新闻频道报道：Путин：Евразийский союз заработает в 2013 году。（http：//www.vesti.ru/doc.html？id＝506530．上网时间：2011 年 7 月 12 日）

② 普京在 2011 年 10 月 20 日独联体政府首脑委员会、欧亚经济共同体跨国委员会和关税同盟高级机构会议举行记者招待会上的讲话（关税同盟网站 http：//www.tsouz.ru/news/Pages/21－10－2011.aspx。上网时间：2011 年 10 月 21 日）。

国家于2011年10月18日签署了这一协定，为独联体成立20周年献上一份厚礼。[①] 这一协定将成为独联体国家经贸关系的基础性法律文件，内容涉及取消相互贸易关税和数量限制、商品原产地的确定原则、与第三国贸易的限制实施、过境自由、再出口、相互贸易中的特别保护措施、反倾销和补贴措施、贸易中的竞争和补贴问题、技术壁垒、卫生检验和检疫措施、海关监管、解决争议的原则。自由贸易区内的对外贸易业务将实行统一规则，为商品和服务的自由流动、相互贸易的增加、互利合作关系的发展创造有利条件，并为建设独联体共同市场开辟广阔的前景。这一协定充分考虑到了独联体国家加入WTO的进程和关税同盟的建立，其基本准则便是WTO的规范和规则。这一文件的签署将为独联体地区贸易全面自由化奠定法律基础。

自由贸易区是独联体经济一体化最终目标建立经济联盟的第一阶段。独联体成长过程中另外一个重要标志是分别于2007年和2008年通过了《独联体进一步发展构想》、《2020年独联体经济发展战略》。《构想》高度评价了独联体国家社会经济发展与合作的进程，共同展望了发展前景和发展方向，其长期目标是实现一体化的经济和政治国家联合体，保证每个成员国的高效发展。《战略》确定了具体发展目标，其中包括符合WTO规则的自由贸易区的运转，为建立共同经济空间创造条件，发展包括农产品在内的共同市场，建立有效的货币金融合作机制。

---

① 目前独联体成员国有11个，其中8个成员国签署了自由贸易区协定，它们分别是俄罗斯、乌克兰、白俄罗斯、哈萨克斯坦、亚美尼亚、吉尔吉斯斯坦、摩尔多瓦和塔吉克斯坦。阿塞拜疆、乌兹别克斯坦和土库曼斯坦没有在自由贸易区协定上签字，它们将在2011年底前研究加入这一协定的可能性。

三、欧亚联盟建设的目标

普京在他发表在2011年10月3日《消息报》上的文章《欧亚新的一体化计划：未来诞生于今天》中提出了在前苏联地区建设欧亚联盟的设想后，即刻引起了国内外的强烈反响。这里有西方的指责，也有独联体国家的恐惧、批评和支持的矛盾心态。此时，欧亚联盟的其他两个主体白俄罗斯和哈萨克斯坦总统的表态在一定程度上平息了人们心理上的不安。10月17日卢卡申科在《消息报》发表的《关于我们的一体化的命运》[①] 的文章和10月25日纳扎尔巴耶夫在《消息报》发表的《欧亚联盟：从思想到未来的历史》[②] 的文章，从不同角度对普京的欧亚联盟设想表达了热情洋溢的支持和赞美。从这三篇关于欧亚联盟代表性的文章可以看出他们所设想的欧亚联盟将要达到以下几个方面的目标：

首先，其终极目标不可能只局限于经济联盟。普京表示2013年启动欧亚经济联盟后将于2015年走向“更高的一体化水平：欧亚联盟”，也就是说，欧亚联盟除了经济联盟之外还要实现政治联盟、军事联盟等。就政治联盟而言，普京虽然表示不是以某种形式“恢复苏联”，纳扎尔巴耶夫也保证“不存在任何的苏联‘复辟’或‘灵魂转世’”，但同时普京也表示要建立一种“强大的超国家联合体”，卢卡申科更是强调：“在实现最大程度的经济一体化后，我们势必要打造牢固的社会政治上层建筑——形成统一的价值观、司法体系、生活标准和发展方向。这方面不逐步建立某些超国家机制，包括政治

① Лукашенко А.，О судьбах нашей интеграции. Известия，17 октября 2011 года.

② Назарбаев Н.，Евразийский Союз：от идеи к истории будущего. Известия，25 октября 2011 года.

机制是不行的。”例如关税同盟委员会拥有处理有关同盟运作一切事务的权力，做出的决定具有超主权性质，委员会决议的效力大于成员国的国内法律。2011 年 10 月的圣彼得堡政府首脑会议决定进一步扩大关税同盟委员会的权限。纳扎尔巴耶夫和卢卡申科也都强调了欧亚联盟的合作领域从经济向社会、文化、教育等方面扩展的必要性，卢卡申科指出，要“从经济逐渐扩大到社会，甚至部分政治问题的一体化”。[①] 统一俄罗斯党总委员会主席团副书记 Ю. 舒瓦洛夫表示，该党将推动形成俄罗斯和欧亚经济共同体、关税同盟统一的土地使用制度，并制订各国国内土地开发的政策措施。[②] 也就是说，建成关税同盟、统一经济空间和共同货币之后，理所当然地下一步就是统一各国的土地使用规则。一旦走到这一步，卢卡申科所强调的“国家主权”也就难以成为欧亚联盟的“基石”。此外，军事联盟也在迅速推进过程中，集体安全条约组织及其快速反应部队也将逐步纳入欧亚联盟框架当中。

其次，把欧亚联盟打造成当代多极世界中的一极，与欧盟、美国和中国共同主导全球的可持续发展。普京强调：“这种力量的联合可以使我们并非简单地融入全球经济和贸易体系，而且现实地参与决策进程，以及游戏规则和未来架构的设计。”纳扎尔巴耶夫主要强调了欧亚联盟在经济上主要目标，即一体化首先从经济开始，“欧亚联盟的首要基础是统一经济空间”，并且从一开始就应该是“具有竞争力的全球经济联合体”，成为“新的全球金融货币体系的一部分，分阶段建立共同支付体系和实行统一货币”。

第三，使欧亚联盟成为连接欧洲和迅速发展的亚太地区的有效“纽带”和“坚实环节”。普京认为，欧亚联盟是“由自由、民主和市场规律联合起来的大欧洲不可分割的一部分”，希望与欧盟建立自

① Лукашенко А.，О судьбах нашей интеграции. Известия，17 октября 2011 года.

② 俄新社网站：http：//www.ria.ru/economy/20111013/457439179.html。

由贸易区，试图在从大西洋到太平洋的整个欧亚大陆范围内实现“和谐的”自由贸易和市场开放原则，建立从里斯本到符拉季沃斯托克的和谐经济共同体，目的是要“改变整个大陆的地缘政治和地缘经济局势”。纳扎尔巴耶夫指出，要让欧亚联盟成为联系“欧盟与东亚、东南亚和南亚迅速发展经济体的桥梁”，连接西欧和中国西部的公路运输走廊和将来的泛欧亚高速铁路建成后将在沿线形成现代物流运输体系。卢卡申科更是明确提到：“我们的一体化不能仅局限在西方，与东方国家和经济联合体，首先是我们的战略伙伴中国的紧密一体化应当成为重要任务。”

第四，欧亚联盟将逐渐扩大到整个前苏联地区。普京指出：“欧亚联盟是开放性工程。我们欢迎其他伙伴国首先是独联体国家加入进来”，所以，“将欧亚联盟与独联体对立起来是错误的”。当然，这是在尊重“一个国家根据自己长远的民族利益所做出的主权决策”原则下的渐进过程。[①] 吉尔吉斯斯坦和塔吉克斯坦正在紧锣密鼓地就加入关税同盟进行谈判，届时，关税同盟和统一经济空间将扩大到整个欧亚经济共同体。

第五，在欧亚联盟成员国问题上坚持平等、主权和自愿的原则。卢卡申科赞成普京的尊重主权和平等的原则，认为“只有平等才能奠定新联盟的基础”，欧亚联盟的“基石是我们这些国家的主权”。纳扎尔巴耶夫更加强强调了一体化必须坚持自愿原则，务必坚持自然演进的道路，任何人为加速和鞭打某些国家的做法都是不可接受的；欧亚联盟应该是平等、不互相干涉内部事务、尊重主权和国界不可侵犯的原则基础上实现国家的联合；欧亚联盟超国家机构应当在共识的基础上顾及每个成员国的利益；必须在广泛的社会支持的基础上建立欧亚联盟。

---

① Путин В.，Новый интеграционный проект для Евразии - будущее рождается сегодня. Известия，3 октября 2011 года.

四、实现欧亚联盟的可能性与制约因素

（一）前苏联地区具有实现一体化的客观基础

普京表示："我们有着共同的过去，继承了大量的苏联遗产，如运输、能源、通讯等共同的基础设施、现实的生产专业化、共同的语言、科技和文化空间"，"我们曾经拥有苏联统一国民经济综合体"。[①] 这一切都使得前苏联地区的一体化进程要比欧洲容易得多和迅速得多。促使前苏联地区实现一体化的动机主要包括三个方面：(1) 许多前苏联商品与国外商品相比竞争能力较低。如果取消关税壁垒，许多加工部门如纺织、食品、木材加工等在廉价和高质量进口商品的压力下可能会全面破产。所以，所有独联体国家关心的是对本国企业建立集体经济保护体系，暂时挡住外国商品的进入。(2) 技术上的相互依赖程度高。一体化的目的是为了恢复和保持20世纪90年代苏联作为统一国家解体后中断的各加盟共和国之间的经济联系。据专家估计，没有其他独联体国家的协作，哪怕前苏联加盟共和国中最能自给的俄罗斯也只能生产大约65%的产品，哈萨克斯坦没有与俄罗斯的协作只能生产所有工业品的10%，而吉尔吉斯斯坦和塔吉克斯坦能生产的产品连5%都不到。用普京的话说，"没

① 普京在2011年10月20日独联体政府首脑委员会、欧亚经济共同体跨国委员会和关税同盟高级机构会议举行记者招待会上的讲话（关税同盟网站 http://www.tsouz.ru/news/Pages/21－10－2011.aspx。上网时间：2011年10月21日），以及普京发表在《消息报》上的文章：Путин В.，Новый интеграционный проект для Евразии － будущее рождается сегодня. Известия，3 октября 2011 года。

有这些联系，我们的生活是不可想象的”[①]。（3）独联体大部分普通百姓愿意“回到苏联”。即使在20世纪90年代初愿意全面实现民族独立的前苏联共和国居民也决不是多数。20世纪90年代从苏联解放出来的所有“自由共和国”都不可避免地遭遇了深刻而持久的危机强化了大众意识当中“强大而富有的苏联被自私自利的政客们所瓦解”这样的想法。所以，任何与“复兴苏联”相关的措施、哪怕是口头声明都会提升政治家的支持率。这也恰恰说明了普京在确定其参加总统大选后不久即发表关于欧亚联盟思想的文章的用意。

（二）欧亚联盟是俄、白、哈三国领导人共同倡议的

2010年12月欧亚经济共同体莫斯科元首峰会就俄、白、哈统一经济空间基础上建立欧亚联盟已经达成了一致。2011年10月3日普京关于欧亚联盟的文章发表后不久，白俄罗斯总统卢卡申科和哈萨克斯坦总统纳扎尔巴耶夫迅速做出了回应，分别于10月17日和25日在《消息报》上相继发表题文章，对普京关于“欧亚联盟”的思想表示支持。卢卡申科表示他历来就认为苏联的解体是20世纪最深刻最惨痛的错误，普京文章话语的背后是正确的战略。建立这种一体化联盟是促使世界稳定的正确的一步。“对白俄罗斯来说，与最亲近的邻居实现深入的富有成果的一体化以前是，现在是，将来也是唯一的发展道路。”白俄罗斯希望能够实际迅速推进一体化进程，而不是只停留在纸面上，如果统一经济空间的目标能够得以实现，那么就可以直接向欧亚联盟迈进，白俄罗斯将会积极参与这一进程，“我作为白俄罗斯总统，将与俄罗斯和哈萨克斯坦领导人密切合作，将深入一体化的正确战略付诸实践”。纳扎尔巴耶夫早在1994年3月就提出要在独联体范围内建立全新的一体化联合体——“欧亚国

① Путин В.，Новый интеграционный проект для Евразии - будущее рождается сегодня. Известия，3 октября 2011 года.

家联盟”，“这是我们共同的战略目标”。他对“由于一些客观和主观的原因，独联体没能成为后苏联空间一体化的决定性机制”而表示遗憾，强调了建立欧亚联盟的必要性，以及必须坚持的原则和目标。

（三）前苏联地区的经济发展提出了一体化的客观要求

进入2000年以来，前苏联地区经济有了长足发展，成为世界上最快的发展地区之一（见图1）。2008年欧亚经济共同体经济规模比2000年增加了68%，平均每年增长速度达到近7%，投资更是以13.7%的速度递增。[①] 独联体国家对外贸易大幅增长，2005年突破5000亿美元，2010年达到9336.3亿美元，2011年有望超过1万亿美元。但随着独联体国家不断开辟新的国际市场，贸易多元化趋势日趋增强，相互之间的依赖性有所下降。2010年独联体国家相互贸易只占到对外贸易总额的21.8%。而亚美尼亚、哈萨克斯坦、吉尔吉斯斯坦、塔吉克斯坦和白俄罗斯对独联体的依赖仍保持在45%—57%。

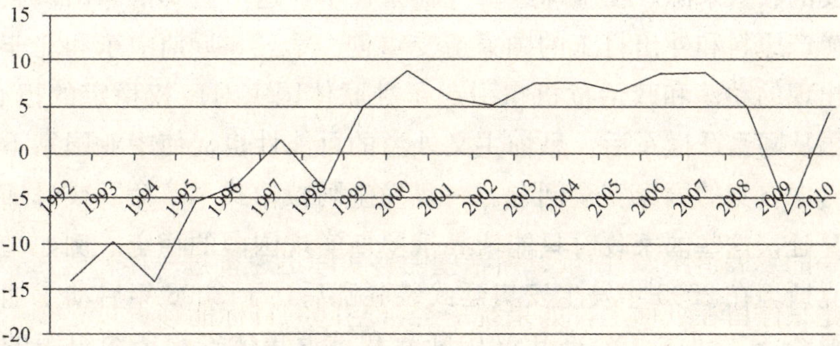

图1 独联体成立以来GDP平均增长速度[②]

① Евразийское экономическое сообщество. 2000—2009. Справочник.（参见 http：//www. evrazes. com/i/data/item7264—2. pdf）

② Основные социально-экономические показатели государств-участников СНГ за 1992（1994）годы.（参见独联体执行委员会官方网站：http：//www. cis. minsk. by/page. php？id＝18908。上网时间：2011年4月10日）

（四）独联体国家面临各方面巨大的外部压力

首先，突如其来的全球金融危机使独联体国家遭受了的沉重打击。据世界银行的统计数据，2009 年 GDP 减幅最大的 10 个国家中有 6 个是独联体国家。[①] 其次，关税同盟对前苏联地区非成员国形成了相当大的压力和吸引力。2011 年前 8 个月关税同盟国家对外贸易总额达到 5840 亿美元，同比增加 37.2%。其中出口 3770 亿美元，同比增加 35.3%。2011 年上半年关税同盟国家相互贸易同比增加了 40.5%。2010 年 7 月—2011 年 6 月，关税同盟三国相互贸易达到 1083.2 亿美元，同比增加 32.5%。[②] 如上所述，亚美尼亚、吉尔吉斯斯坦和塔吉克斯坦对独联体特别是俄罗斯保持高度依赖，关税同盟统一上调对外关税后，对上述国家造成严重影响，吉尔吉斯斯坦和塔吉克斯坦从关税同盟国进口的商品占其进口总量的 50%以上，而且两国有近 1/3 的人口在俄罗斯打工，他们汇回的收入成为国家重要的收入来源。在全球经济危机条件下，这些主要依靠出口农业和矿产原料和外出打工的国家遭受重创。第三，近期中东和北非国家出现的动荡和政治危机也引起了独联体国家对政权稳定的担心；美国从阿富汗撤军后，恐怖主义外溢的可能性也促使中亚国家不得不考虑自身的国家安全问题。一旦发生阿拉伯式“革命”或恐怖主义蔓延，这些国家政府只能依靠俄罗斯实现国内的稳定。例如乌兹别克斯坦在 2005 年发生安集延武装骚乱后，于 2006 年启动了加入欧亚经济共同体（2008 年又中断）和重返集体安全条约组织的程序。2010 年吉尔吉斯斯坦骚乱后，集安组织加强了应对国内危机的

① 转引自 Доклад Института современного развития：экономические интересы и задачи России в СНГ，февраль 2010 г。（参见俄罗斯现代发展研究所网站：http：//www. insor-russia. ru/files/Intrest _ Books _ 02. pdf。上网时间：2010 年 2 月）

② 关税同盟官方网站公布的统计资料（参见：http：//www. tsouz. ru/db/stat/Pages/default. aspx）。

作用。而俄罗斯也不得不重视该地区的稳定对国家安全的重要性。第四，全球经济危机严重削弱了西方国家的经济实力和地位，自由主义发展模式受到质疑，这使得前苏联地区曾经的“颜色革命”正在经历“褪色”浪潮，多数国家对俄罗斯的向心力在加强。

（五）俄罗斯还保持着作为独联体工业和农业产品销售市场以及巨大的就业市场的作用

由于危机的影响，国际市场上工业原料和半成品价格急剧下跌，在前苏联地区精英意识中对俄罗斯市场在保障独联体经济均衡发展方面的关键作用的认识得以进一步加强。俄罗斯拥有前苏联地区72%的GDP，76%—77%的石油天然气开采量，以及67%—68%的商品和服务出口总额，其经济总量占欧亚经济共同体和关税同盟的90%。俄罗斯主导欧亚经济一体化的核心在于把工作重心逐渐地从宏观层面（国家）的一体化努力转向鼓励微观层面（企业）的一体化；不再重复“天然气战”、“石油战”，根据实用主义在企业层面展开扎实的工作，以改善俄罗斯在前苏联地区的声誉；在贸易政策方面逐渐将独联体国家与域外主要竞争对手双边对话的形式提升到关税同盟和统一经济空间整体的水平，与外部竞争对手在前苏联地区国家联合实施大型项目，一方面降低这些国家脱离俄罗斯的风险，另一方面缓和与竞争对手的竞争；增强软实力，团结各国精英阶层，改善俄罗斯在独联体的形象，加强教育和科技合作，培养来自该地区劳动移民对俄罗斯的感情，加强俄罗斯在该地区文化和信息空间的存在。

在肯定俄罗斯在该地区起着重要作用的同时，也要看到俄罗斯不再是前苏联地区国家发展合作的唯一战略伙伴，俄罗斯并不支配足够的资源也没有达到将这些国家主要的对外经济利益“拴在自己身边”所必须的经济诱惑力。首先，俄罗斯对前苏联地区施加影响的特权得不到国际社会的承认。俄罗斯和其他独联体国家在某些商品的国际市场上不是以伙伴而是以竞争对手出现的（出口结构相似），从而加剧它们之间的矛盾。促进离心趋势的还有俄罗斯和某些前苏联地区国家间紧张的政治关系，影响了相互间的投资合作，加剧了贸易壁垒。其次，从俄罗斯对该地区经济政策的主要手段来看，在能源地区价格接近或达到国际市场价格以及能源供应多元化进程不断加强的条件下，“能源”杠杆的意义将会直线下降；在俄罗斯与前苏联地区相互关系中资金因素的分量远低于能源、贸易和移民因素，在危机和危机后资金杠杆可能会进一步受到削弱，因为危机时期多边的和独联体外国际金融机构在该地区的存在明显加强，它们带来了大量的资金援助；由于成员国间的政治矛盾和利益分歧，用纯粹政治的手段来孤立地推动独联体国家建立共同经济空间是不可能的。第三，在前苏联地区范围内推动一体化向更高程度发展的有利经济条件还没有形成。独联体国家没有高度发达的和多元化的加工工业，相应地也没有作为一体化进程基础的发达的区内合作关系。在俄罗斯和该地区国家出口商品结构上，燃料原料商品占优势，严重依赖于国际市场行情，不可能形成各国经济的紧密联系。第四，前苏联地区国家经济存在巨大的差距。这些差距是由不同的经济潜力、社会经济发展水平的巨大落差、部门结构的差异、市场改革的不同程度、自然资源的保障程度、对外部联系和其他因素的依赖程度所决定的。独联体国家在经济政策协商和立法衔接方面很难相互适应，而这是经济一体化所必须的。

五、结论

独联体国家试图融入全球经济，从世界经济发达中心借鉴先进的技术，导致对外经济关系转向体外国家，这是体内相互贸易下降的原因。所以，俄罗斯要保持自己作为前苏联国家地区领袖的吸引力，只能靠经济增长和科技实力的提高，通过经济结构转型，提高国家竞争力，来更全面地满足独联体伙伴对新技术和科技含量高的现代设备的需求。尽管存在上述制约因素，但是从普京2020年实现现代化的坚定目标，包括每年6%—7%的经济增长速度和用7000亿美元彻底更新军队来复兴欧亚强国的决心，白俄罗斯、哈萨克斯坦领导人的共同支持，以及最近几年关税同盟推进的进度来看，虽然不一定会完全实现俄、白、哈三国领导人设想的欧亚联盟的目标，但是完全有理由相信在普京再次当选俄罗斯总统的任期内能够实现“2.0版苏联”。

2008年爆发的全球经济危机到目前还没有结束的迹象，估计将会延续到2012年和2013年。从历史长河来看，这场危机将会成为国际政治经济分水岭，国际格局正在重新洗牌。以中国、俄罗斯为代表的新兴市场国家群体性崛起，经济实力和国际地位迅速提升，相反美国作为全球经济危机的起源，标志着美国霸权的相对衰落，而被主权债务危机困扰的欧洲将长期处于停滞状态。不排除普京所设想的10年后，世界上出现一个包括政治、经济和军事同盟在内的欧亚联盟与中、美、欧四分天下的国际格局图景。一方面，上海合作组织面临严峻挑战，在此框架下中国与独联体国家的双边合作关系将提升到欧亚联盟的层面，即变成中国与欧亚联盟的双边关系。另一方面，可以设想中国与欧亚联盟、欧亚联盟与欧盟分别结成自由贸易区，将会形成从大西洋到太平洋整个欧亚大陆的自由贸易和市场开放，这也是白俄罗斯和哈萨克斯坦总统所希望的。

国际秩序演变视野下的中东变局

李伟建*

【内容提要】中东动荡是该地区国家政治和社会发展历史进程的一部分，但冷战结束以来国际环境的迅速变化以及世界政治经济权势的快速转移是“诱发”中东变局的重要原因之一。从时机上看，美国中东战略的收缩，为中东变革运动的兴起提供了可能；从发展上看，全球化的深入发展，拉大了中东与世界其他地区的差距；从理念和制度建设上看，改革创新的时代精神对缺乏机制和制度创新动力和能力的中东国家形成了巨大冲击。而正在转变中的国际秩序以及世界权力结构的变化趋势也必将对未来中东地区秩序重构及各国政治及社会转型产生重要影响。

2011 年初以来，中东多国发生持续动荡。对此，国内学界和媒体已有大量分析报道。大部分论述侧重于动荡原因、性质及其对地区形势和国际关系的影响，强调其内生性和影响的溢出效应。本文试图将中东动荡置于今当变革时代的国际背景下，从国际秩序演变

* 李伟建，博士，上海国际问题研究院外交政策研究所所长、西亚非洲研究中心主任、研究员。

的视角，分析冷战结束以来国际环境的迅速变化以及世界政治经济权势的快速转移是如何“诱发”了中东变局，并且，国际秩序的进一步变化又将对地区局势的发展及地区新秩序的构建产生何种潜在但重要的影响。

毋庸置疑，持续中的中东动荡其实是该地区国家政治和社会发展历史进程的一部分。但其发生的时机、动荡后地区信仰体系和政治秩序的重建、国家发展模式与对外战略的选择等发展前景都受到时代背景和国际大环境变化的影响，与国际秩序的变迁密切相关。

一、“单极时刻”结束为中东变革运动的兴起提供了可能

“单极时刻”是美国著名智库、战略与国际问题研究中心的全球安全与地缘战略专家西蒙·瑟法蒂（Simon Serfaty）提出来的。用“时刻”而不用人们常见的“时代”这个词来描述国际关系中一个特定阶段，是为了说明国际秩序变化的速度。冷战结束后，美国一度独领国际舞台风骚，其各方面优势大大超出任何竞争对手。许多美国人期望这样一个“单极时刻”最终会开创出一个“单极时代”。他们认为，冷战后全球的主要特征就是美国占有了全球主导地位。成为这个单极世界中唯一的超级大国，它可以根据自己的利益来塑造国际秩序。但出乎美国人意料的是，这一“时刻”在任何“时代”还未来得及开始之前很久就结束了。[①] 这些年来，由美国主导的旧秩

① Simon Serfaty，“Moving into a Post-Western World”，*The Washington Quarterly*，Spring 2011，http：//www.twq.com/11spring/docs/11spring _ Serfaty.pdf.

序正逐渐让位于日益与非西方的新兴国家平分秋色的新秩序。

导致国际秩序出现迅速变化的原因之一是美国在鼎盛时期过度行使单边主义。尤其是“9·11”事件后，美国接连发动伊拉克战争和阿富汗战争，消耗掉很大实力。据美国经济学家、诺贝尔经济学奖获得者约瑟夫·E. 斯蒂格利茨（Joseph E. Stiglitz）在其和哈佛大学教授琳达·比尔梅斯（Linda Bilmes）合著的新书《耗资3万亿美元的战争》中的“保守估计”，仅伊拉克战争就耗费了美国3万亿美元的巨资。“3万亿美元是什么概念：只需用其中的1/6，美国就能在超过半个世纪的时间里维持社会保障体系良好运转，而不用降低福利和提高税收。”[①] 另据美国布朗大学沃森国际研究会最近公布的“战争开支”专项调查报告，10年来美国在阿富汗、伊拉克以及巴基斯坦展开军事行动的总开支至少3.7万亿美元，可能高达4.4万亿美元。[②] 这项调查结合20家美国学术机构发布的统计数字，计入人员补偿支出、军需消耗支出、战斗支出、战后重建援助等多重因素，综合计算出战争开支总额。报告还指出，以上统计数字仍旧保守，没有计入美军老兵、伤兵今后的特殊津贴、伤残津贴等多类尚未发生支出，粗略累加这些未发生项目，到2020年，战争总开支还得再多出1万亿美元。

其二是新兴力量的迅速上升。中国、巴西、印度等新兴国家的崛起以及印度尼西亚、土耳其等中级经济体的出现，使得地缘政治格局开始改变，并对二战后自由秩序的体制基础造成考验。虽然目前美国的GDP仍占世界总额的23%以上，但理查德·哈斯（Richard Haass）认为，考虑到美国的增长率与亚洲地区其他许多国家的增长率之间实际和预期的差距——其中许多国家的增长率比美国快

---

① Joseph E. Stiglitz, “The Three Million Dollar War”, http: //www. project-syndicate. org/commentary/stiglitz97/English.（上网时间：2008年03月07日）

② 新华网：“美国研究机构给十年战争算总账”，http: //news. xinhuanet. com/world/2011-06/30/c _ 121602977. htm。（上网时间：2011年06月30日）

两三倍——这一比例必将下降。[①] 以“金砖国家”为核心的新兴大国群体以及中等新兴强国群体以持续增长的经济发展势头，构成了世界经济发展的新动力，同时也扩大了它们在国际事务中的决策权和话语权。其中亚洲新兴国家崛起是新兴国家全球崛起的主要标志。在亚洲的引领下，新兴市场占全球经济的份额近数十年来稳定增长。尤其是，中国加大了在国际秩序管理中的参与，增加了在与国际安全与和平有关的事务中的责任。“中国作为新兴大国的出现，为旧秩序的转型提供了条件。”[②]

其三是全球金融危机。2008 年 9 月 15 日雷曼兄弟公司宣布破产引发的危机，被认为“是资本主义崩溃开始和在各个战线都遭到失败的美国超级大国力量的削弱”。[③] 金融危机对美国经济的负面影响至今仍未消褪。美国前财政部长劳伦斯·萨默斯（Lawrence Henry Summers）认为美国现在正走在通往“失去的十年”途中。[④] 经济困难直接导致了美国执行外交政策能力的缩小。同样，金融危机也给欧洲国家带来了极其严重的经济问题，许多国家陷入了严重的债务危机不能自拔。从对国际权力格局的影响看，金融危机在很大程度上表明了以美国和西方为主导的世界权力结构正在发生根本性的改变。

以上这些因素的共同作用使美国的相对地位不断削弱，美国胁迫他国、单方面重塑国际秩序、推行自身主张的能力减低，而这也

① Richard Haass, “The Age of Nonpolarity”, *Foreign Affairs*, May/June 2008, http://www.foreignaffairs.com/articles/63397/richard-n-haass/the-age-of-non-polarity.

② 郑永年：“2009，中国作为新型大国开始改变世界”，《参考消息》，2009 年 12 月 31 日。

③ Paul Jorion, “L'opinion a le sentiment de n'être plus représentée par les institutions”, *La Tribune*, March 21, 2011.

④ Lawrence Henry Summers, “How to Avert a ‘Lost Decaded’”, *Financial Times*, June 13, 2011.

加速了国际秩序权利结构的变化，加速了世界权势以及全球力量和影响力中心向非西方国家的转移。

国际秩序的这一变化直接导致了美国对外战略和政策的改变。布什政府在其执政后期，美国遭遇金融危机，经济持续下滑，总体实力下降。与此同时，中国等新兴大国群体性崛起，在经济领域成为美国强大的竞争对手。布什迫于内外形势不得不调整其中东政策，以应对现实的挑战。奥巴马上台以来，美国经济问题更趋严重，国际力量此消彼长的趋势进一步加快，美国全球主导地位明显下降，迫使奥巴马政府加快外交战略调整步伐。其中之一就是将美战略布局从“两大扩张计划”（大中东和大中亚计划）调整为收缩中东和重返亚洲的“西退东进”部署。①

在这一背景下，奥巴马政府对中东事务的关注度和实际投入以及美国对其中东盟国的重视和支持力度都有所下降。这在客观上为中东国家反政府抗议运动的兴起提供了时机和条件。众所周知，中东地区国家长期以来一直有迫切的政治变革和社会转型需求，但在过去几十年里，它被险恶的政治地缘环境所掩盖，并被外部势力尤其是美国错误的中东政策所干扰和压制。事实上，中东许多国家过去都分别爆发过类似今日的反政府抗议活动，但大都被本国政府以打击极端势力等名义镇压下去，而这些镇压行动往往得到美国和西方国家的支持或默认。而今，随着美国中东政策的收缩性调整，中东国家内部的政治和社会矛盾重新凸显出来，并最终酿成群体性反政府抗议浪潮。从国际秩序演变的视角看，金融危机引发的严重经济问题损害了西方支撑的国际秩序的经济基石，也松动了中东国家和世界体系之间的关系。当西方的体系不再能够通过有效的“供给”来“控制”这些国家的时候，西方所加于这些国家之上的结构就动

① 杨洁勉：“浅析奥巴马政府对美国全球战略进行的调整”，《国际问题研究》，2011年第2期，第19页。

摇了，这些国家的内部变迁就开始了。[①]

二、全球化的深入发展及变革的时代精神促进了中东社会的转型

显然，中东变局的征兆早就存在了，除了动荡国家内部因素外，时代的变化、全球化的快速发展对促进地区国际政治社会的转型也产生了至关重要的影响。

第一，全球化的深入发展。全球化带来当今世界最大的变化。它不仅改变了世界经济的运作方式，还改变着人们的思想和思维方式，并对当前的国际关系产生巨大而深刻的影响。在全球化背景下，世界各种文化或意识形态之间既互相撞击又互相交融、既有竞争也有对话，参与这一进程的国家通过不断的自我修正、自我更新和自我丰富，推动了自身的社会改革和转型。对中东大部分国家而言，全球化本应是个确立对世界制度的感知和明确地向着接受现代化的基本制度发展的社会转型过程，它不仅在经济上密切了中东与世界的关系，也在政治上带来了开放的压力，尤其是触动了中东政治民主化这根敏感神经。遗憾的是，大部分国家对此精神准备不足，总体态度是排拒的，实践是被动的。阿拉伯精英们更多地是看到了全球化带来的负面影响，担心“全球化文化”对伊斯兰传统文化的冲击。[②] 正是这种患得患失的心态使中东国家总体上错失了全球化带来的发展机遇。其结果是，中东的阿拉伯人对眼睁睁地看着他们被原本处于相近起点的亚洲“远远甩开”感到极度的屈辱和失望。而那

---

① 郑永年：“中东、阿拉伯变局与国际新秩序”，新加坡《联合时报》，2011年4月5日。

② 相关观点参见拙著《伊斯兰文化与阿拉伯国家对外关系》，时事出版社，2007年7月版，第124—137页。

些资源丰富的阿拉伯国家由于未能将资源优势转变为改善大多数人而不是少数特权阶层生活条件的可持续经济发展和社会发展优势，也引起阿拉伯民众的极大不满。这种失望和不满情绪极大地体现在了这次群体性的动荡之中。

第二，全球性的区域合作和地区一体化趋势。全球化推动了文化多元主义的发展，促进了各国沟通和理解，加快了区域合作和地区一体化趋势，总体上有利于维护地区稳定和地区国家的发展。但中东地区始终未能如世界其他地区一样利用经济全球化之势构建起能将各方力量整合起来的地区机制。究其原因，除了中东国家对接纳全球化态度犹豫，中东地区复杂的地缘政治环境也是重要制约因素。尤其是在全球金融危机的大背景下，各国的利益和诉求不断分化，国家间的关系越来越取决于不断变化和无法预知的环境。阿盟曾是阿拉伯世界团结的象征，然而我们看到，近年来它的影响力日渐衰落。每个阿拉伯国家领导人更多的是想实现自己的利益，而不是阿拉伯民族的整体利益，阿拉伯世界内部无法形成共同的战略。与此同时，地区大国关系紧张、教派矛盾激化。近年来，海湾国家经济实力增长，一些国家试图改变过去低调的外交政策，寻求地区影响力。但海湾区域整合也有其局限性。海湾国家与美国关系密切，在安全上依靠美国的保护，在内外政策上难以摆脱美国的影响。

所有这一切增加了迅速成长起来的阿拉伯知识界尤其是年轻一代阿拉伯人的不安全和失意感。历史上，导致 1952 年埃及君主政体倒台的革命正是这些年轻人政治上和心理上失意的最富戏剧性的结果之一。那场革命被认为“是一场极其重大的社会变革”。[①] 推翻法鲁克王朝、宣布苏伊士运河收归国有、战胜英、法、以联军的入侵让加麦尔·阿卜杜勒·纳赛尔在一夜之间成了能够洗刷过去一切羞辱和恢复阿拉伯民族自信和自豪的阿拉伯英雄。现在的阿拉伯世界

---

① ［美］凯马尔·H. 卡尔帕特编著，陈和丰等译：《当代中东的政治和社会思潮》，中国社会科学出版社，1992 年 2 月版，第 51 页。

与埃及革命前的情况非常类似，阿拉伯各国普遍存在的政治代表性危机最后酿成了全面的动荡。从地区秩序构建的层面看，埃及等核心国家的衰落也使阿盟在地区秩序中失去了支撑者。没有核心国家在区域国际体系中维持秩序和有效应对来自外部的强制，地区的稳定就变得十分脆弱。

第三，改革创新的时代精神。近年来世界政治和经济的快速发展对国际关系许多传统的规则和观念形成冲击，同时也为各国发展带来机遇和挑战。许多国家都在积极调整发展战略，建立健全相关制度，加快改革进程，积极推进政治经济和社会转型，以适应快速变化的时代发展。尤其在后金融危机时代，各国在都为争取在国际体系改革中占领新的制高点而竞争。在新的国际环境和急速变化的形势下，中东各国政权面临要求政治改革和实现政治经济和社会文化向民主化和现代化转型的压力骤增。前些年，在中东各国的媒体上，在各种研讨会场合或与当地各类人士的接触过程中，改革是一个被广泛而且高频率谈论的话题。但从这些年的实践看，中东国家在这方面的发展总体上是滞后的，关于改革的话题基本上还是停留在讨论的层面，无论是观念的转变和制度的建设都跟不上时代发展的步伐。这一方面是由于这些国家一直为所处的政治地缘环境所困，忙于应对各种外来挑战。但更主要的原因是，执政者担心一旦改革触及宗教和传统文化或危及现有政权的权力基础，他们能退让和妥协的空间就很有限。因为一旦改革进程启动以后首先会涉及到的，必然是对现有政权合法性的争论。①

在过去相当长一个时期里，由于对全球化的本能的排拒、信息技术的落后以及伊斯兰传统文化对阿拉伯人观察世界发展的方法的局限，阿拉伯世界普遍缺乏对于制度构建而言必须掌握的不断生成和演进的信息和推动制度创新的动力和能力，政治、经济和社会发展机制及制度建设严重不足。因此，当现代信息技术的发展终于使

① 朱威烈："文明对话与大中东改革"，《回族研究》，2006年第1期，第15页。

阿拉伯世界的广大年轻人看到了自己国家与时代发展的差距时，其受到的冲击力是巨大的。这也是年轻人成为这次变革运动主要推动力量的重要原因。

综上所述，虽然中东动荡反映出的是地区国家内部迫切的转型需求，但这些年国际环境的变化及世界的急速发展，无疑是中东转型的最大外部推力。从这个层面可以说，中东这次变革在一定程度上是变革时代压力下的产物。

三、转变中的国际秩序以及世界权力结构的变化趋势将对中东地区新秩序的构建及地区国家未来政治及社会发展进程产生重要影响

中东的转型是一个漫长的过程，其发展存在太多的不确定性：新中东政权将如何选择国家发展模式？地区秩序如何重构？中东与世界的关系又将如何调整？必须指出的是，中东国家的经济、政治和社会问题是由其文化和历史发展状况决定的，因此，任何改革都难以脱离本地区历史、宗教、文化和社会现实的影响，更不会改变其阿拉伯和伊斯兰的基本属性。但中东未来政治及社会进程的发展及地区秩序的构建同样难以游离于世界发展进程之外。事实上，在全球化深入发展的今天，它比以往任何时期都更容易受到外部世界的影响。

当前，世界的多样性已显而易见：经济力量平衡的改变已影响到地缘政治力量格局，世界权势继续向非西方的新兴大国转移，多中心的国际秩序架构正在逐渐形成。这一变化趋势将从几个方面影响中东未来的发展。

第一，美国将进一步收缩其中东战略，以集中力量应对国际秩

序权力结构变化带来的挑战。长期以来，美国已经习惯于作为国际政治和经济秩序的主导者。并且，“这种角色已经植入了美国政治文化和国家特征中”，① 对美国决策者来说，当前的首要问题是，如何在出现一系列引人注目的地缘政治变化之际维持美国领导的国际秩序。鉴于中国的崛起是催生国际秩序演变的重要因素之一，并且，“中国已经呈现出影响未来世界秩序的越发强劲的力量”，② 美国毫无疑问地将中国作为最大的竞争对手。这就决定了在未来很长时期内，美国的战略重心将部署在亚太地区，而其当前最大的挑战是如何将包括中国在内的新兴国家融入美国主导的国际机构。当然，这并不意味着美国将放弃对中东事务的主导。相反，美国一开始就对中东动荡进行干预，试图对其引导，希望维持其对中东地区的主导力。但是美国过去主导地区秩序的诚信度已经由于它所犯下的错误和由此给中东带来的不良影响而使其形象受损。这也使美国在引导中东国家建立新的地区秩序方面的影响力大打折扣。中东动荡半年多来的各种迹象表明，无论在维持区域秩序还是影响这些国家的内部局势方面，美国已经显得力不从心。“不管这些国家最终会发展出什么样的政治制度，不管西方国家如何干预这些国家的内部发展，这些国家和国际体系之间的关系很难回到从前的状态了。”③

这正是世界力量结构变化带来的结果。这一变化仍将继续，也必将对中东地区秩序重构及各国政治及社会转型产生重要影响。新的形势下，世界各种其他力量将逐渐进入并影响中东，中东地区国

① Stewart Patrick, “Irresponsible Stakeholders? The Difficulty of Integrating Rising Powers”, *Foreign Affairs*, Nov./Dec. 2010, http://www. foreignaffairs. com/articles/66793/stewart-patrick/irresponsible-stakeholders.

② “Global Shifts: Capstone Report Released”, http://www. transatlanticacademy. org/publications/global-shift-capstone-report-released.（上网时间：2011 年 06 月 02 日）

③ 郑永年：“中东、阿拉伯变局与国际新秩序”，新加坡《联合时报》，2011 年 4 月 5 日。

家相对美国，将表现出更大的独立性。尽管在很长时期内美国将依然是中东大部分国家的外交重点，但它将不再是中东对外关系的唯一主角。后动荡时代，地区主义将成为中东各国外交关注的重点，各主要国家将力争在未来地区秩序的构建中扮演重要角色，中东政治多元化趋势已初现端倪。

第二，美国和西方依然试图主导或者成为未来中东地区秩序构建的主要影响力量，但中、俄、印度、巴西等新兴国家以及印度尼西亚、土耳其等中级经济体的崛起对中东地区的"示范"效应正在增大。国际秩序的演变趋势表明了，虽然西方的经验在过去一个多世纪里占据了主导地位，并且现在和未来依然对世界发展有着重要影响，但其他文化和历史差异很大的国家也加入了现代化进程。这些国家在经济上取得巨大成功之后，它们的政治、文化乃至军事影响力也随之大幅提升，并越来越成为全球关注的焦点。而与之相对的是，西方的实力正在下降。眼下，欧洲许多国家正陷入严重的债务危机，希腊和西班牙等国最近爆发了大规模骚乱和示威活动。示威者不仅仅是对政府的财政紧缩措施表示抗议，还要求国家实行一种"全新的政治和经济制度"。这种情绪正在欧洲其他一些国家蔓延，让西方人开始担忧自己的"阿拉伯之春"就要到来。美国《时代》周刊驻巴黎分社社长布鲁斯·克拉姆利（Bruce Crumley）最近撰文表示，尽管情况有所不同，但阿拉伯国家和欧洲已经动员起来的大众都具有这样一种共同的感受，即他们国家的制度已经使他们变成了牺牲品。①

对中东国家而言，这直接导致了两个结果：一是西方样板对中东的吸引力正在下降；二是欧洲国家关注中东事务的政治意愿及实际影响力降低。这种此消彼长的世界力量结构变化将会促使更多的

---

① Bruce Crumley, " Why Greek Tumult Signals the Coming of Europe's Own 'Arab Spring'", http://globalspin.blogs.time.com/2011/06/17/why-greek-tumult-signals-the-coming-of-europes-own-arab-spring/.（上网时间：2011 年 06 月 17 日）

中东国家寻找替代的地缘政治力量。更确切地说，那些曾经将眼光投向东方的国家将会更加坚定它们的东向战略选择，而那些原来只把眼光盯住西方的国家也会放宽它们的视野，把加强与包括中国在内的新兴国家的合作作为一种新的战略目标。这也意味着，后动荡时代，中东国家的对外关系重点将会从过去的主要集中在欧美向未来追求更多元的国际合作调整。

第三，经济增长及国家发展模式对当前的中东政治社会转型至关重要。中东动荡已经半年多，但变局才刚刚开始。越来越多的国家已经认识到，政权更迭并不一定会带来经济繁荣和民生的改善，政治变革和经济好转之间事实上有着十分紧密的共生关系。西方国家已经看到，如果不能立即为中东的经济发展创造条件，政治变革就可能难以为继。对此，西方有人提出对中东推行所谓的“马歇尔计划”，同时也有人坚持，只有进行政治改革并同西方保持关系的国家才能得到西方援助和贷款。但是中东面临的政治和社会问题是由其社会文化和历史发展状况决定的，改革涉及到的许多深层次问题也不是仅通过与美国和西方保持关系、依靠西方援助就得到解决的。而且，西方发达经济体目前深陷赤字和主权债务危机，一些国家所谓要对中东国家提供援助的承诺，其实大半也只是空头支票。此外，由于自身问题重重，西方的发展模式也正在逐渐失去对中东的吸引力。

相反，包括中国在内的新兴国家发展模式正越来越引起中东国家的关注。而新兴国家强大的经济实力，可以帮助中东在恢复经济和稳定地区局势方面发挥积极作用，而新兴大国的发展模式也对中东的社会转型具有积极的参考价值。毋庸讳言的是，中国因素已经成为影响国际关系和国际秩序演变的最有影响力的变量之一，中国无疑也可以在促进中东地区秩序构建和推动中东经济发展方面发挥重要作用。基辛格最近在接受《参考消息》记者采访时表示，要建立新的世界秩序不能缺少中国，而“中国的发展模式无论对中国自己还是世界其他国家都具有重要的意义”。[①] 过去十年，中国通过中非合作论坛这一引擎，已经成为推动非洲经济发展的新动力。相信中国也可以通过中阿合作论坛以及其他既有将要构建起来的新合作机制为中东经济的发展做出积极贡献。

结　语

综上分析可以看出，虽然中东动荡从一开始就被认为是一场内生性的变革运动，但全球化的深入发展，尤其是国际体系大变革时代带来的一系列格局性和趋势性重要变化对中东的冲击是巨大的，甚至在某种程度上成为了中东动荡的“诱因”。并且，在中东旧秩序被打破，地区国家不得不面对许多新选择的情况下，外部世界的发展对中东变局的未来走向的影响将变得越来越大和越来越重要。当前的国际局势虽然复杂多变，国际秩序在变革过程中也出现鲜明的阶段性特征，但力量消长继续朝着有利于新兴大国的方向发展，国际力量格局的多极化、均衡化势头不减。[②] 这样一种世界发展大势，无疑将对中东局势的演变、地区国家未来的社会转型发展、地区秩序的重建及各国对外战略和外交政策的调整等产生持续而深远的影响。

① “美前国务卿基辛格：中共不断容纳中国社会新元素”，《参考消息》，2011年6月9日。

② 陈东晓：“当前国际局势特点及中国外部环境的新挑战”，《国际展望》，2011年1/2月，第1页。

中东变局的结构性因素及其性质

王　健*

【内容提要】中东变局存在着不少外部推力，但根本性原因还在于其内部的结构性冲突，即政治上威权政权的僵化结构，社会上人口增长的能力结构和经济上对外关系的依附结构。就其目前的性质而言，还是称为民众社会运动比较客观，也比较符合实际情况。当然，民众社会运动也可以逐渐演化为革命，关键要看政局的未来走向。

2011年初以来，中东地区发生了一系列重大事变。1月14日，突尼斯总统本·阿里在民众大规模抗议浪潮中仓皇出逃，24年的强人统治骤然告终；2月11日，在中东核心国家埃及，已经执政30年的穆巴拉克总统在民众、军人和美国的三方合力推迫下，结束了18天的最后顽抗而黯然辞职下台。另外，利比亚、也门、巴林、沙特、阿尔及利亚、吉布提等阿拉伯国家也相继爆发街头抗议政治运动，在利比亚甚至演化成残酷而激烈的内战，中东局势在地区结构矛盾和全球化冲击下发生巨变。

* 王健，上海国际问题研究中心副主任，上海社科院欧亚研究所研究员，上海社科院中东研究中心主任。

当前中东变局的结构性因素有哪些？性质到底是什么？这是本文着重探讨的两个问题。

一、中东变局的内部结构性冲突

这次中东变局发生在经济发展绩效尚可的中东国家，让世人颇感意外。例如，突尼斯一直被认为是中东阿拉伯国家中最稳定、经济最具活力的国家之一，其全球竞争力排在马格里布地区之首，GDP 年均增长率为 4.5%。2009 年，突尼斯现价 GDP 为 540 亿第纳尔，同比名义增长 6.1%，人均 GDP 约有 4000 美元。2009 年，埃及经济增长 5.1%，并在 2010 年继续保持稳步发展的良好势头。作为新兴市场国家，甚至被列入"金砖国家"之外的"新钻十一国"的行列。[①] 其实，亨廷顿说过一句名言：现代性孕育稳定，而现代化则滋生动乱。当前中东巨变确实存在着不少外部推力，但根本性的原因还在于内部的结构性冲突。

首先是威权政权的僵化结构。中东地区独立初期的"弱国家—弱社会"的结构决定了威权主义政权结构有着一定的存在合理性，特别是美国为了阻止反美的伊斯兰激进势力掌权，在很长一段时期内也积极支持中东的威权主义政权。事实上，近年来中东许多威权主义政权国家也积极发挥国家宏观指导功能，并推进经济改革，经济发展总体取得了较大的成绩。出任世界银行行长的罗伯特·佐利克曾表示埃及是近年来经济进步最大的国家之一，并且其经济改革模式可以为其他发展中国家所借鉴。但是，威权主义政权毕竟应该是中东地区阶段性的政治体制，毕竟只是中东地区进入现代社会的一个过渡政治形态，因为威权主义政权的运行存在许多自生性弊端，

① 《人民日报》2011 年 1 月 7 日。

如长期压抑人们的民主要求，强行控制和干预经济生活，特别是权力的集中化所产生的政治腐败，最终会动摇政权的合法基础。埃及、突尼斯等国政府任人唯亲，官员的贪污和腐败严重，从而使得这些国家近年来贫富两极分化现象日趋突出，社会财富越来越集中在少数富人手里。据开罗美国大学的社会学家阿明分析，埃及全国人口可以分为三个层次：第一层次是富人集团，他们占人口总数的20%，但却拥有社会财富总量的55%，这些人或从政，或经商，他们腰缠万贯，挥金如土。第二层次是中产阶级，他们占人口的20%，占有27%的社会财富。第三层次是穷人，他们占人口的60%，由于收入低下，拥有的社会财富占18%。[①] 在穷人阶层中，政府下层公务员占据了相当的比重。他们中具有大学学历的月收入为130埃镑，其他公务员的月收入在80—120埃镑之间。据统计，一个埃及家庭平均每月的生活支出是400埃镑。在一个威权主义政治体制中，随着社会分化的不断增加，通过使用强力和系统的压制手段让一个已被激活的平民群体钝化的压制成本也会增长。[②] 因此，必须逐渐采取主动的改革适应，以开放接纳新的利益诉求，给予心理或者经济报偿，而以政治权力的排他性和封闭性为基础的政治稳定势必会丧失民众的支持，并被逐渐强大起来的公民社会以“推特”、“脸谱”等作为最后攻击的扳机而击毙。

其次是人口增长中的能力结构。中东地区的人口一直保持着大大高于全球平均水平的增长率。在一些国家，如埃及、阿尔及利亚、摩洛哥等，人口增速要到2025年才可能放缓，而另一些国家甚至要到2050年才可能面临真正的人口爆炸。最为重要的是，随着人口的快速增长，年轻人在全部人口中的比例大幅上升，形成突出的“青年暴增”现象。据统计，25岁以下的青年人口在总人数中所占比

---

① 《埃及新闻报》2011年2月1日。

② [阿根廷]吉列尔莫·奥唐奈著，王欢等译：《现代化和官僚威权主义》，北京大学出版社，2008年版，第70—71页。

例，埃及为52.3%、突尼斯为42.1%、阿尔及利亚为47.5%、摩洛哥为47.7%、利比亚为47.4%、约旦为54.3%、沙特阿拉伯为50.8%、也门为65.4%、巴林为43.9%。[①]人口结构的年轻化，按理说是经济发展现实的或潜在的红利，但是，中东国家的人口结构存在严重"知识赤字"和"能力赤字"。例如，埃及约6500万成年人为文盲，其中2/3是妇女。另外，由于教育体制与经济发展脱节，中东国家许多大学毕业生存在"能力赤字"，择业和自我创业的能力有限，导致"毕业即失业"。以埃及为例，自20世纪90年代埃及推进私有化改革以来，在用人方面较为苛刻，就业市场一直较为严峻。国际金融危机爆发后，赴国外工作的劳务人员不得不打道回府，而国内经济对劳动力的容量又有限，使得失业问题更为突出。埃及政府公布的2007—2008财年失业率为8.9%。埃及国家统计局最新统计显示，埃及2009年第一季度的失业人口为234.6万，失业率达9.4%。2011年动乱发生时，官方统计的失业率数字为8.5%。实际失业人数还要高些。据2001年5月11日《国际商报》报道，埃及官方发表的数字称，失业人数占劳动力总数的8%。但国际建设与开发银行认为埃及的失业率为11.3%，而非官方估计失业率高达17%左右。值得注意的，在埃及失业人口中，受过高等教育的学生所占比例很高。根据埃及官方统计，2010年，埃及受过高等教育的人口失业率达到18%，比全国平均失业率还高出不少。在突尼斯，官方公布的失业率为14%，但一些经济学家表示失业率其实超过了20%，而对于15—29岁的年轻人而言，失业率可能超过了30%。这样，中东地区巨大的青年人口不仅没有成为经济发展的有效人力资源，反而成为严重的社会危机，特别是当那些受过高等教育、对就业有较高期望值的青年大学毕业生，由于"能力赤字"和权贵集团任人唯亲使之无法体面就业时，以大学毕业生为核心的青年人就成为民众抗议运动的主力军，正如埃及和突尼斯所发生的那样。因为

① 《经济学家》2011年2月5—11日。

“失业使当代社会所倡导和强调的自由与权利等动人心弦的价值观和思想变成空洞无物的虚伪的政治口号”。失业会“产生和强化失业者的疏离感和无归属感，使之逐步脱离现存的社会秩序，然后变成现存社会秩序的敌对者”。[①] 有位中东著名企业家半年多前颇有先见地指出：“中东地区有一颗巨大的定时炸弹，这就是中东地区人口增长迅速，就业压力巨大。今后六七年，在中东需要创造 1 亿个就业机会，来吸收这些走向劳务市场的青年。要做到这一点，必须使中东地区的经济保持每年 8%的增长率。然而，中东各国的经济增长率仅为 4%左右，远远满足不了就业大军的需求。这颗定时炸弹随时都可能爆发。”[②]

第三是对外关系的依附结构。虽然近年来中东各国都进行了经济改革，但其经济结构仍然比较单一，很多国家主要依靠油气出口，对外部世界的依附性很强，因此抵御外界风险能力较弱。作为中东较大的经济体埃及，独立后历任总统纳赛尔、萨特和穆巴拉克都努力对原有的殖民地经济结构实施改造。然而，从本质上讲，埃及经济的对外依附性没有得到根本的改变。直至今天，埃及的经济发展依然无法摆脱对于世界市场的依赖。石油天然气、旅游、侨汇和苏伊士运河是埃及四大外汇收入来源，它们无一不是紧密依赖世界市场。在这次国际金融危机中，埃及经济受到危机阴影的笼罩，出口受到严重限制，国外投资大幅减少，许多工程项目延误。据埃及统计局的数据，2008 年 6 月埃及的城市通货膨胀率升至 20.2%，达到近 20 年来的最高水平。据报道，世界范围内的日用品价格上涨是导致埃及通货膨胀率不断上升的主要原因。从表面看，是国际金融危机对埃及近年的经济发展带来了负面影响，然而其深层次的原因还是埃及经济对外依附性没有得到真正的解决。而突尼斯虽然近 20 年来发展情况较好，但其经济结构

---

① 毕健康：《埃及现代化与政治稳定》，社会科学文献出版社，2005 年 11 月版，第 354 页。

② 《环球时报》2011 年 3 月 4 日。

失衡的问题始终没有得到改变，主要依靠出口、吸引国外投资来拉动经济发展，制造业和加工业仍以廉价劳动力为竞争优势，没有及时进行技术革新，无法有效地解决就业问题。此外，突尼斯近80%的出口产品销往欧洲。国际金融危机以后，国际市场需求大幅减少，海外投资亦相应锐减，就业情况更趋恶化，突尼斯另一个支柱产业旅游业也深受影响。著名美国政治学家斯蒂芬·克莱斯勒认为，在全球化时代一些发展中国家如果获得足以应付国际体系冲击的国家权力能力，就能决定性地减缓国内结构上的脆弱性，而这种国家权力能力主要表现在三个方面：一是国家经济规模，如中国和印度；二是拥有特殊资源，如石油出口国，可以凭特殊资源介入国际市场；三是发展出一套灵活而成熟的国内机制机构，能够对国际体系层次上的变化做出及时有效的调整，如新兴工业化国家。[①] 目前看来，中东国家显然不具备国家经济规模，同时也没有发展出一套有效的国内机制，唯有极少数海湾石油输出国国家，如阿联酋通过石油介入国际市场并利用石油资本改进国内经济结构。因此，总体来看，中东地区的对外经济结构的依附性非常强固，从而时常受到国际市场变动的冲击，使得国内业已积累的社会矛盾在经济环境日趋恶化的情况下以要求改善民生的形式爆发出来，并最终引向作为上层建筑的政权体系。突尼斯、埃及等中东国家的这场政治变动就是由国际金融危机输入的高通胀点燃索引的。

二、目前中东变局的性质是一场民众社会运动

中东变局发生后，西方一些政界人士、智库专家和媒体纷纷给

① [美] 斯蒂芬·D. 克莱斯勒著，李小华译：《结构冲突：第三世界对抗全球自由主义》，浙江人民出版社，2001年版，第8页。

其打上“革命”的标签。当本·阿里总统逃离突尼斯后，西方舆论将突尼斯的民众运动称为“茉莉花革命”，在穆巴拉克总统在民众不懈要求下最终宣布下台时，西方又有人赋之于“莲花革命”。此外，由于社交网络在这次中东变局中发挥了独特的作用，中东变局又被称为“脸谱革命”或“推特革命”。那么，这场中东变局到底是不是一场革命？如若不是，中东变局目前的性质又是什么呢？

从理论上讲，革命有广义和狭义之分。广义上的革命指的是推动事物发生根本变革，引起事物从旧质变为新质的飞跃。狭义上的革命主要是指社会革命和政治革命。在西方政治思想史中，有关革命的定义主要有四种视角：一是道德视角，即革命是一种实现正义和恢复秩序的行为。二是从权力转移视角，即革命是一种权力转移的方法。美国政治家杰克·A. 戈德斯通认为，革命就是“不同集团，其中包括前政府，都力争使自己成为中央权力”。[①] 三是从大众心理的视角，即革命是一种发泄不满和改变现状的途径。亚里士多德在其《政治学》中分析产生革命的原因时指出：“有些人看到和他们相等的他人占着便宜，心中就充满了不平情绪，企图同样达到平等的境界。另一些人的确有所优越，看到那些不能和自己相比拟的人们却所得相等，甚至反而更多，也就心中激起了不平情绪。”[②] 四是从历史进程的视角，即革命是一种实现社会变革的历史过程。现代社会科学家们往往把革命和巨大的社会变革联系起来，认为任何革命都不是一个单独的夺取政权的事件，而是一个变革社会的过程。应该说，上述四种观点从不同的角度阐述了革命的含义，对我们理解社会意义上的和政治意义上的革命的含义有不少启发和借鉴。但是，这些定义都存在不少局限性。例如，换言之，将革命视为权力转移，也就是某些阶级或集团将国家或中央政府的权力转移到本阶

① 伍天翼、杜红卫编译：《中外政治格言集萃：政治的智慧》，警官教育出版社，1992 年版，第 122 页。

② ［古希腊］亚里士多德：《政治学》，商务印书馆，1983 年版，第 236 页。

级或本集团手中的观点指出了革命的中心问题，但是没有把制度外的政治革命的权力转移与高度体制性的、属于常规政治（routine politics）的政府权力转移区别开来。又如，把革命看成是一种变革社会的过程是颇有道理的。但是，只从动态上阐释革命，而不论及本质是不全面的。

要全面地科学地理解社会意义和政治意义上的革命的含义，我们还是必须回到马克思主义的经典论述。马克思主义有关革命的理论主要有三个基本观点：第一，革命是阶级矛盾和社会矛盾激化的产物；第二，革命是一个阶级推翻另一个阶级的暴力行动；第三，革命是政治的最高行动。马克思指出："社会的物质生产力发展到一定阶段，便同它们一直在其中活动的现存生产关系或财产关系（这只是生产关系的法律用语）发生矛盾。于是这些关系便由生产力的发展形式变成生产力的桎梏。那时社会革命的时代就到来了。"①

因此，我们要理解革命，不能仅看表象，还要看本质。从表象上看，中东出现的集体性政治行为在一定程度上反映了民众的不满心理，提出了要求变革政权、实现民主的政治主张，也表现为一定程度的权力转移，但是，我们仔细分析可以看到，即使按照西方政治学理论的定义范畴，中东变局目前的权力并没有从原来的统治集团转移到民众手中。在埃及、突尼斯，目前的政权仍然掌握在原来统治集团成员手中。即便今后取得了政权，是否能推动巨大的社会变革，也还值得进一步观察。如果按照马克思主义的观点分析，中东巨变在一定程度上是社会矛盾激化的产物，但还谈不上是一个阶级推翻另一个阶级，更不是生产力和生产关系的严重冲突。因此，就目前进程而言，中东变局不管西方势力给它带上何种"革命"的桂冠，其性质离革命还相距甚远。

那么既然不是革命，中东变局的性质是什么呢？根据西方社会学的定义，集体性的政治行为大致可以分为三种类型：一是集体行

① 《马克思恩格斯选集》第2卷，人民出版社，1995年版，第82—83页。

动（collective action），就是有许多个体参加的、具有很大自发性的制度外政治行为；二是社会运动（social movement），就是有许多个体参加的、高度组织化的、寻求或反对特定社会变革的制度外政治行为；三是革命（revolution），则是有大规模人群参与的、高度组织化的、旨在夺取政权并按照某种意识形态对社会进行根本改造的制度外政治行为。按照这一社会学的定义，中东变局在某种程度上的确类似革命，例如，有大规模的人群参与，通过社交网络和反对派政治领导人的组织，也表现出相当高度的组织化，但是，就目前而言，还没能夺取政权并对社会进行根本改造，因此，中东变局的性质就目前而言，还是称为民众社会运动比较客观，也比较符合实际情况。当然，民众社会运动也可以逐渐演化为革命，关键要看政局的未来走向。事实上，大多数革命一般都肇始于社会运动，只有当统治者对某些社会运动应对有失误时，那些社会运动才会走向极端，有可能导致革命性的结局。当然，也有一些初始目标是革命性的社会运动由于政府有效处置而逐渐衰减为社会运动，甚至最终被纳入体制轨道。应该说，中东变局正处在民众社会运动向革命演进的过程中，但最终如何要视各方力量博弈结果而定。以埃及为例，如果今后通过选举，产生的是一位类穆巴拉克的政治强人继续执政，进行一些表面化的民主改革，那么由民众社会运动向革命的演进进程就终止了。如果埃及日后民选上台的是世俗民主力量，那么可能会进行民主化的政治革命，而伊斯兰势力掌权的话，除了政治革命外，还将进行彻底改造社会的社会革命。

三、结语

总之，自独立以来，中东地区绝大多数国家实行的都是威权主义统治形式，这种政治体制的确立既有传统历史根源，又伴随着一定的社会历史阶段，是历史与现实相互作用的结果。但是，从“要求—绩效”差距来看，中东的威权主义政权正逐渐丧失自身曾经发挥的动力机制和民主主义意识形态的合法性资源。在由传统社会向现代社会的转型过程中，日趋尖锐的思想文化冲突，日益凸显的社会矛盾冲突以及政府自身全能主义所导致的腐败，都使得民众预期与现实出现极大反差，普遍感到威权主义政权无法拿出解决这些问题的一整套方法，从而产生要求政治变革的意愿、呼声和行动。虽然这十多年来，中东一些国家的威权主义政府为巩固统治，赢得民众支持，经济改革取得不少进展，但是即便如此，按照著名政治学家亨廷顿的经典论断，“现代性孕育稳定，而现代化过程却滋生着动乱”，仅仅依靠经济发展也不能保证威权统治的合法性。因为随着现代化进程加快，社会转型往往会引起结构性冲突和危机，而社会转型中分化产生的利益集团在一定条件下会汇聚成具有反抗性的政治力量，如果不能进行政治改革，有效吸纳这种新的政治力量和有效回应这些不同的利益诉求，扩大自己的执政基础，原有政权的合法基础就会被逐渐消解乃至崩塌。因此，虽然这次中东变局过程中，存在美国等的外部干预，特别是社交媒体的推波助澜，但是，变革的内在动因还是中东国家内部结构冲突在全球化冲击下的聚合反应。社交媒体在一定程度上起到了传播信息的作用，加大和加速了街头民众抗议行动的作用，但其无法取得高度认同的价值观所能起到的“强联系”功能。

试论无极多元国际格局对全球危情与治理的影响

叶　江*

【内容提要】本文在考察分析 2011 年全球有惊无险且可控的纷乱局面的基础上，深入地探讨当代国际体系所发生的深刻变化和当代国际体系所经历的重大转型对此局面的作用与影响。认为当代国际格局的无极多元化发展既是导致 2011 年世界乱局的重要原因，也为治理这样的乱局创造了有利的条件，以致 2011 年的全球大乱局有惊而无险，而所有的这一切对当代国际关系理论的发展具有很大的冲击作用。

2011 年刚刚过去，纵观这 21 世纪第二个十年的第一年真可谓是乱象丛生，危情不断。未来的历史学家可能会将 2011 年与 2001 年相提并论，因为发生在这两个年份的大事，不论是 2001 年的“9·11”事件，还是 2011 年的一连串令人眼花缭乱的轰动全球的大事件——从“阿拉伯之春”到“伦敦之夏”，再到由“占领华尔街”开

* 叶江，上海国际问题研究院全球治理研究所执行所长，研究员。

始而形成的“华盛顿之秋”等，都是对整个21世纪的发展具有重大影响的历史性事件。本文拟从梳理2011年的乱局以及分析乱局的可控性入手，探讨当代国际体系中的国际格局（结构）演变对当下世界危情与治理的作用与影响。

一

2010年年底在北非的一隅——突尼斯发生了当时并不十分起眼的事件，但是恰恰就是这一事件引燃了2011年举世瞩目的“阿拉伯之春”运动。2010年12月17日，突尼斯西迪布吉德一名摆摊贩卖水果蔬菜的青年，26岁大学毕业生布瓦吉吉因受到执法人员暴力对待，在当地政府门口自焚，该极端事件迅速引起全国性的民众抗议示威。在民众示威的强大压力之下，2011年1月14日，突尼斯总统本·阿里下台并流亡国外。突尼斯民众抗议活动的成功迅速在中东、北非的阿拉伯世界引起连锁反应，“阿拉伯之春”的火焰由此蔓延——埃及、也门、巴林、利比亚和叙利亚先后爆发旨在推翻专制政府的大规模群众性示威运动，其中有的国家结局明朗，有的则依然处于剧烈的动荡之中。

就在“阿拉伯之春”如火如荼发展的同时，非洲大陆从东非的苏丹、索马里到西非的科特迪瓦、几内亚等都发生了不同程度的乱局，只是因为“阿拉伯之春”过于炫目而似乎不是很引人注意。然而，7月22日在一向和平安逸的北欧国家挪威首都奥斯陆市中心及郊外于特小岛先后发生的导致90余人死亡的爆炸和枪击事件，以及8月6日在英国首都伦敦开始，随后蔓延至伯明翰、利物浦、利兹、布里斯托等英格兰大城市的骚乱事件则引起了全球的关注。正在人们因此而开始感到2011年的动荡并不是发展中国家的“专利”的时候，美国共和民主两党就国家债务上限以及削减赤字问题所展开的激烈争斗，美国历史上第一次丧失3A主权信用评级，欧洲主权债务危机的持续发酵，不仅救助希腊的方案久拖不决，而且欧盟内的第四大经济体意大利也开始陷入债务危机，欧元区的前景乃至欧盟的前景由此而顿显灰暗，于是乎全球的注意力几乎完全地转向资本主义的心脏地区。更有甚者，美国民众于9月17日美国宪法日当天发起了“占领华尔街”和平抗议活动，矛头直指华尔街的“贪婪”、金融系统的弊病、财富分配的不公，即经济增长的好处流向上层1%的人群而99%的人群则收入下降等等社会问题。抗议活动迅速向美国各大城市和加拿大温哥华、英国伦敦、德国法兰克福、澳大利亚墨尔本等西方发达国家的大城市蔓延。2011年所发生的这一切真真切切地凸显出怎一个“乱”字了得！

然而，值得注意的是，2011年世界各地乃至在资本主义心脏地区的乱局却并未导致全球形势的完全失控。首先，在一定程度上2011年的世界似乎依然按照联合国人类安全研究项目所发布的《2009—2010年人类安全报告》所指出的轨迹发展和演变。这份发布于2010年年底的报告指出：人类进入21世纪之后，国际冲突明显减少，21世纪发生的国际冲突年均不到1起，而20世纪50年代每年发生的冲突有6起，同时冲突死亡人数也比冷战时期大大减少。另一方面，以国家为基础的武装冲突——即交战各方中有一方为政府的战争，其中包括内战——自冷战终结后也大为减少，但是这类武装冲突数量的下降却从2003年起发生改变，呈不断上升的状态，尽管与20世纪90年代初的峰值相比还有很大的距离，并且这类冲突的死亡人数也相对较少。[①] 从严格的意义上来说，2011年所发生的国际冲突仅为4月22—29日柬埔寨和泰国两国军队在有争议的达曼寺和达格罗贝寺地区的交火。这次柬泰两国间的武装冲突双方仅16余人死亡，相比较而言，利比亚战争虽然有北约的介入，但是就

① “Human Security Report 2009/10”，http：//www.hsrgroup.org/human-security-reports/20092010/text.aspx.

战争的性质而言却是一场内战，而这场内战造成的死亡人数据路透社公布的数据则高达 6000 人。在一个全球化不断深入的世界上，国际冲突数量的减少，国际冲突烈度和深度的降低，显然有利于生活在 21 世纪初的人们控制全球性乱局。与 20 世纪的 10 年代相比，21 世纪 10 年代初的世界性乱局相对可控。迄今为止和平、发展与合作依然是时代的主题，今天的世界乱局不会像 20 世纪初的乱局那样，最终导致世界秩序的彻底崩溃而引爆世界大战。

其次，虽然 2011 年的确全球乱象丛生，危情四起，并且在资本主义核心地区的美欧纷乱不断，社会动荡，但是全球的经济形势却并没有因此而严重恶化。根据国际货币基金组织的预测，2011 年世界经济增长仍将达到 4%，虽然比 2010 年 5.1%的增长要低一个多百分点，但是却比 2009 年的负增长要高得多。这也就是说，世界经济至少在 2011 年的乱局之年没有出现所谓的第二次探底。不仅如此，就目前全球经济形势而言，2012 年的世界经济似乎也不会出现二次探底，其增长幅度预计可能与 2011 年相仿。世界经济能在 2011 年乃至 2012 年保持增长，其中的重要原因当然是以中国为首的新兴经济体和发展中国家的经济增长保持 6%以上的增长，但不可忽视的是，西方发达国家和地区的经济也为此做出了贡献，或至少没有给整个世界经济的发展拖后腿。据欧盟委员 11 月份的预测，虽然欧元区遭遇严重的债务危机，但是 2011 年欧盟的总体国内生产总值将增长 1.6%，与国际货币基金组织在 3 个月前的预计相同，而令人瞩目的是欧盟第一大经济体德国的 2011 年经济增长将达到 2.9%。[①] 美国白宫管理和预算局也在 11 月 1 日发布的预测报告中说，2011 年全年美国经济增幅将为 1.7%，这一数字比国际货币基金组织先前预计

① IMF，“World Economic Outlook (WEO) -Slowing Growth，Rising Risks”，September 2011，Chapter 1：Global Prospects and Policies，http：//www.imf.org/external/pubs/ft/weo/2011/02/pdf/c1.pdf.

的 1.6％超出了零点一个百分点。[①]

最后，我们再从社会层面看，2011 年的全球性乱局虽然使得相当部分的发达国家和发展中国家的社会动荡不宁，但是这样的社会动荡没有导致整个国际社会的失范。就发展中国家的社会动荡而言，目前除了中东的叙利亚、也门依然局势不稳，前景不明之外，“阿拉伯之春”的其他国家突尼斯、埃及和利比亚在政权更迭之后基本进入了由乱到治的发展轨道，尽管前进的道路很不平坦。至于在发达国家和地区的社会动荡，则基本在法治的范围之内得到控制，没有引起普遍的社会革命。不论是英国的骚乱还是挪威的枪击事件都在两国的法制范围内得到解决。枪击事件之后，挪威 20 万民众在奥斯陆市区手举各色玫瑰花，举行鲜花游行，以纪念遇难者，并传播善良和爱，而国际社会则对事件中的遇难者表示哀悼与同情并谴责这一事件。由美国兴起而在西方发达国家各大城市扩散的“占领”抗议活动的主体诉求是社会改良而不是社会革命。这一切从一个侧面说明 2011 年在发达国家出现的社会动荡基本是可控的，虽然其规模和范围确实是近年来所罕见的。

二

面对 2011 年世界所陷入的既大且广但又在一定程度上是有惊无险且可控的纷乱局面，人们不禁要问这其中的原因究竟何在？对此问题的回答自然可能是仁者见仁，智者见智，但是，似乎从当代国际体系所发生的深刻变化或从当代国际体系正在经历的重大转型之中寻找根源可能是比较“靠谱”的一种途径和方法。

---

① 新华新闻：“美国白宫预计 2011 年全年美国经济增幅将为 1.7％”，2011 年 9 月 3 日，http：//news. xinhuanet. com/fortune/2011－09/03/c＿121958992. htm。

所谓国际体系是指由相互关联和相互影响的国际行为体（单元）按照一定的结构（格局）而组成的集合体或整体，其主要特征为单元，不是按等级的方式排列，而是相互之间处于无序或无政府状态。凡是稍稍学过一些国际关系学的人士一般都知道，当代国际体系是从肇始于1648年《威斯特伐利亚条约》的欧洲现代主权国家国际体系发展而来的。在传统上，主权国家当然主要是大国为构成国际体系的决定性行为体，国际体系的发展演变由此而在相当长的时间内就是由相互作用的大国这一类型相同的行为体通过所建构的国际格局（结构）所决定的。正因为如此，在传统上，国际格局便是指主权国家（主要是大国）在一定时期所形成的结构状态，反映出大国的相互联系和相互关系，而特定的国际格局则对处于无政府状态的国际体系的稳定、动荡、和谐、冲突产生直接的影响。在国际关系学研究中通常运用“极”的概念来分析国际格局的演变和发展。“极”就是指在全球范围内的政治、经济、科技、军事等领域里具有支配能力的大国。

纵观整个现代国际体系的发展历史，多极的国际格局占据着相当长的时间。从17世纪至20世纪中叶，国际体系的结构层次，也就是国际格局始终维持着由数个欧美大国为主导的多极状态。当时的国际体系是随着多极国际格局中欧美大国均势的发展变化而变化。第二次世界大战之后，现代国际体系中的多极国际格局为美苏争霸的两极国际格局所取代，但两极国际格局仅持续了40余年便于20世纪90年代初因苏联的解体而宣告终结。冷战终结之后，决定当代国际体系走向的国际格局何去何从成为中外国际关系学者们关注的重点。相当部分的美国学者认为由美国独霸的单极世界因苏联的解体而形成，而中国学者则认为多极化是当代国际格局发展的方向。然而，后冷战时期国际体系的客观发展实际则在很大的程度上显示出，当代国际格局的发展演变似乎既非单极化也不是多极化，而是向着无极多元化的方向转型。这也就意味着，后冷战时期国际体系的转型具有下述两个方面的特点：（1）影响当代国际体系转型的国家行为体的数量大增并且分布面覆盖全球；（2）非国家行为体成为影响当代国际体系转型不可或缺的重要因素。正是当代国际体系转型的这两个重要特征不仅阻止了两极国际格局之后的单极世界的形成，也决定了传统多极国际格局的风光不会再现。

我们先来分析当代国际体系转型的第一方面特征。毫无疑问，后冷战时期国际体系发展演变的一个非常明显的表现就是所谓的“其他大国的崛起（rise of the rest）”，或我们通常所说的“新兴大国的群体性崛起”。谈到“其他大国”或“新兴大国”一般都会联想到美国高盛集团首席经济学家奥尼尔在21世纪初提出的“金砖四国”（BRIC）的概念，即巴西、俄罗斯、印度和中国这四个新兴的大国。按照国际货币基金组织的测算，“金砖四国对世界经济增长的贡献率从1990年的－0.6％上升到2010年的60％多”。[①] 然而，值得注意的是，除了“金砖四国”之外，南非也迅速崛起并在2011年加入原有的“金砖四国”峰会机制。“金砖四国”由此而成为“金砖五国”（BRICS）。更有甚者，在2005年高盛集团又提出“新钻十一国（Next－11，简称N－11）”概念，其中包括巴基斯坦、埃及、印度尼西亚、伊朗、韩国、菲律宾、墨西哥、孟加拉国、尼日利亚、土耳其、越南，认为这些新兴市场国家的成长潜力仅次于“金砖四国”，并且也将对全球经济乃至政治事务的发展产生重要的影响。日本学者门仓贵史则提出“展望五国（VISTA）”概念，即越南、印度尼西亚、南非、土耳其和阿根廷。总之，当代国际体系中群体性崛起的新兴国家的数量及其所覆盖的地缘是前所未有的。

当代国际体系中新兴国家的地缘广泛和数量倍增的群体性崛起对国际体系的转型产生直接的影响。首先，传统国际体系的核心和边缘的结构发生变化。传统上处于核心区域的欧美大国和日本等再也不能单独主导国际经济和政治事务，原先处于国际体系边缘的新

① 王缉思、程春华：“美国兴衰再评估：西风瘦马，还是北天雄鹰”，《瞭望东方周刊》，2011年第37期。

兴大国在历史上第一次走向国际舞台的中央与原有的大国一起共同影响国际体系的发展和演变。由此，长期以来以西方为核心的国际体系便开始向一个真正全球性的国际体系转型。其次，新兴大国的群体性崛起使得建构国际格局的大国数量激增，以至于当代国际体系在结构层面也就是当代国际格局很难再显示出传统的多极局面。过去以欧美大国为核心的多极国际格局一般由为数不多的力量中心——大国所建构，比如18世纪的西、葡、英、法、荷，19世纪的英、法、奥、俄和后起的美、德以及日本，20世纪上半叶的英、法、美、德、意、日和苏联等。现在全球性国际格局因非西方新兴大国的群体性崛起而出现近30个的力量中心。常言道：多中心即无中心，如此众多的力量中心必然很难构成传统的多极国际格局以致当代国际体系很自然地向着无极化发展。

然而，更为重要的是，当代国际体系转型中的另一个重要特征——行为体的多元化或非国家行为体成为影响当代国际体系转型不可或缺的重要因素——是导致多极国际格局难以形成的更直接原因。我们都知道，现代主权国家国际体系是从中世纪欧洲的多元封建体制发展而来，很有意思的是，后冷战时期国际体系的转型具有越来越多的中世纪欧洲的特征。

（一）当代国际体系中具有影响力的行为体日益多元化

与以主权民族国家为主体的现代国际体系不同，中世纪欧洲的权力结构是多元而重叠的，帝国、王国、公国、各级封建领地、城市，乃至教会、行会等都拥有各自的强大权力并相互发生作用。与此相类似的是，在当代全球化深入发展的推动下，现实国际体系中的权力结构正在向多元和重叠回归，除了国家之外，非国家行为体如跨国公司、政府间组织、非政府组织、宗教团体、现代城市甚至具有影响力的个人等都开始具备影响当代国际体系走向的能力。按照美国著名智库外交委员会主席理查德·哈斯的说法："今天国家已不是唯一拥有权力的行为体，在其之上有区域和全球性的国际组织，在其之下有民间武装分子，在其之旁则有非政府组织和跨国公司。”①

（二）当代国际体系中主要行为体国家的地位和作用下降而非国家行为体的地位和作用上升

在中世纪欧洲，国家的地位与现代国际体系中主权国家的至尊地位和绝对作用不可同日而语，而恰恰在全球化的作用下，当代主权民族国家的这种地位和作用遭到了巨大挑战。在当今世界，国家即便是大国甚至超级大国在处理由全球化带来的全球性问题时往往显得太小，而在应对与全球化同时并存的分散化所带来的地方性问题时则又显得太大，因此，在全球化的国际环境中，国家除了需要相互间进行合作以应对全球性问题的挑战之外，还必须与非国家行为体协调，因为非国家行为体如国际政府间组织、跨国公司、国际非政府组织等的地位和作用在正经历转型的当代国际体系中日益上升。由于国际关系学中“极”的概念指的是以国家为单元的力量中心，因此当非国家行为体成为直接影响国际体系发展变化的单元之后，多极的国际格局自然会导致类似于中世纪欧洲的多元行为体互动的世界格局。

（三）当代国际体系中人们的效忠再度多元化

生活在中世纪欧洲的人们并没有单独效忠国家的观念，由于政治单元的多元化，人们可以在向某个领主宣誓效忠的同时，也向某个教会效忠，甚至可以向其他领主效忠。毫无疑问，现代主权国家国际体系的产生打破了人们的这种多元效忠，形成了忠于主权国家的单一效忠。然而，随着当代国际体系权力结构的多元化变化，虽

---

① Richard Haass，“The Age of Non polarity”，*Foreign Affairs*，April 16，2008.

然主权国家依然是人们主要的效忠对象，但是人们还会同时对某些超越国家的具有特定价值的组织或团体（非国家行为体）效忠。欧盟成员国公民中的欧洲派人士对欧盟的效忠，以及跨国环保组织成员对自己的国际非政府组织的效忠就是这种多元效忠的表现。这种多元效忠的产生也从一个侧面反映出当代国际体系中的结构正向无极多元化发展。

三

十分明显，当今世界这种向无极多元方向发展演变的客观现实是造成 2011 年全球乱象丛生且又有惊无险的直接原因。首先，当代国际体系向无极多元方向发展的一个重要表现就是，随着新兴大国的群体性崛起，以国家为主体的力量中心不断地向全球东西南北分散，即处于权力核心区域的现有大国的权力向原先处于边缘或半边缘的新兴大国转移。但是，新兴大国却并没有因此而取代现存大国成为当代国际体系的核心。在当代国际体系转型过程中，现存大国虽然遭受一定程度的权力转移，但却没有被新兴大国所取代，其中超级大国美国的权力优势依然还存在。就如英国学者约翰·齐普曼曾经指出的那样："事实上我们生活在一个无极世界之中。美国的权力既强大到能设定国际行动日程，但又软弱得无法有效地在全球执行这样的议程。其他强权无论是国家还是次国家都有力量足以对抗美国的日程，但是却又无力塑造有吸引力的替代品或推行一不受外界影响而能持久的地区日程。"① 在全球性权力不断分散的无极多元世界中，各大国单独向国际体系提供有利于稳定局势的公共物品的

① John Chipman, Remarks during the launch of The Military Balance 2007, 31 January 2007, http: //www. iiss. org/publications/military-balance/the-military-balance-2007/.

意愿比单极、两极或多极世界中各大国的意愿要小得多，因此纷纷乱局的出现也就毫不奇怪了。

其次，当代国际格局的无极多元化是与资本主义核心区域的美欧力量下降相互联系的。这就使得当代国际体系转型对发达国家与地区的冲击十分强烈，美欧发达国家内部的社会动荡由此而在所难免。更有甚者，在应对这种由国际体系重大转型而造成的社会动荡的过程中，发达国家在第二次世界大战后所形成的一系列社会管理机制却越来越难以有效地发挥作用。这一方面是由于为应对国际体系转型带来的国内社会的矛盾，发达国家内部出现了严重的党派对立；另一方面则是因为极端保守势力在动荡的社会生活中产生越来越大的影响，美国的茶党崛起就是这方面的典型反映，而挪威的枪击事件则应该是西方极右翼保守势力影响陡增的间接表现。也正是在诸种社会矛盾日益激烈而现存的管理制度不能有效发挥作用的形势下，占领华尔街的社会抗议活动形成了，并且迅速地在资本主义的心脏地区扩展。

再次，尽管造成国际格局无极多元化发展的重要根源之一是全球化的深入发展，但是无极多元世界的形成过程又反过来促进全球化加速发展。商品、资本、人员、电子邮件、电视和电台信号、武器、毒品、病毒、温室气体等的跨国流动因此而速度更快、体量更大，全球化对国际体系发展演变的双刃剑作用也表现的更为充分。国家因控制所有这一切的跨境流动方面的能力不足而影响力日益下降，而非国家行为体则因为本身就是这一切跨境流动的推动者而影响力日增。这相互间的一增一减导致产生世界局势的不稳定，因为全球化对世界所形成的负面影响如环境恶化、气候变化、毒品泛滥、传染病跨界流行等变得更难以控制。

最后，尽管当代国际体系正经历广泛、深刻的转型，但是国际体系与生俱来的无政府状态则并未因此而改变。这就意味着，虽然影响当代国际体系的单元和结构都发生了巨大的变化——即单元的多元化和结构的无极化，但是当代国际格局的无政府本质却依旧不变，国家行为体依然拥有主权，非国家行为体相互之间以及非国家行为体与国家之间也没有建立起等级制度和结构。不仅如此，大国数量激增、国家能力下降、行为体单元多元、多元效忠形成等都导致国际体系的无政府状态显得更为无序，国家、市场和社会三者之间的矛盾也因此而更为复杂多变。在这样的状态之下，整个世界不断地呈现纷乱局面也就十分易于理解了。

四

无极多元世界形成的过程是导致 2011 年乱局的重要原因，但是同时却也为治理这样的乱局创造了有利的条件，之所以如此是因为全球治理在当代国际体系转型过程中发挥着稳定局势的作用，而国际格局的无极多元化则为全球治理的形成、发展和发挥影响创造了有利的条件。

治理是指将人类行为引向集体行动的社会功能，这样的集体行动能导致对社会有利无害的结局。人类建立治理体系是为了解决一系列社会需求。这些需求包括提供公共物品（比如提供安全保障），避免公害物品（例如防止危险的气候变化或环境和生态系统的退化）等。而全球治理则是指在全球化环境中，从全球、区域、国家到地方层次所形成并得到承认的一系列原则、规范、规则和过程，这些原则、规范、规则和过程能提供值得接受的公共行为标准和集体行动，并随之能充分地提供社会行为的一致性。这样的治理过程，不一定完全由政府来实施，国际组织、私人企业、企业联合会、非政府组织、非政府组织联合会等都会参与其中。要言之：全球治理是多层面和多行为体（包括国家与非国家行为体）应对全球性问题、处理全球性和区域性事务的集体行动。

毫无疑问，由于全球治理是建立在多元行为体互动的基础之上的，因此当代国际体系转型过程中所出现的国际格局无极多元化对全球治理的开展十分有利。或者换句话说，正是世界的无极多元化为国家行为体和非国家行为体建构纵横交错的全球治理网络提供了的条件。非国家行为体在当代国际体系中地位的提升和国家地位的相对下降使得两者能携手应对各种全球性挑战，如对世界和平与稳定的威胁，全球和区域的金融和经济危机、气候变化和环境污染、能源和粮食安全、跨国犯罪与毒品走私、传染性疾病的全球性扩散、以及人权保护等。应当承认，联合国作为全球最为重要的国际政府间组织（非国家行为体）在2011年应对“阿拉伯之春”的动荡时相当好地协调了大国的行动，使这场乱局限定在一定范围而没有升级或扩散为国际性的冲突或世界性的政治危机。这从一个侧面反映出非国家行为体与国家之间的协调对全球治理的促进作用。此外，作为非国家行为体的跨国公司经常通过诸如达沃斯经济论坛的机制与国家相互协调以应对各种全球经济问题，而国际非政府组织则往往能通过其所掌握的科学知识和专业知识来增强参与全球治理的能力。但是，非国家行为体在全球治理中的诸种作用往往需要通过国家尤其是大国的最终行为来体现，尽管不能否认的是在全球治理的过程中，国家的行为越来越明显地受到非国家行为体的影响。

另一方面，由于形成无极多元国际格局的一个重要因素就是新兴大国的群体性崛起，以及由此而导致具有影响国际体系发展演变的大国数量成倍增加，因此，在这样的国际环境中，大国即使是超级大国也很难通过单边甚至双边的途径谋求国家利益，更不用说以此来处理和解决全球性和区域性问题了。于是乎，在当代国际体系转型过程中不论是现有的大国还是新兴大国都更愿意通过积极地参与全球治理，运用国际合作机制和多边协调来谋求国家利益和应对全球性的挑战。事实也正是这样，在当今全球化深入发展的世界上，如果没有8国集团峰会、20国集团峰会、金砖国家集团峰会、美欧领导人峰会、亚欧领导人峰会、亚太经济合作组织峰会等一系列大国合作的全球治理机制，那么任何大国都无法应对全球性的金融和经济危机、全球性的气候变化和环境恶化等全球性问题，同时也无法真正地维护本国的国家利益。可以这样认为，正是因为当代国际体系中的现存大国和新兴大国能通过大国协调机制携手参与全球治理，2011 年的世界经济才能在面临诸如欧盟债务危机严峻挑战的情况下继续保持增长，全球的危情才能通过治理的途径得以一定程度的缓解。

更为重要的是，当代国际格局的无极多元化为全球公民社会的发展提供了广阔的空间，而全球治理的成效则与全球公民社会的发展紧密相关。所谓公民社会一般是指现代世界体系中处于个人之上、国家之下但相对独立于国家与市场的公民结社和活动领域，而全球公民社会则是指在当代全球化不断深入发展的过程中，公民社会跨越国界向全球层面发展而形成的跨国结社或活动的社会领域，非国家行为体如国际非政府组织、跨国社会运动、全球公民网络等都是其组成部分。毫无疑问，全球公民社会的兴起与当代国际体系转型过程中国家地位的下降，非国家行为体力量的上升紧密相关的。同时，跨国公民社会就是通过参与全球治理而不断地克服因国家和市场双重失灵而造成的全球政治、经济和社会危机。在很大的程度上，从占领华尔街开始而在发达国家中普遍蔓延的“占领”运动就是全球公民社会运动的一个部分，从表面看这样的运动造成了 2011 年世界的乱局，但是在本质上正是这样的全球公民社会运动在帮助调整当今世界体系中国家、市场和社会的三者关系，促使国家和市场回归理性。由此可见，2011 年全球相当部分的乱局的另一面恰恰就是无极多元世界中实现全球治理的一种过程。这可能就是当代国际体系转型的历史辩证法，而我们当代的国际政治、国际问题、国际关系理论研究者们是否应当学学这样的历史辩证法?

北冰洋油气资源战略竞争重点浅析

张　侠[*]　屠景芳[**]

【内容提要】北冰洋油气资源潜力与中东地区相匹敌，已经成为美国、俄罗斯、欧盟等全球大国能源战略中的重要组成部分，也已经成为挪威、加拿大、丹麦（格陵兰）其未来北方地区经济社会可持续发展的战略支柱。北冰洋沿岸国家和相关国家围绕北冰洋油气资源，呈现出“为我所有”与“为我所用”的战略目标之争。墨西哥湾漏油事件对北极油气活动的影响是短期的，油气活动趋于活跃的长期趋势不会发生改变。

一、北极油气储量估计及开发活动概况

北极地区大致是指北纬 60 度以北的区域，包括了北冰洋和 8 个

[*] 张侠，中国极地研究中心极地战略研究室主任。

[**] 屠景芳，中国极地研究中心极地战略研究室助理研究员。

环北极国家的北方领土。这一地区蕴藏着丰富的油气资源，已探明的原油储量为2150亿桶，累计开采843亿桶，年产量占世界的1/10；天然气556000亿立方米（相当于3475亿桶原油，约占世界的25%），年产量占世界的1/4。到目前为止，北极地区的油气开采活动主要集中在俄罗斯、美国、挪威和加拿大四国，大的油气田主要位于俄罗斯的西西伯利亚和伯朝拉海以南地区、美国阿拉斯加北坡地区、挪威的挪威海区域和加拿大北部区域。油气产量尤以俄罗斯为最高，其原油产量占整个北极地区的80%，天然气占99%。可以认为，俄罗斯的油气产量几乎等同于整个北极地区的产量。①

2008年5月，美国地质调查局公布了北极地区的油气潜力评估报告，这一报告是在北极海冰迅速融化、全球老的油气田面临枯竭的情况下发表的，在国际上产生了巨大影响。根据该报告，原油潜力区（超过70%几率）5个：阿拉斯加北极、美洲盆地、东巴伦支盆地、东格陵兰盆地和西格陵兰—加拿大东部区域；天然气潜力区为3个：西西伯利亚盆地、东巴伦支盆地、阿拉斯加北极；油气储量潜力为：900亿桶原油、1669万亿立方英尺天然气（2949亿桶原油）、440亿桶天然气水合物。② 84%的油气潜力区分布在北冰洋近海。这意味着未来北极地区油气勘探、开发活动将主要以北极大陆架区域为目标。由于北冰洋大陆架比较浅，近海油气勘探、开发以及运输技术的进步，以及因北极海冰快速融化而使得航道通航时间延长，商业开发北冰洋油气资源的技术障碍已大大减少。

近年来，北极国家加强了北冰洋的油气勘探。不仅壳牌、BP、埃克森美孚、雪佛龙等国际石油集团纷纷抢滩北冰洋，Statoil（挪威）、Rosneft（俄罗斯）等国家控股石油公司也加强了在巴伦支海

① AMAP (2007)：Arctic Oil and Gas 2007，p. 17，p. 32，p. 37，http：//www.amap.no/workdocs/index.cfm? dirsub= %2FOGA%20Overview%20Report&sort=default.

② USGS (2008)：Circum-Arctic Resource Appraisal：Estimates of Undiscovered Oil and Gas North of the Arctic Circle，http：//pubs.usgs.gov/fs/2008/3049/.

的油气勘探活动。格陵兰自治政府近年向 Cairn Energy、郝斯基等一批石油公司发放了大量许可证，在其南部和西部海域勘探石油和天然气。除了俄罗斯在巴伦支海的北冰洋一些新的油气田不断被发现，2011 年，Statoil 公司宣布，在距离挪威芬马克郡北部沿海 200 公里的区域发现一个新的油气田，储量约在 1.5 亿—2.5 亿桶。北冰洋油气资源储量还有一个特点，天然气远多于原油，前者作为清洁能源，在日本核电站辐射泄漏事故后更具有前景。

由于北冰洋生态环境比较脆弱，北冰洋油气活动面临的主要技术问题是有效控制、防范和处置原油泄露与环境污染意外事故。北极理事会曾进行过评估，认为虽然北极油气活动引发的环境污染不可避免，但良好的计划和管理将减少其负面影响，北极油气活动的前景是乐观的。可以预想，未来 10 年，北冰洋油气勘探、生产活动将大幅度增加。

除了环境问题，北冰洋油气开发还面临国际政治和法律问题，主要是就北冰洋部分水域和外大陆架划界存在争议。除了美加、美俄、挪俄存在水域划界（影响到 200 海里内的水下部分）争议之外，其他主要就是外大陆架划界争议。由于大部分油气潜力区都在相对便于开采的近海陆架上（200 海里以内），而这个争议区域的范围较小，对开采活动的影响不大，北冰洋能够以现有技术条件开采的大部份油气资源归属是清楚的，北冰洋油气资源的未来竞争将不太可能是所有权的竞争，更多的是一种“利用权”的全球战略性竞争。

二、北冰洋油气潜力对于全球大国的战略意义和竞争重点

北冰洋油气资源潜力与中东地区相匹敌，实际拥有或可能拥有北冰洋油气资源的为俄罗斯、美国、加拿大、丹麦、挪威五国等发

达国家，北冰洋油源与东亚、北美、欧洲北部和中西部各主要能源消费市场距离比较近，这些因素造成了油气开发利用的地缘政治环境完全不同于中东、非洲等其他地区。同时，由于海冰迅速融化，航道将开通，北极能源运输基础设施不足的状况将得到大幅度改善，北冰洋油气资源潜力存在迅速转化为世界主要油源的可能。在一个独特的、重要的地区和地缘政治环境里，突然从天而降这么巨大的一笔石油财富，可以想见其成为全球性大国美国、俄罗斯、欧盟等大国能源战略中的大变数是毫不令人惊奇的。

2007—2009年，北冰洋五国纷纷出台了新的国家北极战略和政策。[①] 均将北冰洋油气勘探与开发列为重要领域，并加快了油气活动的步伐。BP、壳牌、埃克森美孚等各大石油公司纷纷抢滩北冰洋，开展勘探和技术研发活动。从这些战略文件和措施行动中可以看到相关大国是如何思考控制北冰洋这块巨大油气增量资源的。理论上，在和平条件下国家对某种非独占性资源具有所有权，意味着该国对该种资源具有控制权，可以自己使用，也可以在国际市场上出售。但在后一种情况下，由于涉及到市场定价权问题，其控制权是不完全的。

北冰洋油气资源虽然所有权属于北极国家，但北极国家不是拿来满足自身发展需要的，而是大部分要拿到国际市场出售的，以一个市场价格换取外汇。虽然北极国家对北冰洋油气的所有权有助于其取得控制权，但只要其没有影响国际市场价格及捍卫其出售价格的能力，这种因所有权而获得的控制权将受到很大的削弱。因此，未来北冰洋油气资源的战略意义主要在于北极油气资源大国能否利用这部分增量资源来加强对国际定价权的影响。简单的说，就是北冰洋油气资源“为我所有”与“为我所用”战略之间的竞争。

① 中国极地研究中心（2010）：《相关国家新北极政策与战略文件汇编》，内部资料。

对于美国，控制全球油气资源作为长期控制全球经济的必要手段，[①] 油气资源为我所用，服务于维护其全球霸权的战略目标。北冰洋预期的巨大油气增量对于美国全球油气资源的控制能力是增强还是削弱取决于美国的正确战略。因为反控制的对手不是弱国，北冰洋大陆架油气主要分布在俄罗斯、加拿大、挪威等国海洋管辖区域，这些国家采取为我所有的战略，掌握实体资源，控制能力加强。此外，由于西方与俄罗斯关系缓和，加拿大、挪威、丹麦对其安全依赖减弱，其油气战略的独立性加强，不易控制。但与控制其他地区油源不同，美国通过阿拉斯加北部海域实际掌握和控制了一部分北冰洋油气资源，这部分实体资源将有利于其控制北冰洋油气资源的战略目标。为了达到控制北冰洋油气资源的目标，美国的对策可能是通过多边论坛强调北极地区可持续发展，提高油气活动的环境和技术门槛，借助墨西哥湾泄油事故，延缓相关国家的油气活动，为其新北极战略布局和实施争取时间。[②③]

对于俄罗斯：2008 年，俄罗斯总统梅德韦杰夫宣布北极地区是其 21 世纪资源基地，以恢复和加强以军事为保障的能源立国政策决心很大。俄罗斯的优势是掌握未来北极陆上绝大部分实体油气资源，海上潜力部分也占很大比重，劣势是其对消费市场的控制很弱，沿岸基础设施缺乏，技术和资金也存在问题。最重要的是缺乏油气定价权。北冰洋油气的大块增量有利于增加其对全球油气资源的影响力，进而影响定价。

对于欧盟：如果没有丹麦的格陵兰，欧盟事实上属于地理上的近北极国家（北极圈以南、邻近北极圈的国家）。但格陵兰法律上属

---

① ［德］威廉·恩道尔：《石油战争》，知识产权出版社，2008 年版，第 273 页。

② USA（2009）：Security/Homeland Security Presidential Directive on Arctic Region Policy，http：//www. hsdl. org/? view&doc=106399&coll=limited.

③ CSIS（2010）：U. S. Strategic Interests in the Arctic. CENTER FOR STRATEGIC & INTERNATIONAL STUDIES，http：//csis. org/files/publication/100426_Conley_USStrategicInterests_Web. pdf.

于欧盟的海外领地，按照欧盟法律，欧盟政策不能自动适用于格陵兰。因此北冰洋的油气增量对其油气资源的实体控制力影响不大。它对此采取加强“为我所用”的油气战略是可以预见的。一方面加强对格陵兰的财政支持，阻滞其从丹麦获得最终主权独立的进程。另一方面通过欧盟资金、技术优势加强与俄罗斯的合作。如果能够拉挪威、冰岛加入欧盟，将大大加强对北冰洋油气资源的控制能力。

对于加拿大、挪威、丹麦、冰岛：这些国家视北冰洋油气资源以及可能开通的运输通道为该国发展其北方经济的大好机遇。但要稳定地获取这部分资源，北冰洋安全和友好的合作氛围是前提。因此这些国家和欧盟一样最热衷于尽快处理好北极主权争议，期望在确定的国际制度中稳定获得油气收益。

北极地区的地缘特殊性、油气资源量的巨大以及竞争对手的强大，北极新发现的油气资源对于美国、俄罗斯、欧盟的全球战略具有举足轻重的影响，虽然部分大国的北极战略并未真正定型，但其北极油气资源战略目标显露出“为我所有”与“为我所用”的差异。这种差异将会转化为全球油气战略的控制与反控制之争。

三、墨西哥湾漏油事件对北极油气活动的影响

墨西哥湾漏油事件以及其造成的生态灾难和经济损失难以估量，并且引发世界范围内对海洋油气开发活动的环境安全关注。由于北冰洋上覆海冰，而且相对较小而封闭，沿岸的油气泄露紧急响应、救援设施和技术缺乏，环境和生态系统尤其脆弱，一旦发生类似的意外事故，北冰洋可能会变成废海，后果难以设想。漏油事故发生后，相关国家对北极油气活动的态度变得小心谨慎。阿拉斯加北部海域波弗特海地区含有 800 亿桶的石油和近 30 万亿立方英尺的天然

气，壳牌、BP等石油巨头于2010年2月获得了美国矿产管理局的勘探许可，但墨西哥湾事件发生后，美国政府5月27日宣布，暂停北极近海石油勘探活动直至2011年。加拿大对格陵兰近期日趋活跃的北冰洋巴芬湾、戴维斯海峡区域的油气勘探活动表示担忧。挪威刚于4月与俄罗斯就巴伦支海争议区域划界达成原则协议，欲推进该区域的油气开发合作，但墨西哥湾事件的发生，使得挪威在环境脆弱地区的油气开发战略开始受到质疑。

然而，墨西哥湾漏油事件对北极油气活动的影响是短期的，而且不会大到足以阻滞未来北冰洋油气资源的全面开发。这是因为，技术上，北冰洋油气储量中天然气超过原油，目前已经开始生产的Snøhvit等都是气田，还没有一个产油的油田，对海洋环境污染远小于原油开发。类似水平井技术发展，使得离岸不太远的陆架油藏可以在陆上钻取，降低海洋原油污染风险。油气开发技术和紧急事件处置、救援技术的不断发展，将降低北冰洋油气开发的成本和环境风险。战略上，鉴于北冰洋油气资源的体量及其在俄罗斯、美国、欧盟诸大国全球能源战略中的重要地位，挪威、加拿大、丹麦（格陵兰）等北冰洋沿岸国家也将油气开发当作其北方地区经济发展的主要支柱，北冰洋油气活动趋于活跃的长期趋势不会发生改变。但是围绕北冰洋油气活动更趋严格的技术门槛、环境标准、泄漏事件紧急处置和救援等方面，将在相关国家、石油企业和国际油气组织间展开新一轮的博弈。

四、结论

北极永久冰层的加速融化，使得开发利用北冰洋大陆架油气资源的技术障碍和成本大大减少，同时引发北冰洋沿岸国家对利用海上油气资源实现其相对落后的北方地区经济与社会可持续发展的高度预期。这些国家都将北冰洋的油气资源潜力作为国家能源战略的重要组成部分。未来 10 年，北冰洋油气活动（包括油气勘探与开发，提炼运输、救援基础设施建设等）将大幅度增加。由于北冰洋油气潜力被认为是世界上仅次于中东的储量，足以对全球油气资源战略格局产生巨大影响，同时，北极地区集中了美国、俄罗斯、欧盟等世界强国，北冰洋新出现的巨大油气潜力增量成为这些大国地缘政治和全球战略角逐工具的可能性非常大。根据北冰洋沿岸国家公布的战略文件和近期的活动分析，不难看到，北冰洋沿岸国家和相关国家围绕北冰洋油气资源，呈现出“为我所有”与“为我所用”的战略目标之争，并将显现为控制与反控制的斗争。北冰洋的油气资源一旦从潜力变为现实，它很可能成为全球大国手中又一件战略武器。

墨西哥湾漏油事件虽然对近年来日趋活跃的北极油气活动产生不利影响，引发北极社会对环境污染的严重关注，为各国政府的北冰洋海洋油气开发战略和决策带来压力。但这只是短期影响，北冰洋油气活动趋于活跃的长期趋势不会发生改变。相反，新的、大量的战略投资将用于改进冰区石油钻探、运输、保存和防泄露技术。

总之，北冰洋油气资源结合新的海上运输通道，将大大改变世界石油地缘政治的旧格局，进而对诸大国的全球战略产生重大影响。

北极环境变化下的中国安全环境研究[①]

夏立平[*]　邹啸东[**]

【内容提要】 随着北极正以比地球其他地区快一倍的速度变暖，北极冰盖在加速融化，北极航道在不远的未来将要开通，北极环境正在酝酿重大变化。这种变化对全球安全将产生重大影响。北极将成为全球新的关键战略竞技场之一，北极国家对北极主权和资源的竞争和争夺加剧，全球生态安全面临重大挑战。北极环境变化对中国国家安全将产生双重影响：一方面，北极冰盖融化，将使中国恶劣天气增多，造成更多自然灾害，影响中国的生态安全和粮食安全；另一方面，北极航道的开通，将使中国的国际航运和外贸从中受益。中国也面临从北极资源开发中获益

---

① 本文为国家海洋局中国极地研究中心国家专项“南北极环境综合考查”课题“北极环境变化下的中国安全环境研究”、教育部项目《北极环境变化中的中国国家安全利益》(项目批号 10YJAGJW017)和同济大学“985 工程哲学社会科学创新基地课题”——“全球变化与国家利益研究”中期成果之一。

* 夏立平，上海国际战略问题研究会副会长、同济大学政治与国际关系学院院长。

** 邹啸东，同济大学国际与公共事务研究院副研究员。

的机遇。中国作为一个近北极国家，必须重视北极环境变化对中国国家安全的影响，采取适当的对策。应提出“和谐北极”的概念，重视和参与有关北极的国际制度的建构，进行跨学科的综合研究，趋利避害，积极创造条件让北极为人类利益服务。

近年来，随着北极地区气候迅速变暖，北冰洋海冰正在加速融化，北极航道有望开通，环北极国家对北极主权和资源的争夺正在上升，北极将成为全球新的关键战略竞技场之一。北极环境变化不仅对全球安全形成重大挑战，而且影响中国的安全环境。

一、北极环境正在酝酿重大变化

（一）北极冰盖加速融化

北极地区指北极圈以北地区，总面积 2100 万平方公里。近 20 年来，每年冬天时北极冰盖缩小约 1500 平方公里。科学家经过研究得出结论认为，全球变暖在北极的进展速度之快相当于地球其他任何地区的两倍。[①] 一些区域的温度在过去 50 年已经上升了 2.5 摄氏度，如果二氧化碳的排放量继续以目前的速度增加，到 2100 年，北极温度预计将上升 10 摄氏度以上。[②] 温度上升加速了北极冰盖及北

① Jesper Hansen，“Climate Change threatens the Baltic Sea”，January 28，2008，http：//arctic-council. org/article/2008/1/climate _ change _ threatens _ the _ baltic _ sea.

② Randy Boswell，“Melting Arctic Poses Security Risk：A Report for U. S. Congress”，Canwest News Service，April 7，2010，http：//www. globalsaskatoon. com/world/Melting＋Arctic＋poses＋security＋risk＋Congress＋report/2774860/story. html.

冰洋海冰的融化。

而且，这种情况正在导致恶性的因果关系。占地表面积 1/5 的永久冻土的下面是几十亿吨甲烷状态的碳。其中，北极永久冻土中锁藏了数十亿吨甲烷，而甲烷是比二氧化碳危害大得多的温室气体，其威力是二氧化碳的 30 倍。温度的上升使北极冰冻沼泽区域融化，从而释放出大量的甲烷。新的研究报告显示，北极地区的甲烷排放量从 2003—2007 年增长了 31%。这个增长幅度意味着每年的甲烷含量都会额外增加约 100 万吨。“释放出的甲烷气体导致大气温度进一步升高，进而形成变暖恶性循环的‘正反馈圈’，导致更多的甲烷气体从永冻层释放出来，使全球变暖进一步加剧。”① 大约 6.35 亿年前，正是甲烷释放引发了大规模全球变暖，终结了地球历史上时间最长的冰川期。2008 年 9 月，世界卫生组织、欧洲环境机构和欧洲委员会在公布的一份报告中说，现在北极冰川的总量仅仅是 20 世纪 50 年代北极冰川总量的一半。也就是说，在过去的 50 年间，北极冰川已经融化了一半。

随着冰块的消失，将阳光反射到太空的巨大镜面也随之消失。失去覆盖的深海吸收太阳的热力变暖，这会促使与之相邻的冰块融化。这形成变暖恶性循环的另一个“正反馈圈”——冰块吸收的热量增多，而吸收的热量多则进一步使冰块减小。

其他因素，如北极风也在加快北极冰的融化。科学家注意到，在北极冰融化最快的年份，北极风将大量的冰块吹向了南方，通过格陵兰岛和斯瓦尔巴群岛之间的弗拉姆海峡，融化在北大西洋温暖的海水中。日本海洋研究开发机构和美国华盛顿大学的科学家认为，近 30 年来至少 1/3 北极冰的消融可以用风的变化来解释。②

① Margaret Munro, “Arctic could go ice-free within decades: Study”, Canwest News Service, April 2, 2009, http://jisao.washington.edu/print/news/canada.com09_0402_arcticcouldgoicefree.pdf.

② Margaret Munro, “Arctic could go ice-free within decades: Study”, Canwest News Service, April 2, 2009, http://jisao.washington.edu/print/news/canada.com09_0402_arcticcouldgoicefree.pdf.

从2000年开始，格陵兰岛的冰减少了1.5万亿吨，有科学家担心它会在两三个世纪内崩塌。2009年9月发布的《海冰展望》认为，当年9月泛北极地区的海冰面积为420万—500万平方千米，这个数值几乎是历史最低值。[①]

许多科学家认为，北冰洋第一个无冰的夏季将会在5—50年内出现。这已是一个何时发生的问题，而不是一个是否会发生的问题。

（二）北极航道将开通

如果北冰洋夏季无冰，北极航道将开通。北极航道主要有两条：第一条是穿过加拿大北极群岛的西北航道（the Northwest Passage）；第二条是穿过欧亚大陆北冰洋近海的东北航道（the Northeast Passage）。

西北航道东起戴维斯海峡和巴芬湾，向西穿过加拿大北极群岛水域，经美国阿拉斯加北面波弗特海，穿过白令海峡与太平洋相接。西北航道实际上是由多条海峡连接而成，包括由兰开斯特海峡、巴罗海峡、梅尔维尔子爵海峡和麦克卢尔海峡组成的帕里海峡。西北航道有7条潜在可行的航线。[②] 由于一年中这些航线绝大部分时间都要受到冰况的影响，因此每条航线都有或多或少的难度。同时，船只航海路线的选择还将取决于船只的吨位、破冰的能力和水文测量的数据等因素。北极委员会2009年发布的报告关注了其中的5条航线。[③] 有学者认为，西北航道全长约1450公里，主要海峡水深305

① Norwegian Polar Institute，"Outlook of Ice on Sea"，September 9，2009，http：//npweb. nplar. no/english/subjects/1250776798. 55.

② 郭培清等著：《北极航道的国际问题研究》，海洋出版社，2009年10月版，第4页。

③ Australia Maritime Safety Authority，"Protection of the Artic Maritime Environment"，2009 Report，Artic Council，p. 21，http：//www. arctic-council. org.

米。[①] 实际上，连接大西洋和太平洋的西北航道由于冰层融化，在2007年夏季已经开始通航。

东北航道（the Northeast Passage）西起冰岛，经巴伦支海，沿欧亚大陆北方海域，向东穿过白令海峡，连接东北亚，长约2900海里。北方海航道（North Sea Route）是东北航道的一部分，它西起新地岛海峡的西部入口，东到白令海峡，长约2551海里。北方海航道穿过北冰洋的5个边缘海，经过10条海峡，沿线有4个重要港口，从巴伦支海到白令海峡之间有4条不同的航线。1991年，俄罗斯政府颁布实施《北方海航道海路航行规章》，其中规定，北方海航道是“位于苏联内海、领海（领水）或毗连苏联北方沿海的专属经济区内的基本海运线”。这条航道从1932年起处于苏联（俄罗斯）控制之下。近年来，由于北冰洋冰盖渐趋萎缩，北方海航道的巨大航运价值逐渐被人们认知。为了控制北方海航道，俄罗斯政府连续出台法令，规定对航道实施垄断性控制，要求过往船只必须事先取得俄政府许可，并使用俄罗斯的船只破冰和导航，从中收取高额费用。这引起一些国家的不满。

二、北极环境变化对全球安全的影响

（一）北极将成为全球新的关键战略竞技场之一

在冷战时期，北冰洋是美苏冷战的重要阵地之一。北极厚厚的冰层是战略核潜艇最好的隐蔽场所，从这里发射导弹10分钟就可命中美国腹地，因而是地球上最理想的水下弹道导弹发射阵地。美国则将接近北冰洋的地区作为对来袭导弹进行早期预警和北美防空的

① ［台］陈文树：“穿越北极海之海运航道能否开通及其衍生效应”，《港湾报道》，2008年第2期，第79页。

一线阵地。冷战结束后，美俄军事对抗已不存在，北极的战略地位一度下降。

但如果北极冰盖融化，其油气等资源得到开发，北极航道贯通，形成新的“太平洋—大西洋轴心航线”，成为连接北美洲、北欧地区和东北亚国家之间最快捷的海上通道。那么北极将变为新的世界经济和航运中心之一。世界发达国家大多处于北纬30度以北地区，这个地带生产了当今世界工业产品的80%，占国际贸易的70%。北极航道开通将改变世界贸易格局，促成以俄罗斯、北美、北欧为主体的超强的环北极经济圈，进而影响整个世界的经济和政治格局。国际地缘战略态势也将发生重大变化。俄罗斯北方舰队的航母和核动力巡洋舰可随时西出北大西洋，进抵欧洲；东进白令海，抵近阿拉斯加，深入北太平洋，左向可觊觎美国西海岸，右向可直达东北亚。俄罗斯的地缘战略地位将大为改善。而且，卷入“北极之争”的周边国家都是发达国家，其中包括美国、俄罗斯这样的大国。相争涉及包括领土与领海等主权问题。这些都使得北极将成为全球新的关键战略竞技场之一。

北极冰盖融化加快后，北冰洋海底和海洋资源开发的前景凸显。根据美国地质调查局2008年完成的最新估计，北极地区油气储量占世界总储量的20%，其中石油储量达到900亿桶，天然气47万亿立方米，可燃冰440亿桶，是地球上可与中东媲美的油气资源战略储备仓库，有人称之为“第二个中东”。北极还储有铁、铀、金刚石等多种矿藏。北冰洋渔业资源非常丰富，其边缘海巴伦支海是世界海产品的主要供应地之一。而且，如果北冰洋开通新的国际航道，也会给有关国家带来巨大的经济和战略利益。因此，近年来，“北极八国”（俄罗斯、美国、加拿大、冰岛、丹麦、挪威、芬兰和瑞典）对北极主权和资源加紧争夺。目前加拿大、美国、俄罗斯、丹麦和挪威均对北冰洋海底提出领土主权要求。

俄罗斯北濒北冰洋，是沿北冰洋海岸线最长的国家，其北部深入北极圈内，对北极主权和资源争夺的态度尤为积极。2007年8月，俄罗斯北极科考队操纵深海潜水机器人在深达 4300 米的北冰洋底插上一面钛合金制造的俄罗斯国旗。[①] 2008 年 9 月，俄罗斯政府出台《2020 年前俄罗斯联邦北极地区国家政策原则及远景规划》，确定了俄罗斯联邦北极政策的主要目标、战略优先方向、基本任务和执行机制。规划提出，从 2011—2015 年，俄罗斯将完成俄在北极地区的边界确认；2016—2020 年间，将北极建成为俄罗斯“保障国家社会—经济发展的战略资源基地”。[②] 2009 年 5 月 13 日，俄罗斯又推出了《2020 年之前俄罗斯国家安全战略》，强调未来国际政治将聚焦于能源争夺，北极是争夺的焦点地区之一，不排除这种争夺导致冲突的可能。俄罗斯将通过整合北冰洋沿岸的俄军事力量，建立一支以陆军常规部队为基础，吸纳海军的核潜艇和空军的远程战略轰炸机等力量参加的北极部队集群，以确保俄在北极地区“在各种政治、军事环境下的军事安全”。俄军方高调宣布，潜艇部队将参与旨在确定俄罗斯北极大陆架边界的科考活动，在未来几年将建造至少 6 艘核潜艇。2008 年 12 月底，俄政府宣布，俄罗斯将在北极地区增设科考站，加强在该地区的科考活动。

美国阿拉斯加州的部分领土位于北极圈内。2009 年 1 月，美国政府颁布《北极地区政策国家安全与国土安全总统指令》，取代 1994 年北极政策文件。[③] 新文件宣布美国是一个“北极国家”，在北极地区有着广泛和根本性的国家安全利益，其中包括导弹防御和早期预警、进行战略输送所需海空系统的部署、战略威慑、海上存在和海上安全行动、保证自由航行和飞行等。美国在北极也有防止恐怖主义袭击的根本性的国土安全利益。美国准备独自或与他国合作捍卫

---

① Charles Emmerson, “The Future History of the Arctic”, Public Affairs, New York, the USA, p. 81.

② http://www.scrf.gov.ru/documents/98.html.

③ “National Security Presidential Directive and Homeland Security Presidential Directive”, White House, DC. USA, http://georgewbush-whitehouse.archives.gov/news/releases/2009/01/20090112—3.html.

这些利益。美国奥巴马政府还打算经过北极向阿富汗空运军队和物资。美国每年投入 4 亿美元用于北极地区的考察和开发。该总统指令还敦促美国会参议院尽快批准《联合国海洋法公约》，美国是至今仍未批准该公约的唯一的北极国家。美国总统指令认为，美参议院批准《联合国海洋法公约》，“有利于美国延伸其大陆架权利，使美国可以在北冰洋海床和底土对自然资源，如石油、天然气、矿产和海洋生物行使主权，这有助于美国在能源安全、资源管理和环境保护领域的关键利益”。①

加拿大北部的育空地区、西北地区和努纳武特地区占其国土面积近千万平方公里的一半多，其中相当部分位于北极圈内。其地下和水下蕴藏的石油估计达 550 亿桶，并有其他多种矿藏。1985 年 9 月，时任加拿大外长克拉克在加国会发表声明：“北极是构成加拿大伟大国土的一部分。加拿大政府的政策是保护这片伟大领土不受损失。”② 2009 年 7 月，加拿大联邦政府公布最新的北极政策报告《加拿大北方策略：我们的北方、我们的遗产、我们的未来》，宣称加拿大对北极离岸资源拥有主权，并提出本国北方地区发展策略，目的是把加拿大塑造成一个领导北极未来的全球领袖。加拿大总理哈珀重申自己关于北极主权的“名言”：“主权的第一原则就是使用它，否则就会失去它。”加拿大外长坎农宣称：“北极是政府的首要关注点之一，其重要性要远超过去几十年”；加拿大是“北极超级大国”，将在科学数据、国际法和世界领先技术的引导下，保证对北方资源的所有权。哈珀政府上台 4 年来，将捍卫加北极地区领土主权作为首要任务之一，采取了一系列旨在维护加拿大北极主权的措施，其中包括：成立北方经济发展署，负责落实联邦政府在北部 3 个地区

① “National Security Presidential Directive and Homeland Security Presidential Directive”，White House，DC. USA，http：//georgewbush-whitehouse. archives. gov/news/releases/2009/01/20090112—3. html.

② House of Commons of Canada： “Debates”，Vol. 5，19 September 1985，p. 6463.

的经济投资计划，加强当地基础设施建设；建立一个世界级的北极研究站，进行环境科学和资源开发的研究；购买和建造新舰艇，加强对该地区的巡逻；成立一支北极地区常规作战部队，在北极地区设立新的军事训练中心，扩大在北极地区的军事存在；建造世界最大的破冰船；在南尼斯维克建立深海港；将实施麦肯则天然气计划，在加北方建立一条长达 1200 公里的天然气管道，该项目将部分归当地原住民所有。2009 年 3 月，加拿大宣布派考察队至北极点附近开展外大陆架勘测。加拿大从 2007 年起每年在北极地区举行代号为“北极熊”军事演习，规模一年比一年大。2009 年 8 月，加拿大在该国北部的弗罗比舍湾举行了首次反潜艇军事演习，以作为该年“北极熊”军演的重头戏，加总理哈珀亲自到场观摩助阵。此举被视为加拿大为宣示其对北极地区主权而采取的又一重要行动。2009 年 3 月，加拿大陆军司令部宣布，计划在近年内建成一支北极陆军兵团。2009 年初，俄罗斯军方一架轰炸机因逼近加拿大北极领空而被两架加拿大战斗机拦截。同年 8 月初，加拿大派出一架侦察机前往北大西洋，监视在加领海附近航行的两艘俄罗斯核潜艇。加拿大还表示将密切关注俄 2010 年 4 月向北极空降伞兵的计划。

丹麦 2009 年 7 月宣布拟组建北冰洋军事指挥部，以应对北冰洋地区日渐增多的活动给丹麦武装力量带来的挑战。同年 3 月下旬，挪威军队在北极海域进行了以北极资源争夺冲突激化为背景的军事演习。

欧盟也对北极资源和航线非常感兴趣。2008 年 11 月，欧盟发表声明称：“欧盟各国应当尽快制定一项协调一致的关于北极能源利用的方案，以确保欧盟在利用北极能源和海洋资源中占据有利的位置，同时帮助全世界尽量减少人类活动对北极的破坏。”①

---

① The European Union and the Arctic Region, Commission of the European Communities, Brussels, November 11, 2008, http: //eur-lex. europa. eu/LexUriServ/LexUriServ. do. uri=CELEX: DKEY=483680.

2009年2月，丹麦、挪威、冰岛、瑞典、芬兰五国召开北冰洋军事安全合作机制会议，五国表示未来将合作控制北极水域，保证石油和天然气运输通道的畅通。这标志着北约、欧盟部分成员国以集体方式加入北极争夺行列。

（二）北极国家对北极主权和资源的竞争和争夺加剧

现在北极周边国家主要在三方面存在争议：

1. 领土与领海等主权问题

到目前为止，还没有一部国际法明确规定北极地区的归属问题。根据《联合国海洋法公约》，因为目前没有证据表明任何一个国家的大陆架延伸至北极，所以北极点及附近地区不属于任何国家，北极点周边为冰所覆盖的北冰洋属于国际海域，由国际海底管理局监督管理。北冰洋周边国家俄罗斯、美国、加拿大、挪威、丹麦只拥有领海外200海里的专属经济区。但《联合国海洋法公约》又规定，如果一个国家的大陆架超过200海里，专属经济区可适当延伸。为解决这方面的争端，2008年5月，加拿大、俄罗斯、美国、丹麦和挪威召开了北方五国高峰会，商定在现有国际公约基础上开始谈判北极分割事宜，同意通过科学研究提供证据来决定北极的主权问题，同时决定不再为此通过任何类似《南极条约》的新文件。现在加拿大、俄罗斯、美国、挪威和丹麦等国正在加紧绘制各自的北冰洋海床图，以便争取在2013年向联合国有关机构提交大陆架划界申请。

美国与俄罗斯在划分白令海经济区问题上存在分歧。美国与加拿大在波弗特海边界划分上有较大分歧。美国认为，其阿拉斯加与加拿大之育空地区的领土分界线向北冰洋的延伸线，并不能成为两国之间直达北极点的领海分界线。同时，加拿大与丹麦就格陵兰与加东北的边界划分也有争议，曾因一个名叫汉斯的北极小岛发生激烈争执。加拿大与俄罗斯在谁拥有从北冰洋沿岸到北极点部分地区的主权上存在纷争。

2. **航道所有权**

如果从中东、东北亚经北极往返北美、南美东海岸或北欧、西欧，穿越北极的航行要比经巴拿马运河或合恩角、苏伊士运河或好望角少走 6000—1.1 万公里。这使得美国与欧盟等都对北极航道深感兴趣。美国与加拿大在航道上有较大分歧。加拿大 2009 年 1 月公开宣布，西北海上通道是加拿大专属经济区的一部分。而美国认为，部分穿行于加拿大北部领土之间的“西北航道”属开放水域的国际航道，而非加拿大所宣称的内海航路。俄罗斯认为，与东北航道部分重叠的北方海航道是位于俄罗斯“内海、领海（领水）或专属经济区内的基本海运线”。美国政府的北极政策文件将航海自由置于“最优先”的地位。美国坚持北极的西北航道属于国际航道，北方海航道包括用于国际航行的海峡，美国船只有权通行。①

3. **捕鱼权**

北极逐渐融化的冰川也为全世界提供了更加丰富的海洋资源，新的捕鱼区将随之开放。由于北极公海尚未涉及在国际海洋资源保护制度之内，所以在北极新的捕鱼业兴起之前，世界各国急需制定一份关于北极公海捕鱼的合理的规章制度。只有等这个政策性的规章制度制定好以后，北极新的捕鱼业才可能开始着手。由于北极冰融，俄罗斯和北约成员挪威就在斯匹次卑尔根群岛附近的捕鱼权产生争执。

（三）全球生态安全面临重大挑战

北极冰盖融化，正在并将继续对全球气候变化产生重大影响。科学家们表示，通过计算机模拟得出结论，以北极冰盖目前的融化

---

① “National Security Presidential Directive and Homeland Security Presidential Directive”, White House, DC. USA, http://georgewbush-whitehouse.archives.gov/news/releases/2009/01/20090112—3.html.

速度，再加上温暖的太平洋海水流入，北极地区在10年之内夏季将不再有冰盖覆盖。在过去的80万—100万年，北极至少部分地区全年被冰覆盖。如果北极冰盖全部消融，其造成的剧烈生态影响，在整个人类历史上都将是史无前例的。

这种变化将首先对北极地区带来毁灭性的生态灾难。北极熊失去大片赖以捕猎的浮冰，不得不冒险前往人类居住的地方捕食。由于失去稳定冰面，许多海豹不得不爬上它们不熟悉的陆地产崽。

北极冰川融化后，全球海平面将上升。在过去的一个世纪里，北极冰盖的融化导致全球海平面上升了10—25厘米。现在冰川融化导致海平面上升的数值正在不断增加。科学家预测，如果极地地区的冰全部融化，可能会导致海平面上升约7米。这将使一些岛国面临没顶之灾，许多国家的沿海地区将被淹没。太平洋和印度洋上的一些岛国居民将首当其冲，寻找新的栖息地将成为他们最重大的问题。世界卫生组织、欧洲环境机构和欧洲委员会在2009年9月发布的一份报告中预测，到2100年，随着海平面的上升，从伦敦到雅典将有400多万欧洲人面临着被海水吞噬的危险，损失将达到2万亿欧元（约合2.9万亿美元）。

而且，北极和南极冰川是地球上两个最大的固体淡水库。地球的淡水资源中，有70%以上是冻结在北极和南极的冰盖中。如果北极冰川全部融化，地球将进入缺乏淡水的时期。北极冰川的后退还使北极的沙尘被吹到欧洲北部和北美。

三、北极环境变化对中国安全环境的影响

北极环境变化将对中国国家安全产生双重影响。一方面，北极冰盖融化，将使中国恶劣天气增多，造成更多自然灾害，影响中国

的生态安全和粮食安全。另一方面，北极航道的开通，将使中国的国际航运和外贸从中受益。中国也面临从北极资源开发中获益的机遇。

（一）北极冰盖融化使中国气候变化异常，自然灾害增加

如果把地球看做一间房间，那么北极和南极就是这个房间中的两个大冰块。当这两个冰块融化时，这个房间中温度下降，湿度增加。而且地球气候还受其他多种因素的影响，因此当北极冰盖融化时，它会在全球包括中国产生各种极端气候现象和毁灭性灾害，如洪水、干旱等。例如，根据中国科学家研究，在北极海冰减少后，中国每年 1 月份大部分地区温度偏低，7 月份降水增加。[①]

（二）从长期看，中国沿海岛屿和海岸线有被海水淹没的危险

科学家认为，北极冰盖融化引起海平面上升，将淹没沿岸大片地区。中国海岸线长达 6000 多公里，沿海分布着的上百座大中城市，都是人口密集之地。大连、天津、青岛、上海、杭州、厦门、广州、香港、澳门和深圳等城市的海拔都在 20 米以下。中国沿海的 5000 多个大小岛屿也将面临“水漫金山”的危险。

（三）中国粮食安全受到负面影响，但增加了利用北极渔业资源的机遇

北极冰盖融化一方面在中国导致的各种极端气候现象，如洪水、干旱等，将造成粮食减产。中国的一些粮食主产区，如杭嘉湖平原和珠三角平原等甚至可能面临淹没危险。另一方面，北极冰川的融

---

① 魏立新、张海影：“北极海海冰减少的气候效应研究”，《海洋预报》，2005 年 5 月第 22 卷增刊，第 60 页。

化将使北极地区出现新的捕鱼区。如果国际社会能制定出北极公海捕鱼的合理的规章制度，中国也可以派出远洋捕鱼船队进行捕捞。

（四）中国面临利用北极航道的机遇，但也有许多困难

北极航道对于我国国际贸易的商业价值十分明显。据专家研究，利用北极航道，我国沿海诸港到北美东岸的航程，比走巴拿马运河传统航线大约节省 2000—3500 海里；到欧洲各港口的航程更是大大缩短，上海以北港口到欧洲西部、北海、波罗的海等港口比传统航线航程短 25%—55%。例如，从上海到德国汉堡间航行距离将比途经苏伊士运河的航线缩短约 6400 公里。[①] 如果北极航道开通，将使我国在现有东、西向两条主干远洋航线基础上增加两条更为便捷的到达欧洲和北美洲的航线，大大减少海上运输成本，降低途经马六甲海峡、巴拿马运河、索马里海域和苏伊士运河等安全高危险区或政治高敏感区所带来的风险。

但另一方面，由于加拿大认为“西北航道”是加的内海航路，俄罗斯认为部分“东北航道”是俄的内海航路，因此争取北极航道成为自由通行的国际航道，还需要国际社会艰苦谈判。

（五）在利用北极矿产资源领域面临机遇

北冰洋水深很浅，半数以上大陆架区水域深度都不超过 50 米，为能源开发提供了方便。北冰洋及其沿岸地区有可能成为世界上主要石油和天然气产区之一。北极地区的煤炭资源极为丰富，而且煤质优良。据地质学家估计，总储量约 1 万亿吨或者更多，超过全世界已探明煤炭资源总量。如果北极冰盖融化，中国可参与该地区能源和资源的开发。

---

① Linda Jakobson，“China Prepares for An Ice-free Arctic”，Sipri Insights on Peace and Security”，No. 2010/2，March 2010，p. 5.

四、中国在应对北极环境变化中应采取的对策

北极环境变化事关全人类未来的生存和发展，也关系到中国的国家安全。因此中国作为一个近北极国家，必须重视北极环境变化及其对中国国家安全的影响，并采取适当的对策。

（一）应提出“和谐北极”的概念

“和谐北极”的概念应包括三个层次：

第一个层次是天地人之间关系的和谐。北极环境变化是天地人三者相互作用的结果，也将继续对天地人的相互关系产生影响。不可否认，北极冰川的融化速度不断加快，与人类温室气体排放量逐年增加有关，是全球气候变暖影响的一部分。而且反过来，北极冰川的融化又加快了全球气候变暖的速度。因此，作为有主观能动性的人类，必须重视环境保护，减少二氧化碳排放量，遏制全球变暖的趋势，争取天地人之间的和谐。一旦全球气温下降，北冰洋海水将会重新结冰。

第二个层次是有关国家之间关系的和谐。北极环境变化及其影响不仅与环北极国家的利益密切相关，而且也关系到非北极国家的利益。而诉诸武力，是解决不了北极环境变化带来的难题和导致的利益纷争的。因此各国之间应该通过和平手段，努力从综合安全、合作安全和共同安全角度，共同开发和利用北极，建立和谐北极。

第三个层次是人与人之间关系的和谐。北极环境变化对人有重大影响，而人又是影响北极环境变化的重要因素。因此应对北极环境变化，必须以人为本。而以人为本，必须重视北极地区人与人之

间和谐关系的建立，寻求各种人之间利益的平衡。这些人既包括当地的原住民，也包括后来的居民，还包括来该地区科考、开发、经商等的外来人员。

（二）重视和参与有关北极的国际制度的建构

中国应积极参加北极相关的国际组织，参与北极国际制度的建立和完善，以此作为中国参与北极事务的重要方式和途径之一。

现在来看，围绕北极主权和航道所有权的竞争和争夺存在三种前景：一是在北极建立类似《南极条约》那样的国际机制，任何一方放弃在北极原来所主张的领土主权权利或领土的要求，实现北极无核化与仅用于和平目的；二是有关国家关于北极领土和主权的争议久拖不决，甚至导致小规模武装冲突，或是因误解和误判导致冲突。三是通过谈判和对话解决分歧，或通过联合国或其他国际组织根据国际条约划界。

由于南北极的地缘政治和治理环境有很大差异，南极的主体是一块1400万平方公里的冰雪大陆，而北极的主体却是一片由主权国家领土环绕的海洋，北极问题实质上是海洋问题，而且环北极的主要国家已达成协议，决定不通过任何有关北极的类似《南极条约》的新文件，因此以“南极模式”解决北极问题已基本不可能。

由于“北极八国”中有两个是核大国，有五个属北约国家（冰岛、挪威、美国、加拿大、丹麦），三个属欧盟成员国（丹麦、芬兰和瑞典），一旦它们之间发生冲突，无论是欧盟还是北约都将难以置身其外，可能导致大规模战争甚至核战争，这将使它们都遭受巨大损失。而北极不是它们的核心国家利益所在，因此各国将尽量避免第二种前景。在这种情况下，第三种前景可能性较大。例如，2010年4月，俄罗斯与挪威就巴伦支海划界问题达成协议。双方同意将双方有争议的17.5万平方公里巴伦支海水域纵向分为大致相等的两个部分，西侧归挪威，东侧属俄罗斯。但要通过谈判和平解决所有争议问题仍面临很大困难。

在“北极条约”无法达成的情况下，有关各国将围绕《联合国海洋法公约》进行博弈，大陆架界限委员会、国际海事组织等机构将发挥重要作用。

1996年，八个邻近北极的国家（加拿大、丹麦、芬兰、冰岛、挪威、俄罗斯、瑞典和美国）成立北极理事会。该理事会是一个高层次国际论坛，关注北极地区的环境、社会与经济的可持续发展。2007年中国首次参加国际北极理事会活动，并被接纳为理事会特别观察员。作为一个在北极科考方面已取得相当大进展的近北极国家，中国今后应争取成为北极理事会的永久观察员。

中国应鼓励相关国家通过谈判解决它们之间在北极问题上的争议，这符合它们各自的利益和全人类的利益。但中国也应防止“北极五国”（美国、加拿大、丹麦、挪威、俄罗斯）彼此就北冰洋海域分割达成协议，同时限制其他所有国家进入北极，或通过大陆架的延伸将专属经济区扩大到200海里以外，而将北冰洋国际共有海域大大缩小。中国也应在与北极相关的国际组织中发挥积极作用。

（三）进行跨学科的综合研究，趋利避害，积极创造条件让北极为人类利益服务

中国应加强各学科综合研究，深入分析北极环境变化对各领域的影响，及早制定北极环境变化下国家安全的综合对策。

同时，应为中国积极参与北极事务，提供技术支撑、国际法律支撑、外交支撑、财力支撑、政治支撑、安全支撑、舆论支撑和道义支撑。中国应积极为使用北极航道和在北极开采资源做好各项准备。

北极点及其周边海域是国际公海，但如何管理，使其为人类利益服务，目前国际社会还没有定论。中国也可以通过研究在这方面向国际社会提出建议。

国际能源格局的演进及走势特征探析

余建华[*]

【内容提要】自现代石油业形成以来，国际能源地缘政治先后经历了墨西哥湾时代、海湾（波斯湾）时代和中心与外围对峙时代这三大阶段的历史演进。世纪之交，世界各国尤其是以美国为首的西方对油气资源的竞争并没消失，能源问题政治化倾向更为加强，时常成为各国外交诉求的重要目标，甚至为了争夺油气资源而爆发冲突与战争，油气政治成为冷战后迈向新世纪国际关系的一个极其关键的支点。迄今为止，有关能源消费国、资源国和过境国之间的利益碰撞和矛盾冲突，已成为世界地缘政治经济竞争中令人瞩目的重要组成部分。但在另一方面，随着冷战后世界经济全球化进程的加速，各国在能源领域的相互依存日渐加强，既竞争又协调成为国际能源战略格局的主流。各方越来越重视能源领域的国际合作及其国际机制的建设，主张通过国际合作与协调来实现能源安全。全球能源格局

* 余建华，上海社会科学院欧亚研究所研究员。

发生深刻而重大的变迁，呈现出一系列令人瞩目的特征，对21世纪国际关系和世界经济发展走向及国际政治经济体系转型产生不容低估的影响。

一方面，石油和天然气成为现代工业必不可少的基础性战略物资；另一方面，由于资源分布和需求的分离，许多国家难以在本国范围内获得足够的油气能源供应。百余年来，以石油、天然气为核心的能源政治始终与国际关系密切相连，围绕油气资源、市场、通道的角逐与竞争，始终是国际能源地缘演变的主要内容。自19世纪中叶现代石油业形成以来，百余年来的国际能源格局从油气地缘政治层面而言，大致先后经历了“墨西哥湾时代”、“海湾（波斯湾）时代”和“中心与外围对峙时代”这三大阶段的发展和演进。以石油及天然气为中心的国际能源地缘政治这一态势的演变证实了能源政治学权威丹尼尔·耶金的论断：“石油，10%是经济，90%是政治。”[①] 世纪之交以来，全球国际能源格局在发展走势上又呈现出一系列令人瞩目的特征，无论对21世纪初国际关系和世界经济的发展走向，还是对当前及今后国际政治经济体系的转型，均产生不容低估的影响。

一

1859年美国宾夕法尼亚州德雷克油井的成功开钻，标志着世界石油商业性开采的开始，石油业成为现代经济中一个竞争激烈、影响广泛的庞大行业，美国成为世界石油工业的摇篮。在此前后，俄

① 转引自［法］菲利普·赛比耶—洛佩兹：《石油地缘政治》，社会科学文献出版社，2008年版，第1页。

罗斯、罗马尼亚、加拿大、波兰等国也开始较大规模的石油生产。其中最重要的是纳入沙俄版图的阿塞拜疆巴库油区。19 世纪末，巴库油区和美国几乎各占世界石油产量的一半，在 1899—1901 年，俄罗斯石油年产量还一度超过美国。但总体而言，从 1859 年现代石油业诞生到 1945 年第二次世界大战结束，还是属于世界石油史上的“墨西哥湾时代”。这里包含了世界石油工业的第一阶段（1859—1920 年）和第二阶段（1920—1945 年），期间，美国以其世界第一产油大国的雄厚实力牢居世界石油业“龙头老大”的宝座。美国的石油业集中在德克萨斯州等墨西哥湾沿岸，而邻国墨西哥也是世界另外一个主要产油国，1919 年墨西哥石油年产量突破 1000 万吨，超过苏联成为世界第二大产油大国。1920 年墨西哥石油产量突破 2000 万吨，加上当年美国石油产量 6000 万吨，两国已占据世界石油总产量的 87%份额。① 也就是说，墨西哥湾沿岸提供了全球绝大部分的石油供给，由此直到二战结束，墨西哥湾成为全球石油生产的重心，以及当时世界油气地缘政治中心。

当然，在“墨西哥湾时代”，墨西哥没有多大发言权，美国成为世界石油业头号霸主。20 世纪初的 1914 年和 1916 年，美国武装干涉墨西哥民主革命，主要目的之一就是企图保持对墨西哥石油的垄断，这场革命前美国资本控制了墨西哥 80%的油田。美国之外的英国、法国、荷兰等国的跨国石油公司无力插手墨西哥湾的石油开发，因此世界油气地缘政治竞争主要在墨西哥湾之外的地区进行。除苏联外，20 世纪上半叶，委内瑞拉、伊朗、罗马尼亚和印度尼西亚等国也陆续加入世界重要产油国行列。因此这些国家成为两次世界大战期间战争双方阵营激烈争夺的对象。“墨西哥湾时代”另外一大主要特征，则是以美英等国为首的西方石油寡头在世界石油市场上把持着统治主宰的垄断地位。从 19 世纪 70 年代到 20 世纪 70 年代这一个世纪的岁月中，号称“七姐妹”的西方石油垄断巨头控制着世界能源工业的绝大部

① 王才良：《世界石油工业 140 年》，石油工业出版社 2005 年版，第 16—19 页。

分——从油气勘探、开发到储运、提炼和销售。石油“七姐妹”建立在美国洛克菲勒石油帝国的基础上。其中，埃克森、美孚、雪佛龙就曾是洛克菲勒的标准石油公司在新泽西、纽约和加利福尼亚三州的子公司，此外，还包括美国的德士古和海湾石油公司以及两家欧洲的跨国石油资本集团——英荷壳牌公司和英国石油公司。到20世纪20年代初，尽管美国占有世界石油生产近2/3的份额，但英国人却在未来“世界油库”的中东建立起石油霸权。

1900年，澳大利亚人达尔西获得波斯勘探和开采石油的租让权，1911年英国石油公司的前身——英波石油公司，接管达尔西的租让权，开始在波斯（伊朗）及中东的大规模石油生产。一战前两河流域的摩苏尔也发现了石油，一些欧洲财团组建了土耳其石油公司，德意志银行和壳牌公司各占其资本的25%，英波石油公司拥有其余的50%。1914年该公司获得摩苏尔和巴格达石油资源租借权。一战后美国对海外尤其是中东的石油兴趣越来越浓厚，1919年巴黎和会期间，美国地质局首席地质学家戴维·怀特就呼吁美国石油公司“发动更强大的勘探攻势寻找新的石油资源，尤其是在中东和南美”。[①] 1928年7月，美、英、荷三国石油巨头与英国石油富商、土耳其石油公司创始人达成股权分配协定。土耳其石油公司改组为伊拉克石油公司，由新泽西与纽约美孚等组成的美国近东开发公司、法国石油公司、英国石油公司和英荷壳牌公司各持有23.75%的权益，古尔本金拥有其余5%。各方约定每一方均不得在奥斯曼帝国边界（除伊朗和科威特外）的红线范围内谋求石油特许权。由此，这个“红线协定”成为世界石油史上列强对世界能源的第一次瓜分，即瓜分中东石油资源的第一次分赃。随后，美、英、荷三国石油巨头商讨垄断世界石油市场的战略和方针，在1928年9月就瓜分世界石油市场达成“阿克纳卡里协定”。该协定通过在石油产量、市场份

① 江红：《为石油而战——美国石油霸权的历史透视》，东方出版社，2002年版，第69页。

额、石油价格、设备利用、运输和成本等具体问题上的一系列协调，为欧美石油垄断资本控制国际石油业提供了基本框架。“红线协定”标志着美国与英国、荷兰石油巨头争夺中东石油的开始，“阿克纳卡里协定”则表明美、英、荷石油巨头已经联合建立垄断世界石油市场和石油价格的利益共同体。

但无论是“红线协定”还是“阿克纳卡里协定”，都未能阻止美国资本向中东的挺进。到二战爆发前，英国在中东的石油垄断权已经被美国打破；在拉美，美国夺取了坦皮科以北的墨西哥石油资源和60%以上的委内瑞拉石油资源；在远东，美国石油资本也在印度尼西亚拥有探明石油储量和开采量的30%。二战后，美国垄断资本凭借美国迅速膨胀的经济和军事实力，加大争夺中东等海外石油资源的力度。1953年，美国通过支持伊朗军事政变，成功地打破了英伊石油公司一手掌控的伊朗石油业局面，使美国资本获得接管伊朗石油资源的40%，到1956年，美国对中东石油资源的控制额已上升到57%。在拉美，美国进一步巩固其在各产油国的优势地位，1956年控制了委内瑞拉80%的探明石油储量。在远东，1954年美国已占有印尼50%以上的石油产量和探明储量。在非洲，美国石油资本也在利比亚、利比里亚和阿尔及利亚等国获得大片石油租借地。这样，到20世纪50年代中期，无论石油租借地、探明储量和产量方面，还是石油加工能力和销售市场方面，美国都远远领先于英、荷、法而处于绝对优势地位，成为世界石油市场的霸主和亚非拉产油国石油资源的最大掠夺者。

二战结束后，世界石油工业进入第三阶段（1945—1973年）。该阶段的一个主要特征是中东发展为世界石油工业的中心，尤其是海湾地区石油产量迅猛增加，成为世界石油的最主要供应地，相应地国际能源地缘政治格局也由“墨西哥湾时代”进入到“海湾（波斯湾）时代”。

中东石油大发展的序幕是在二战前拉开的，包括伊朗的苏莱曼和阿加贾里、伊拉克的基尔库克、沙特的达曼和科威特的布尔干等大型油田。但在海湾（波斯湾）周围陆上和海域，更多油气田的勘探发现以及连同上述战前发现的油田大规模开发投产，还是在 20 世纪四五十年代。在沙特，40 年代相继发现阿布哈德利亚油田、布戛格大油田和加瓦尔特大油田（世界最大油田，1948 年发现，储量 82.6 亿吨），1950 年又发现世界最大海上油田萨法尼亚油田（储量 33.7 亿吨）。在科威特，1938 年发现的布尔干特大油田在战后探明并投产，成为世界第二大油田（储量 69.7 亿吨）。1946 年科威特正式采油，产量达 79.74 万吨，1960 年已经超出 8000 万吨大关，成为当时中东第一大产油国。另外在伊朗、伊拉克、卡塔尔等海湾国家也发现巨额石油资源，并得到迅速开发。与此同时，美国石油产量在世界总量中的比重开始下降，已经不能满足国内迅速增加的石油需求，1948 年美国开始从中东海湾进口石油。相应地从 20 世纪 50 年代开始，中东海湾地区取代北美墨西哥湾成为世界油气地缘政治中心。1948—1972 年，美国石油日产量虽然由 550 万桶增加到 950 万桶，但其在世界总产量中的份额却由 64%下降到 22%。同期中东石油日产量由 110 万桶增加到 1820 万桶，增加了 1500%，这期间世界新增探明储量 70%来自中东。[①] 尤其是科威特、沙特和伊朗等海湾产油国在世界石油工业中的重要性迅速上升。1961 年，中东石油产量已占世界总量的 25.1%，出口量占世界总量的 51.6%；到 1974 年，中东石油产量占世界总量的比重达到最高峰，为 38.9%；次年即 1975 年，中东石油出口量占世界总量的比重达到最高峰，为 61%。[②] 二战后到 20 世纪 70 年代，国际能源格局处于“海湾（波斯湾）时代”，世界油气地缘政治竞争主要围绕中东展开。

围绕石油资源及其运输通道的争夺和控制，20 世纪 50 年代中东发生了两场相关的国际危机。一是伊朗石油国有化运动。1953 年，

① 徐小杰：《新世纪的油气地缘政治》，社会科学文献出版社，1998 年版，第 28 页。

② 王才良：《世界石油工业 140 年》，石油工业出版社，2005 年版，第 209、34 页。

美国中央情报局策动了一场支持巴列维国王的武装政变，推翻了致力于石油国有化的摩萨台政府，伊朗收回石油资源主权的斗争受挫。[①] 由此，美国打破英伊石油公司（英国石油公司）在伊朗一统天下的格局，在接管伊朗石油资源的美欧石油国际财团中，美国资本获得 40%的股权。这是战后英国石油垄断资本在国际石油竞争战中受到的最沉重的打击，美国石油垄断资本捞取了最大的好处。二是苏伊士运河事件。1956 年，埃及总统纳赛尔将英法控制的苏伊士运河收归国有，英法便联合以色列对埃及发动侵略战争。苏伊士运河战争使通过运河输往欧洲的海湾石油供应陷于中断，整个西欧处于能源危机的边缘，陷入缺油窘境。英法两国军事上遭受重创，政治上陷入孤立，经济上处于困境，不得不于同年 11 月黯然收兵。

欧佩克的崛起及其与西方石油跨国巨头的顽强不屈的斗争，也是二战后到 20 世纪 70 年代国际能源格局处于“海湾（波斯湾）时代”的主要特征。为摆脱任凭西方石油垄断资本随意宰割的现状，维护产油国自身权益，1960 年 9 月，沙特、科威特、伊朗、伊拉克和委内瑞拉 5 个石油出口国发起建立石油输出国组织（欧佩克）。20 世纪 70 年代初，欧佩克以减产和谈判结合的策略，向国际大石油公司开展积极进攻，提高油价斗争和收回资源主权的参股、国有化运动两条战线相互推进。由此，以海湾产油国为主的欧佩克成员国不仅剥夺了国际石油卡特尔控制石油价格的特权，也取得了其对在本国经营的国际石油公司的控制权，扫除了几十年来西方国际石油资本从产油国榨取高额垄断利润的基础——殖民主义性质的石油租让制，一批产油国的国家石油公司走上舞台，进入世界石油市场，它们拥有大量的油气储量和巨大的原油生产能力。以“七姐妹”为代表的西方国际石油寡头丧失了在世界石油工业中“一统天下”的垄断地位。在欧佩克捍卫民族国家经济权益取得积极成果的基础上，阿拉伯产油国在 1973 年中东十月

---

① J. A. Bill & W. R. Iouise, *Mossadiq, Iranian Nationalism and Oil*, I. B. Tauris & Co., 1988, p. 8.

战争爆发后成功使用石油武器，而欧佩克更是趁此有利形势，进一步完全收回油价决定权，并且连续大幅度地提高原油价格。1978 年伊朗伊斯兰革命和 1980 年两伊战争爆发后，世界石油供应出现短缺，欧佩克因势利导，再次连续提高石油价格，使国际油价由 20 世纪 60 年代的 1.8 美元/桶上升到 38.63 美元/桶，涨幅高达 2046%。由此，不仅欧佩克成员国石油收入急剧上升、贸易条件明显改善、民族经济迅速发展，而且欧佩克国际政治经济影响显著加强。

20 世纪 80 年代以来，欧佩克对全球石油市场的影响力开始由盛转衰。一方面，石油危机遏制了西方国家的石油需求，海湾石油产量增长受到限制。另一方面，高昂的国际油价促使非欧佩克产油国大力勘探和开发新的石油资源。20 世纪 70 年代北海的埃科菲斯克、福帝斯特等大油田相继开发，整个西欧石油储量接近美国。1976—1979 年，墨西哥探明石油储量增加了 6 倍。[①] 美国也在阿拉斯加发现大片油藏。1981—1985 年，非欧佩克产油国（又称独立石油输出国）石油日产量年均递增 100 万桶。1981 年，非欧佩克产油国石油供应量首次超过欧佩克，1985 年，非欧佩克产油国石油供应量已占国际市场石油供应量中的 56.4%。在世界石油供过于求的形势下，1981—1985 年，欧佩克被迫实行“减产保价”策略，这又促使非欧佩克产油国在世界石油市场的份额大幅度增加。1985 年，欧佩克占世界石油产量的份额落到 29%的低谷。1986 年，后在欧佩克之外，形成了北美、苏联、北海、中国、东南亚等地区性油气资源中心，其产量增长迅速。但 20 世纪 80 年代中期后，因国际油价长期低迷，许多非欧佩克产油国大幅度减少石油勘探开发投资，导致以海湾国家为主的欧佩克在世界油气地缘格局中得以保留优势地位。欧佩克在世界石油产量中的比重在又回升到 1990 年的 38.5%和 1995 年的 41.1%，进入 21 世纪后则

① 吴巧生、王华、成金华：《中国可持续发展油气资源安全系统研究》，湖北人民出版社，2004 年版，第 108 页。

进一步上升到44%上下。不过海湾国家完全掌控世界石油市场的时代已经结束。另外，20世纪70年代后，世界迈入天然气工业大发展时期。除中东地区外，苏联、欧洲的北海盆地以及美国阿拉斯加，一大批大型气田的发现和开采，为世界天然气工业的大跃进奠定了基础。

这样，一方面，中东海湾仍然保持着世界油气地缘的中心的地位，另一方面，许多非欧佩克油气生产国和拥有大量石油战略储备的石油消费国也拥有不可小觑的市场控制力。欧佩克和非欧佩克国家均难以单独控制世界油气市场，从而形成多家参与、相互制衡局面，由此，从20世纪80年代初开始，国际油气地缘政治格局进入“中心（欧佩克）与外围（非欧佩克）对峙时代”，一直延续到21世纪的今天。值得注意的是，欧佩克特别是海湾产油国仍然是当今世界石油市场中力量最强的一方，欧佩克就其占世界石油探明储量总量的2/3、累计产量的40%—50%以及输出量的60%上下这些份额而言，其对世界政治经济的发展仍然具有十分重大的影响。其他参与各方难以单独与其抗衡，只有联合起来，如由经合国家组成的国际能源署对其形成制约。20世纪90年代以来，中亚里海、北非马格里布和西非几内亚湾等地区也日益成为世界油气资源新的供给基地，加强了外围（非欧佩克）与中心（欧佩克）的油气地缘对峙格局。

二

世界石油价格的持续低迷，刺激了20世纪90年代以来世界经济和石油消费的增长。除东亚金融危机一段时期外，90年代世界石油需求量以每年150万—200万桶的速度递增。虽然东西方冷战结束，但世界各国尤其是以美国为首的西方并没有放松对油气资源的觊觎与控制。正是由于油气资源的有限性及其分布的不均衡性，决定了各国能源安全的不确定性，以及各国为资源发生争端的尖锐性，甚至为了争夺油气资源而爆发冲突与战争，更使油气政治成为冷战后迈向新世纪的国际关系的一个极其关键的支点。从 1991 年的海湾战争，经“9·11”事件后的阿富汗反恐战争，到 2003 年的伊拉克战争，欧亚大陆腹地的风云变幻就是能源因素左右国际地缘政治角逐和冲突的生动体现。

虽然冷战后国际油气地缘格局处于“中心与外围对峙时代”，但海湾仍然是石油蕴藏最为集中的“世界油库”。1990 年 8 月伊拉克萨达姆政权出兵侵占科威特，主要目的就是要掠夺科威特的石油资源、石油通道和石油资金。萨达姆意图通过吞并科威特来实现伊拉克的“一石三鸟”。一是伊拉克欠科威特的 120 亿美元债务一笔勾销，并将科威特的黄金、外汇和 1000 亿国外资产占为己有；二是可以拓宽通往海湾的海岸和占有深水港口，使自己石油出口不再受制于人；三是夺取科威特的石油资源，便拥有 1/5 的世界石油储量，有助于增强伊拉克的实力和国际影响。而美国不远万里在 1991 年发动海湾战争，不仅仅是出于恢复科威特主权和领土完整这一伸张正义的目标，而且还有更重要的战略意图，其中控制海湾石油资源便是至为关键的动因。在 1990 年 8 月 2 日伊拉克入侵科威特之后，8 月 13 日，美国《纽约时报》电话采访基辛格等 10 位美国名人，他们一致认为，美国在海湾危机后迅速陈兵海湾，是因为“海湾关系到美国的切身利益……首先是保卫石油”。美国众议院军事委员会委员帕特里德·施罗德更直截了当地指出：“我们在沙特阿拉伯和科威特的主要利益基本上可以归结为两个字：石油。石油，石油，还是石油。”[①] 1991 年 1 月 17 日，以美军为首的多国部队打响了对伊拉克的海湾战争。“美国为什么开战呢?”对于这一问题坦率地做出回答的是布什总统的老师——尼克松：

① 转引自安尼瓦尔·阿木提、张胜旺：《石油与国家安全》，新疆人民出版社，2003 年版，第 38 页。

“既不是为了自由，也不是为了民主，而是为了石油。”[①] 因此从海湾危机到海湾战争，实质上是冷战结束后谋求地区霸权的伊拉克和维护世界霸权的美国在海湾石油政治上的冲突博弈。

海湾战争结束后的1992年4月，美国著名思想库传统基金会发布的《缔造对美国安全的世界——美国对外政策蓝图》报告再次明确提出，美国对外政策的十大“保守原则”之一是“确保获得资源”，“防止某一敌对的国家主宰欧洲、东亚和海湾”。尤其是海湾，因为“海湾战略地位重要，又拥有丰富石油资源”。[②] 即使在进入新世纪后，国际能源格局依然处于欧佩克这一世界产油中心与由非欧佩克产油国组成的外围对峙的时代。一方面，作为欧佩克核心的海湾国家依然保持在世界石油生产和输出格局中的龙头地位；另一方面，中亚西部的里海地区越来越成为前景诱人的世界油气的新供应源，同时，北非的马格里布地区和西非的几内亚沿海地区的油气开发也趋于活跃。这些新兴油气资源地区的崛起意味着一个以中东地区为核心的更大范围能源资源带的形成。

另外，西方“新能源地缘政治”学派已在世纪之交的研究中揭示：中东虽然在石油市场上的份额下降，但石油市场越来越趋于开放，竞争性不断增强；前苏联的石油和天然气资源正在融入世界经济体系并将引起深远影响；世界能源地缘中心正在向亚洲转移，亚洲将成为能源“新地缘政治”的主要威胁；到2020年，全球约50%的石油需求要由那些动荡国家来满足，而这些关键能源生产国很有可能爆发危机、中断供应；随着经济全球化推进，经济持续增长加上能源需求上涨将使能源出口方拥有更大的影响力，能源价格也可能出现严重的上下波动；能源供需平衡问题将使世界上主要的能源生产商和消费者受到新的竞争和政治压力；能源供应或投资在中东出现崩溃的可能性仍然存在；国际恐怖势力将有条件对日益复杂的

---

① 日本《每日新闻》，1991年1月17日。

② 转引自王能全：《石油与当代国际经济政治》，时事出版社，1993年版，序言。

能源基础设施造成后果不堪设想的严重破坏……[①]于是，十分自然地，一个以中东地区为核心的更大范围能源资源带成为新世纪美国政府维持和巩固世界霸权的重点战略目标。美国安全委员会成员扎勒米·哈利勒扎德在为美国国家战略研究所撰写的战略评估报告中就对美国在“大中东”的利益进行重点分析。[②] 虽然哈利勒扎德把包括北非、土耳其、利凡特、海湾和阿拉伯半岛在内的西亚北非地区称为“大中东”，但事实上，在此前已有人将“大中东”的涵盖范围大大扩展，哈佛大学科学和国际事务中心（CSIA）的国际安全研究组就将“大中东”界定为从马格里布到里海盆地的整个地区。[③] 而此后 2004 年 1 月小布什总统在国情咨文中阐述美国推行促进自由的“大中东民主化战略”，已不失时机地将阿拉伯世界 22 个国家连同土耳其、伊朗、阿富汗和巴基斯坦等国一起纳入“大中东”的范畴。

美国共和党领导人多尔就曾直言不讳地指出：“海湾战争表明保护自己在海外的石油利益是美国当前最重要的任务。目前这一任务的实施区域向北扩大到了包括高加索、西伯利亚和哈萨克斯坦在内的地区。”[④] 国际恐怖势力大规模袭击美国的“9·11”事件给美国带来向前苏联地区扩张海外能源利益、扩展油气地缘势力范围的“天赐良机”。

---

① John V. Mitchell, Peter Beck, Michael Grubb, *The New Geopolitics of Energy*, the Royal Institute of International Affairs, 1996, pp. 2－3. “The Geopolitics of Energy into the 21st Century, Volume 1: *An Overview and Policy Considerations*”, A Report of the CSIS Strategic Energy Initiative, (the CSIS Press, Nov. 2000).

② 1997 年剑桥大学出版社出版的《美国与欧洲》一书就编入了扎勒米·哈利勒扎德撰写的《大中东的挑战》，随后他另外一文《大中东冲突的根源》又编入《21 世纪的政治冲突》。参见［美］扎尔米·卡利扎德和伊安·O. 莱斯编著、张淑文译的江苏人民出版社 2000 年版的《21 世纪的政治冲突》中译本。

③ Robert D. Blackwill & Michael Sturmer, eds.. *Allies Divided: Transatlantic Policies for the Greater Middle East*, Cambridge, Harvard Univ. Press, 1997.

④ 转引自郑艳平：“资源、战争与资源战争”，《太平洋学报》，2005 年第 4 期。

“9·11”事件促使美国认识到中东伊斯兰世界强烈的反美浪潮，随之显现的美国与世界头号石油供应国沙特关系的严重裂痕，也迫使美国更加重视把中亚里海作为补充海湾的海外能源新基地。2001年12月13日，美国助理国务卿琼斯强调，美国在中亚谋求三方面长期而重要的利益：一是防止恐怖主义蔓延；二是帮助中亚国家进行经济和政治改革，推行法治；三是确保里海能源资源的安全透明化开发。① 由此，利用国际社会对美国反恐的同情和支持，美国不失时机地在2001年10月发动反恐旗号下的阿富汗战争，迅速推翻塔利班政权，借机进驻中亚地区，在乌兹别克斯坦、吉尔吉斯斯坦和阿富汗设立一系列军事基地，使其在争夺和控制中亚里海油气资源及其运输通道方面获得历史性突破。

“9·11”事件也对美国认识自身国际地位和世界的方式产生了重大而持久的影响。它不仅迫使美国重新审视与阿拉伯世界的关系，而且促使美国进一步担忧以“世界能源宝库”海湾为中心的中东阿拉伯—伊斯兰世界的反美浪潮对美国在中东石油利益的威胁，由此形成了一个向中东“扩展自由、推广民主、创造繁荣机遇”的“大中东民主化”计划。② 而2003年3月发动的伊拉克战争便是小布什政府民主改造“大中东”计划付诸实施的第一步。

海湾战争虽然使伊拉克综合国力遭受重创，但萨达姆政权依然存在，并未向美国屈服，美国没有完全达到控制海湾石油的目的。桀骜不驯的萨达姆政权既是中东反美激进势力的一大中心，更是美国控制海湾石油的一大挡道石。随着美国在阿富汗的反恐战争顺利推进，把反恐战争和解除伊拉克的大规模杀伤性武器联系在一起，就成为美国进入“反恐战争第二阶段”即伊拉克战争的理由。2003

① A. Elizabeth Jones, “U.S.-Central Asian Cooperation”, Testimony to the Subcommittee on Central Asia and the Caucasus, Foreign Relations Committee, U.S. Senate, Dec. 13, 2001, p. 9.

② Philip H. Gordon, “Bush's Middle East Vision”, *Survival*, Vol. 45, No. 1, Spring 2003, pp. 155—160.

年3月20日，美英联军在未获联合国安理会授权的情况下，发动了推翻萨达姆政权的伊拉克战争。美国发动伊拉克战争既有安全考虑，也有石油的目的。安全是近期目标，石油是远期目标；安全是直接动因，石油是深层动因。美国对石油供应安全的关切是其安全战略的一部分，所以二者并不矛盾。美国之所以要重塑中东秩序，进行社会制度输出，一个主要目的就是要“确保石油顺利地流向国际市场”，特别是顺利流向美国。“波斯湾石油对美国的重要性必须从全球角度来理解”。[①] 如果美国控制了包括伊拉克在内的重要中东产油国，就很可能获取应对和影响国际石油市场及国际能源格局的优势，进而赢得应对和影响其他石油消费大国与生产大国以及其他竞争对手的有利态势，最终有利于维护和扩大其全球霸权地位。正如沙特《生活报》刊登的一篇文章所指出的，美国巨大的石油利益已经成为小布什政府地缘政治战略的核心。美国地缘政治战略的新视点是把战略重点从欧亚大陆东部地区，转移到包括石油储量丰富的海湾地区和里海地区在内的欧亚大陆中南部地区。伊拉克战争是确立美国对该地区霸权进而称霸整个欧亚大陆的更大行动的一部分。德、法、俄反对美国对伊拉克开战，是顾及本国在伊拉克乃至海湾的能源利益。而推翻萨达姆政权，使伊拉克与法、德、俄等国公司签署的石油开采协议化为乌有，也十分符合美国政府和石油巨头的利益。

伊拉克战争显然对世界能源格局产生重大而深远的影响。在伊拉克战争之后，美国一心垄断伊拉克的石油资源。2003年5月9日，美、英在联合国安理会提出解除对伊拉克制裁的提案，其核心内容为由美英联军控制伊拉克，并掌握伊拉克的石油收入，保证其用于战后重建，直至得到国际社会承认的伊拉克新政权建立。5月22日，安理会通过关于伊拉克战后重建问题的1483号决议，从而使伊拉克石油不再受到出口限制，美英在伊拉克的管理当局获得负责伊拉克的石油生产、销售和收入管理的授权。即使以后成立的伊拉克新政

① 王京烈：“中东战略地位与美国中东政策调整”，《西亚非洲》，1998年第2期。

府包括其石油部，事实上也在很大程度上为美国政府所操控。由此，作为世界上第三石油资源大国和欧佩克主要成员国，伊拉克的“石油阀门”终于掌握在世界最大石油消费国——美国的手中，同时也使美国为今后能够利用伊拉克“钳制”和“弱化”欧佩克、左右世界能源格局而踌躇满志。而今美国、欧盟、俄罗斯、日本在伊朗核危机问题上的举手投足，自然也离不开对伊朗这一海湾油气大国的“特别关爱”。

通过伊拉克战争，美国对中东油气的影响与控制已经全面化，美国对国际能源格局的干预能力明显得到强化，并可以借此推动由其主导的多元油气供应格局的建立，谋求三重目标：保障自身能源安全；防止伊斯兰极端势力与“石油武器”结合危及美国经济命脉；借“石油武器”推进美国全球战略。美国在战后通过控制伊拉克政府，增强自己在海湾的战略存在，不仅获得对伊拉克石油的控制，进一步强化其对沙特阿拉伯等波斯湾国家石油的影响，甚至可能瓦解欧佩克，继而在很大程度上掌控左右世界石油价格的能力。控制石油价格就可控制石油消费流向，从而把握许多石油进口国的命运，使其石油安全长期处于美国的影响和控制之下，这无疑是对国际能源安全的巨大威胁和挑战。“9·11”事件后，欧佩克面临以俄罗斯为主的非欧佩克产油国的挑战。伊拉克一旦崛起，又将对欧佩克构成更大威胁：如伊拉克重返欧佩克，则需要其重新调整内部现行配额机制，可能使本已复杂的内部矛盾更趋激化；如伊拉克游离于欧佩克之外，其庞大的石油产量与产能将使其成为欧佩克的一个重要竞争对手。

世纪之交的国际油气竞争除中东海湾地区外，中亚西面的里海地区也是各方纵横捭阖的逐鹿地。由于这一带蕴藏着丰富的石油天然气资源，从20世纪90年代初开始，全球和地区大国以及当地资源出产国掀起一场里海能源开发的蓬勃浪潮。新世纪以来，这场世界级能源竞争战不仅没有衰退，反而呈现出紧锣密鼓的深化发展新态势。美国通过2001年岁末的阿富汗反恐战争和2003年春的伊拉克“倒萨”战争，在打通欧亚大陆战略通道和控制海湾、里海两大能源宝库方面大为得手。在此背景下，其他世界和地区性大国出于各自战略意图和能源安全考虑，在这一欧亚大陆关键腹地自然也是全力以赴地投入这场国际地缘政治和经济大竞争。在这场里海能源的国际竞争中，世界各大国、周边地区性大国以及当地的资源出产国积极参与其中，它们在此舞台上的一招一式，背后均有各自意味深长的战略谋图。作为各路棋手，各种力量利益交错，矛盾交织。当今里海能源开发与欧亚大陆大国地缘经济竞争和地缘政治争夺的交合重叠更加突出。另外也要看到，各种力量之间既有针锋相对、志在必得的争夺较量，又存在谋求利益平衡、争取各方共赢的妥协合作，相互间的竞争碰撞与协调包容并行不悖。

另一方面，随着能源消费和供应群体的扩大以及世界能源业的日益国际化，能源问题越来越明显地呈现全球性的特点。国际能源相互依赖程度不断加深，消费国与输出国间矛盾大大弱化，利益契合点逐渐增加，特别是在维护国际能源市场的稳定和透明方面，有关各方的共识越来越多。自 20 世纪 90 年初起，国际能源合作逐渐由国别、集团和区域逐渐向全球范围扩展，开始出现包括能源消费与生产国在内的多边国际能源合作机制，其代表性组织为国际能源论坛、能源宪章组织以及俄罗斯积极倡导的“天然气欧佩克”。就国际能源署而言，近年来，它日益关注世界能源中的全球性问题，不断与未加入国际能源署的国家发展关系，尤其是与中国、印度和俄罗斯的关系，力图通过把新兴的能源消费国中国、印度和异军突起的能源生产国俄罗斯拉进这个由美国主导的集体能源安全体系，来对它们的能源利益和能源战略进行制约，同时也有效平衡国际能源市场的供需矛盾。

今天，不仅新能源地缘政治学派相对于传统学派更强调能源领域的国际合作及其机制的建设，而且新自由主义从全球化发展和国际社会相互依存理论出发，强调国际机制对国际能源体系构造的作用，认为国际机制不仅能防止国际能源关系的无政府状态，而且能有效促进处于相互依存中的世界能源领域里的国际合作。“旧的石油机制则在70年代初彻底崩溃。以国际能源署为中心的消费者石油机制成为‘霸权后合作’的典范。”[①] 国际能源安全研究权威丹尼尔·耶金也在新世纪提出了其对能源安全的新认识，从中可见他对通过国家间的合作来保障国家能源安全重要性的强调。[②] 显然，在一个越来越相互依赖的世界里，能源安全很大程度上将依赖于国家如何处理国与国之间的关系，国际能源合作是跳出国际能源领域“安全困境”的有效途径。毕竟，随着冷战后世界经济全球化进程的加速，各国在能源领域的相互依存日渐加强，既竞争又协调成为国际能源政治格局的主流。由此，各方越来越重视能源领域的国际合作及其国际机制的建设，主张通过国际合作与协调来实现能源安全，将维护本国能源安全与实现经济和社会的可持续发展，与维护国际能源体系的稳定运行、应对和处理环境恶化和气候治理等全球性问题相结合。

此外，考察当今各国的国际能源战略，我们可以看到：1. 各国对地区性能源合作的重视度越来越高。国际能源合作的不断深入，推进了一些区域性能源合作项目的实施，这与经济全球化推动下区域经济一体化的步伐加快是相一致的，也是各国经济相互依存在能源需求上的阶段性反映；2. 亚太地区能源需求的膨胀使世界能源地缘格局发生了转变，即在亚太地区需求指针重点指向中东波斯湾地区的时候，美国和欧洲等传统能源进口大国却对非洲和拉美等油气输出地给予新的关注，同时中东国家的对外经济联系也逐渐从大西洋两岸转向亚太地区；3. 在能源生产国与能源消费进口国的竞争博弈中，利益优势的天平是向能源消费进口国倾斜的，这又是与能源消费进口国强大的政治与经济优势成正相关的；4. 在国际金融危机

---

① ［美］罗伯特·基欧汉：《霸权之后——世界政治经济中的合作与纷争》，上海人民出版社，2006年版，第212页。

② Daniel Yergin，“Ensuring Energy Security”，*Foreign Affairs*，March/April 2006，Vol. 85，No. 2，pp. 69－82.

的背景下，以欧美日为主的传统能源消费国都纷纷将新能源的开发利用作为将来占领经济制高点的重要突破口。一旦这种能源消费转型得以完成，今后世界的能源地缘结构必将发生变化和重塑。

三

全球国际能源格局经历了二战以来一系列深刻而重大的变迁，在进入新世纪后仍然处于进一步的、持续不断的调整和变动之中。概括而言，当前与国际关系演变密切相关的全球国际能源格局主要呈现出以下几方面令人瞩目的特征。

其一，随着冷战后世界经济全球化进程的加速，能源市场的全球化进程也在加强。不仅全球各地区之间，而且国家之间，无论是能源消费国还是生产国，以及消费国内部和生产国内部之间的相互依赖都在加深。世界经济和国际安全上的相互依赖，促使国家间的能源关系从早期的“零和博弈”模式正向“相互依赖与合作”模式转换。国际能源产需国合作与协调的趋势增强，能源生产国和消费国之间的相互依赖日益加深，其合作与对话愿望也与日俱增。欧佩克虽仍在世界能源生产中占据优势，但随着俄罗斯石油产量的迅猛增加，加上美、欧、日等国石油进口多元化战略的实施和能源战略结构的调整，石油作为其政治工具的功能和影响力已有所减弱，其与国际能源署及主要能源消费国和生产国之间协调明显增强。能源出口国和进口国，包括欧佩克与国际能源署，在国际能源会议（又称国际能源论坛）框架内定期进行非官方的全球性对话；其他各种地区层面的国际能源对话与协调也在不断发展和加强。

其二，在经济全球化推进国际能源格局中合作趋势加强的同时，我们也要看到国际能源格局的另一方面，即由于油气资源的有限性及其分布的不均衡性，以及能源因素在国际关系中的作用不断凸显，在能源领域从勘探、开发、提炼到使用的上中下游各环节，围绕资源产地、运输通道、销售市场等目标，以石油、天然气为主的国际能源的竞争进一步加剧，国际能源地缘竞争中的现实主义丛林法则依然存在，能源问题政治化的倾向将更为加强。以海湾为中心的中东地区还是世界上石油资源最丰富的地区，也是未来油气开采潜力增长最大的地区，自然也成为全球传统化石能源争夺最激烈的地区；此外，国际能源地缘政治主要在中亚里海、远东（含南中国海）、西非与北非以及委内瑞拉和墨西哥湾一带的中南美等地展开，形成以美国力求主导，俄罗斯、欧盟和亚太国家多种力量交汇的复杂竞争态势。国家既是世界能源合作的主体，也是国际能源竞争的主体，有关能源消费国、资源国和过境国之间的利益碰撞和矛盾冲突，成为世界地缘政治经济竞争令人瞩目的重要组成部分，对21世纪全球和地区国际关系和世界经济发展走向产生不容低估的影响。

其三，各大能源公司依然是当今国际能源格局中十分重要的国际行为体。西方巨头跨国能源公司通过不断的重组和合并，继续在国际能源秩序的构建和运转中发挥着举足轻重的影响。经过长期不断的兼并和跨国联合，目前国际上已形成了以埃克森美孚、BP（英国石油公司）、皇家/荷兰壳牌、道达尔、雪佛龙（原雪佛龙德士古）和康菲石油六大能源企业巨头。它们通过在世界各地的联系，控制着全球超过80%的优质油气资源；并在母国政府的支持下，一方面赚取巨额的垄断利润，另一方面成为母国推行对外能源战略的主要工具，是当前世界能源市场的主要垄断者。与此同时，在欧美发达世界之外的亚非拉发展中国家和前苏东转型国家，各大国家能源公司在世界能源领域中的国际地位和实际影响日益增强。这些国家能源公司为国家独资或国家控股，不仅对本国石油、天然气等能源资源勘探开发实施管理和运营，而且有不少已走出国门，运用国家资本开拓海外资源和能源业务，肩负多重发展目标。它们既要提高经营效率和国际竞争力，实现其经济价值；又要支持国家经济和社会发展，维护国家能源安全，为政府的社会、经济、外交等政策的实施提供资源和资金保障。它们中已经有不少发展为国际能源领域中的实力强大的跨国公司。在2008年度世界50家最大石油公司综合排名的前20位中，就包含沙特阿拉伯国家石油公司（第1位）、伊朗国家石油公司（第2位）、委内瑞拉国家石油公司（第4位）、中国石油天然气集团公司（第5位）、墨西哥国家石油公司（第11位）、科威特国家石油公司（第12位）、阿尔及利亚国家石油公司（第13位）、俄罗斯天然气工业股份公司（第14位）、巴西国家石油公司（第15位）、俄罗斯石油公司（第16位）、俄罗斯卢克石油公司（第17位）、马来西亚国家石油公司（第18位）、阿布扎比国家石油公司（第19位）等。[①] 它们具有代表国家利益，维护国家权益，为国家总体利益服务的基本特征，在世界能源体系中的作用不容低估。

其四，尽管实力强大的美欧发达国家依然控制和消费着世界上的大部分油气资源，但世界经济增长中心发生变化，亚洲越来越成为世界经济的引擎，相应地成为全球能源消费增长最快和最主要的区域。伊拉克战争后五年世界经济的平稳回升，特别是一些发展中世界的新兴国家群体性崛起，使世界能源市场的需求快速增长，这一局面同世界能源可采储量特别是产量的有限增长之间形成明显反差。成为2004—2008年国际油价突飞猛进的主要动因。国际金融危机后的世界经济复苏同样由亚洲引领，伴随全球深层次的结构变革，众多的新兴工业化国家正在努力追赶西方成熟经济体，中国、印度等非经合国家的能源消费强度逐年上升，亚太尤其是东亚新兴工业化国家在世界油气消费市场中的份额还将进一步增大。对照之下，伴随经济结构调整、节能减排浪潮和新能源开发，欧美日等经合国家的能源消费强度连年下降，甚至超过GDP下降幅度，尤其是化石能源消费需求出现明显的下降趋势。国际油气资源的消费格局正在全球范围内重新调整。

① Petroleum Intelligence Weekly，November. 30，2009.

其五，世纪之交以来，国际石油市场结构和价格形成机制发生明显变化。以美元计价的石油期货交易市场获得巨大发展，美元与石油价格走势密切相关，以投机套利为目的的交易占据交易总量的2/3以上，金融资本对国际石油市场的影响迅速增强，石油金融化特征以及石油期货市场的投机性愈加突出。华尔街金融资本的投机炒作是2008年国际油价疯狂飙升的主要推手，即使在国际金融风暴后的今天，原油期货市场上的金融资本炒作仍然是国际油价风云变幻的重要因素。此外，主要能源产地局势的动荡和混乱，伊朗核危机引发的令人堪忧的海湾局势，为世界能源安全增加了新的不安全因素。国际恐怖主义对国际能源安全，主要是石油运输安全的威胁加大。尽管它们的矛头主要针对美欧等西方，但同时对其他国家能源安全的危害也在上升，成为世界能源安全与稳定的重大威胁。影响国际能源安全的因素更趋多元化和复杂化。

其六，至少在未来20—30年内，由石油、天然气和煤炭构成的传统化石能源仍然将是全球主要的能源来源品种，在世界能源消耗中占主要地位。石油仍然是全球一次能源构成中最主要的成员，也是世界最重要的贸易燃料。作为清洁高效的化石能源，天然气将在未来全球能源市场供需格局中占据越来越重要的地位。21世纪中叶前后，全球能源供应与消费将更多地由天然气主导，非常规天然气的开发利用技术将日趋成熟，天然气时代将成为从石油时代向新能源时代过渡的中间阶段。尽管包括太阳能、风能、生物质能、核能、地热能、海洋能、天然气水合物和氢能等清洁新能源在相当时期内的全球能源消费中份额相当有限，但传统化石能源的稀缺性、不可再生性和利用污染性，世界环保运动的日益高涨，人类和地球家园可持续发展问题的日益突出，全球气候治理的日渐深入，促使可再生能源替代化石能源、优势能源替代稀缺能源、新能源替代传统能源成为国际能源消费格局发展的必然趋势。由西方发达经济体所引领，目前世界上越来越多的国家重视节能减排，投入到大规模开发和利用低碳或无碳的清洁可再生能源的浪潮，一场以低碳经济为特征的新科技革命正在悄然降临。在当今世界新能源战略实施浪潮中，各国既有共同趋势又有各自特征。许多国家在新能源战略实施中或主动利用国际协作，或不自觉地为外部压力所驱动，各国相互促进、借鉴协作。不同国家集团在全球气候治理问题上的折冲樽俎，在新能源开发利用上的你追我赶，昭示着国际各方正在为低碳经济时代全球竞争新体系谋篇布局、抢占先机。这股国际新能源战略浪潮无论是对当前世界经济与政治体系转型，还是对迎接低碳经济时代到来和人类新一轮科技革命，均具有不可低估的现实意义和深远影响。节能减排、国际气候治理和新能源浪潮引导着 21 世纪全球能源格局发展的未来走向。

其七，伊拉克战争后，国际能源领域已进入美国全球布局、力求主导的新阶段。美国争夺油气既要确保国内需求，更有控制这一战略资源以维护其世界霸主地位的意图。继对伊拉克实施“政权更迭”、扶植亲美政权后，2003—2005 年，美国又在里海周围的格鲁吉亚、乌克兰、吉尔吉斯斯坦、乌兹别克斯坦和阿塞拜疆等地发起“民主化”浪潮，怂恿“颜色革命”。由此，美国不仅在地缘战略上成功打通中东与中亚，而且竭力谋求对海湾和里海这两大能源宝库的控制与主导。在美国四面出击、力图掌控全球能源龙头的同时，日本和欧洲等主要油气进口国则在积极寻求石油进口多元化，完善战略石油储备，并进行能源结构调整，竭力改变其在国际能源格局中的弱势局面。俄罗斯凭借其拥有世界石油 13%和天然气 1/3 的资源优势，力求对国际能源战略格局施加更大影响，将输出油气资源作为维护其政治外交利益的重要砝码，这可从这些年俄罗斯与乌克兰反复发生的天然气争端中窥见一斑。

最后，我们要强调，目前美国实施的旨在控制世界油气资源和左右国际油气市场的能源战略，与世界油气市场发展的总趋势是背道而驰的。因为在全球化背景下，未来的世界油气市场必然会朝一体化的方向发展，无论油气出口国还是消费国，都会通过对话与合作，促使市场各方进一步实行战略和政策调整，以顺应市场法则的要求，稳定世界油气市场和国际能源价格，而各种区域性和地区性能源合作机制的构建和完善，将进一步促进全球合理、稳定的能源统一大市场的建设。在国际能源新格局下，资源国与消费国之间的共同利益与矛盾分歧相互缠绕，相互依赖进一步增强，既竞争又协调将成为国际能源战略格局的主流。

俄日岛屿领土主权争端给我国海洋维权的启示

郁志荣*

【内容提要】俄罗斯总统梅德韦杰夫 2011 年 11 月 1 日登上南千岛群岛（日本称“北方四岛”）视察，至少有四个目的：一是与普京抗衡，争取连任总统；二是发展地区海洋经济；三是与美国重返亚洲抗衡；四是确保远东军事安全。俄总统登岛行为引起日本的强烈反响，采取舆论炒作、召回大使、外交抗议以及高官乘飞机眺望等措施以示不满。但是，无论日方如何折腾，一切均无济于事。丝毫不会动摇俄罗斯开发南千岛群岛的决心和信心。不仅如此，俄罗斯还主动在日本召开“南千岛群岛经济开发推介会”，诚邀日本企业参与俄罗斯远东地区的海洋经济开发。俄罗斯在岛屿领土主权争端上始终牢牢掌握主动权，其许多有效的经验和做法值得我们学习。其一是主权意识强烈战略目标明确，其二是应对策略科学运作细腻，其三是捍卫领土主权务实强势。

* 郁志荣，中国海监东海总队调研员。

从2010年11月1日俄罗斯总统梅德韦杰夫视察国后岛（俄称库纳施尔岛）之后，俄第一副总理舒瓦洛夫、俄联邦地区发展部部长巴萨尔金以及国防部长谢尔久科夫等高官相继登上南千岛群岛，实地考察并广泛讨论岛屿开发等经济建设以及军事防御问题。引起了日本方面的强烈反响，抗议声此起彼伏，对俄不满情绪迅速蔓延，两国政府官员之间唇枪舌剑相互指责，媒体炒作持续升温，双边关系日趋紧张。

一、俄总统登岛视察目的

俄日岛屿领土争端由来已久，为何俄罗斯总统梅德韦杰夫对日方“警告”不屑一顾，毅然决然登岛视察并表现出前所未有的强硬态度？以笔者之见，主要出于以下目的：

其一，与普京抗衡，争取连任总统。现任总统梅德韦杰夫任期已过半，但一直没有走出普京阴影，其支持率也总是在普京之下。梅总统为赢得连任，需要塑造好自己的形象，尽快摆脱在“梅普”体制中的弱势地位。以迎合俄罗斯民族喜欢风格强硬总统的口味。2010年9月下旬，梅德韦杰夫就宣布了要视察南千岛群岛的决定，虽然遭到了日本国内上下的一片反对声，但收到的效果却十分令人满意。日方反响越强烈，越有助于提升梅德韦杰夫的强硬派形象，连反对派也一致表示坚决支持俄总统的举动。

其二，发展远东经济，给力区域升位。梅德韦杰夫视察国后岛也是发展远东地区经济的需要。长期以来，由于俄罗斯的经济发展重心一直在欧洲，亚洲特别是远东地区的经济比较落后。随着世界经济发展的重心逐渐转移到亚太地区，近年来，俄罗斯开始高度重视远东地区的经济发展，俄高层领导人多次视察该地区。千岛群岛位于堪察加半岛与北海道之间，群岛南部的齿舞、色丹、国后和择捉四岛被日本称为“北方四岛”。岛上有火山、温泉，也有森林和瀑布，自然风光十分优美。其海底和周边海域还蕴藏着巨大的油气、矿产以及渔业资源，在远东地区占有重要地位。梅德韦杰夫作为俄罗斯的一国总统，关心、关注并致力于振兴偏远落后的远东地区的经济是真心诚意的，也是无可厚非的。他将争取连任总统的政治目的和重心转移发展经济赢得民心有机地结合起来不失为当下的聪明之举。

其三，扩大政治影响，重塑国家形象。目前，俄罗斯正利用远东地区的地缘优势和能源资源，积极融入亚太地区一体化进程，推动与中国的东北地区和朝鲜对外开放地区之间的经济合作。此外，俄还积极通过参加 APEC 和东亚峰会等区域性合作组织，扩大其在东亚地区的影响力，确保其在亚太地区的利益。作为 2010 年 APEC 峰会主席国，俄罗斯特意将 2012 年峰会地点安排在远东的哈巴罗夫斯克。

2011 年 1 月 31 日，俄罗斯联邦地区发展部长巴萨尔金率领政府史上最大代表团登上南千岛群岛的国后岛。代表团成员包括俄渔业署、交通部、经济发展部、能源部、卫生与社会发展部和财政部的主要官员，他们此行是受俄总统梅德韦杰夫委派，检查有关 2007—2015 年南千岛群岛社会经济发展联邦专项计划落实情况。俄罗斯以开发南千岛群岛为抓手，对内发展经济凝聚民心提升人气；对外引进外资推动东北亚乃至亚太国际合作扩大政治影响，提升俄罗斯地位，重塑国家形象。

其四，确保远东安全，维护亚太利益。俄总统此次视察还有一个重要意图，那就是确保俄罗斯远东地区安全、维护俄罗斯在亚太地区的战略利益。对俄罗斯而言，南千岛群岛是其在远东地区的重要门户，它使俄罗斯能够自由出入鄂霍次克海和太平洋，是俄罗斯加强在亚太地区存在的重要基石。考虑到当前的亚太地区安全形势，近来俄国内舆论一直在呼吁俄罗斯应在维护亚太地区安全中发挥重要作用。2010 年 6 月底至 7 月初，俄曾在远东地区举行了代号为“东方—2010”的大规模战役战略演习，俄军方也多次建议俄政府重返越南金兰湾的海军基地。俄已同法国达成协议，将从法国购买 4 艘“西北风”级两栖攻击舰，其中 2 艘计划部署在远东地区。俄罗斯需要用此类攻击舰来提高海军在远东的作战能力，并确保俄罗斯对有争议的南千岛群岛的保护能力。

二、俄方海洋维权经验

梅德韦杰夫总统此次登岛视察目的明确，概念清晰，措施有力，成效显著。俄罗斯在与日本存在争议岛屿的海洋权益维护方面，值得我们学习和借鉴的地方很多。

一是主权意识强烈，战略思维清晰。梅德韦杰夫此次以总统的身份登岛视察具有双重意义，既体现了俄罗斯高层领导对领土主权一贯高度重视的传统继承，也表达了梅本人作为一国元首，对海洋领土主权新的认识和实践。俄罗斯总统竞选在即，不排除梅德韦杰夫掺杂有抗衡普京、塑造形象、争取连任的政治目的。但是，其将发展经济和维护领土主权提升到国家核心利益的高度上，将其作为执政之基、力量之源来认识，抓住了关键，握住了根本。开发南千岛群岛发展海洋经济得民心、顺民意、合潮流，以岛屿开发为抓手，内联外合，不仅能振兴远东经济，提高地区地位，同时，通过推进东北亚乃至亚太地区的国际合作，还能扩大政治影响，提升国家形象。此外，在开发南千岛群岛和经济建设中进一步积极主动解决与日本岛屿争端的纠纷和矛盾。

二是行动策划细腻，行为规范得体。梅德韦杰夫总统此次登岛视察不仅在“战略”上高瞻远瞩，胜人一筹，而且在“策略”上策划精细，高招叠出，令十分难缠的对手也不得不佩服。

首先，俄罗斯总统亲自上岛视察传达了一个强烈信号，开发南千岛群岛涉及俄罗斯国家的核心利益，决心不可动摇。紧接着第一副总理、地区发展部部长以及国防部长相继登岛实地考察，落实总统的指示，气势磅礴，势不可挡。给外界的印象是俄高层内部十分团结，服从总统的指挥，致力于远东偏远落后地区的经济振兴和领土主权的维护。

其次，梅德韦杰夫登岛视察选择的时机非常有利。从宏观上看，由于全球金融危机给美国、欧洲以及日本带来了巨大冲击，昔日的强国和富裕地区经济萧条，萎靡不振，底气不足。从微观上讲，中日钓鱼岛渔船事件余波未消，此时登岛视察既对中国给力，又利用日方腹背受敌、连续作战，“体力”透支，乘虚而入。

第三，从高官的言行看，俄罗斯开发南千岛群岛并非心血来潮，而是策划已久、深思熟虑、准备充分的既定方针。主要表现在开发岛屿、发展经济与扩大政治影响、保障地区军事安全以及加强国际合作等相互配套，紧密相联，同步实施。俄罗斯面对做梦也想争夺“北方四岛”领土主权的对手，既重战略，又讲策略，两略并举，胜券在握。

三是理性应对纠纷，创新维权模式。俄罗斯开发南千岛群岛有许多不确定因素和来自各方面的阻力，其中最大的问题是俄日存在岛屿领土争端。针对此次俄高官登岛视察，日方反应强烈，采取召回大使、外交抗议、乘飞机眺望、舆论炒作等各种方式以示不满。前原外相还冒着“严寒”访问莫斯科，临行前放出狠话，但一切无济于事，相反，日方行为越激烈，陷入被动尴尬程度越深刻。究其原因：一是俄方准备充分，理性应对。俄罗斯无论高官、外交发言人，还是媒体和民间发表言论，都针对性强，用语准确得体，行为规范，没有留下任何把柄可被日方利用。二是历史创造了有利条件。战后俄方一直实际控制着“北方四岛”，期间在政策和行为上没有发生重大失误。三是日方的杀手锏失灵。其一，不归还四岛、不签《日俄和平友好条约》，俄方认为日本签过投降书足矣。其二，领土主权不解决不参与南千岛群岛的开发和经济建设。对此俄方泰然处之，今非昔比，替代国家比比皆是，相反日本恢复经济在能源方面有求于俄罗斯，而且依赖程度与日俱增。梅德韦杰夫总统在前任的基础上锐意进取，与时俱进，开拓创新，建立了真正意义上的“主权归我、搁置争议、合作开发”有争议岛屿开发利用的崭新模式，为中国乃至世界树立了榜样。

三、小结

俄罗斯在维护海洋权益方面，尤其是在对有争议岛屿领土主权处置问题上积累了许多有益的经验和成功的做法，值得我们学习和借鉴的地方很多，其中最重要的有三个方面：其一，强烈的主权意识：其二，规范的言行举止：其三，务实的传统风格。尤其是第三方面“务实的传统风格”值得我们深思和借鉴。俄罗斯维护海洋权益的原则充分体现了国家利益被侵犯时所持的一贯立场和独特风格，无论是被美国利用来侦察俄军事基地的韩国民航机，还是进入管辖海域违法捕捞的日本渔船以及违令开航的他国货船，俄罗斯均毫不犹豫、毫无顾忌、毫不留情地付诸武力，予以沉重打击。俄罗斯在过去很长的历史时期内，在海洋维权方面一向务实的风格——“打你没有商量”，起到了震慑和威慑作用。

论信息时代中国武警政工人才的培养

黄及全*

【内容提要】在新世纪新阶段，武警部队肩负着应对多种安全威胁、完成多样化军事任务的重任，迫切需要院校培养大批信息化政工人才。因此，必须从武警部队建设发展战略全局的高度思考谋划信息化政工人才培养，有计划、分步骤地逐步推进信息化政工人才培养，努力实现信息化政工人才培养效益的最大化。

信息化政工人才，是指能够适应信息化条件下部队履行职责使命需要、具备良好的信息素养和从事军队政治工作能力素质的政治干部。在新世纪新阶段，武警部队肩负着应对多种安全威胁、完成多样化军事任务的重任，迫切需要院校培养大批信息化政工人才。

---

* 黄及全，武警政治学院副院长，副教授。

一、武警信息化政工人才培养面临的主要困境

当前，在信息化政工人才培养方面主要存在以下“四难”：

（一）培养目标制定难

一方面，任职教育学制较短，长则几个月，短则十几天，而信息素养的提高则需要较长时间打基础，短时间内很难解决问题；另一方面，从武警部队干部的生长来源看，全日制本科学历的比例相对较少，理工科基础比较薄弱。这一长一短、一快一慢的现状，给院校人才培养目标制定带来了两难选择。在一个短期培训班当中，制定一个什么样的人才培养方案才能实现信息化政工人才的培养目标，是困扰院校教学设计的一个突出难题。

（二）教学内容整合难

目前，武警院校的课程体系与信息化条件下军事人才培养的要求还存在着不相适应的问题。武警院校起步晚、转型迟、基础薄、积淀浅，尚未构建具有武警特色的教学内容体系。面对快速发展的形势，教学内容体系设计既要体现政治工作能力的提高，又要满足增强信息素养的需要，在短期内难以实现。

（三）教学手段更新难

随着信息技术的快速发展和广泛应用，信息技术对教学手段的

影响也越来越大，网络课程、案例式、研讨式、互动式的教学手段，以及政治工作网上推演已经成为一种不可逆转的教育教学发展趋势。部队任务不断拓展，情况不断变化，执勤、处突、反恐等多样化军事任务的行动样式和组勤方式层出不穷。一方面，需要把部队不断变化的新情况利用技术手段迅速推向课堂，以增强教学的针对性和实效性；另一方面，教学软件开发周期长、教学案例技术模拟难、政治工作直观展示难，使得教学手段的更新与学员需求不同步，教学手段单一性还难以从根本上改变。

（四）教学环境优化难

主要表现在三个方面：一是资源少。信息化的最大特点是网络化，网络的最大优势是资源共享。离开了信息技术支撑的资源运用就谈不上所谓的信息化。军事斗争和部队遂行任务的特殊性，决定了保密工作的严格性，在技术手段达不到的前提下，目前只能以牺牲资源共享为代价，用严格的行政手段来满足安全保密的要求，这不得不成为一种无奈的选择。目前，网络隔离、重复建设、无法共享具有一定的普遍性。二是师资缺。普遍缺乏既有政工教学能力，又有较高信息素养的专门人才。三是硬件差。信息技术更新快、周期短、投资大，而院校经费有限，投入不足，制约了信息化硬件环境的建设。

二、加强武警信息化政工人才培养的基本思路

信息化条件下教育训练指导思想的转变，要求武警院校必须构建体现时代特征、符合军事人才培养规律、满足履行职责使命要求、

具有武警特色的教育培训体系。

（一）从武警部队建设发展战略全局的高度谋划信息化政工人才培养

武警部队要适应信息化发展需要，加快教育训练向信息化条件下转型。这既是武警部队建设发展战略的重要内容，也是谋划信息化政工人才培养的基点。

一是着眼履行武警部队职责使命。武警部队履行着维护国家安全和社会稳定、保障人民安居乐业的职能使命，面对人民内部矛盾凸显、刑事犯罪频发、对敌斗争日益复杂的形势，武警部队建设呈现出职能任务拓展期、信息化建设初始期、创新发展机遇期、部队工作高风险期的阶段性特征，如 2008 年遂行了抗击雨雪冰冻灾害、抗震救灾和奥运安保等重大任务。从实践上看，武警部队在执行任务中的信息采集和处理能力对完成任务有着极其重要甚至是决定性的作用。因此，政工人才培养只有贴近任务实际，瞄准部队对信息化政工人才的需求，在外延发展和内涵提高上综合筹划，才能跟上时代发展的需要。

二是着眼适应武警部队信息化发展战略需要。建设信息化武警，实现“跨越式”发展的总体目标，符合信息时代的发展要求，体现了科学发展观和军事变革的趋势。2005 年，武警部队制定了《“十一五”期间武警部队信息化建设规划》，完成了三级网改造、一级网扩容、卫星网试点、应用软件开发推广、系统安全防护等五项建设，使信息化建设进入健康发展的“快车道”。信息化政工人才培养作为信息化条件下部队建设发展的重要组成部分，事关政治工作服务保证作用的有效发挥，事关部队政治工作与信息化建设的协调发展，必须纳入武警部队信息化建设发展的战略规划之中，统筹安排，一并推进。

三是着眼提高政治工作服务保证效益。政治工作是我军的“生命线”，是实现党对军队绝对领导和军队履行职能的根本保证。部队职能任务的不断拓展，信息化建设水平的逐步加快，对政治工作发挥服务保证作用提出了更高的要求。部队编制体制的优化、武器装备的改善、遂行任务能力的提高，要求政治工作的方法手段必须适应信息化发展的需要，政工干部必须具备很强的信息能力素质。院校必须把培养信息化政工人才作为重要任务，才能使政治工作在新的形势下更好的为部队提供精神动力和智力支持。

（二）要立足当前，有计划、分步骤地逐步推进信息化政工人才培养

信息化政工人才的来源是部队在职的政工干部，武警院校必须立足培养对象的实际，抓好政工人才的培养。

一是科学制定人才培养目标。要按知识、能力、素质“三要素”来制定信息化政工人才培养的标准，使新培养的信息化政工人才具备扎实的政治工作基础理论和相应的计算机网络知识，具备运用信息技术开展政治工作、创新工作方法、开发政治工作信息资源的能力，具备胜任信息化条件下岗位需求和发展的综合素质。

二是优化教学内容。要围绕培养目标所涉及的课程体系、知识结构、基本要素等，对教学内容进行系统建设和整体优化，有针对性地搞好政治工作理论与信息技术的融合。必须淘汰过时、陈旧和不适应新形势要求的内容，把信息化条件下政治工作的最新成果及时纳入教学内容，实现教学内容与部队信息化建设同步发展。

三是创新教学方法。要采取课堂讲授与网络教学相结合、实地演练与模拟仿真相结合、集中培训与远程互动相结合，充分运用武警部队已建成的指挥信息网、校园网组织实施教学活动，引导教员自主开发教学软件，增强信息采集和制作能力，学会运用计算机技术进行模拟实战教学，努力实现课堂教学网络化、综合演练虚拟化、教学管理可视化、教学评价实时化。

（三）要科学整合资源，努力实现信息化政工人才培养效益的最大化

信息化政工人才培养需要科学整合资源，充分调动部队、院校、学员等多方面的积极性，推动信息化政工人才队伍建设又好又快发展。

一要加大人才引进和培养的力度。院校建设和发展是建立在高素质人才队伍基础之上的，培养信息化政工人才要求院校拥有一大批政工理论扎实、部队经验丰富、信息技术涵养厚重的专家教授团队。与解放军院校相比，武警院校师资队伍力量相对较弱，需要加大专门人才引进和培养力度，以确保教研队伍实现政治工作与信息技术的高度融合。当前，武警院校政治工作信息化建设水平相对滞后，需要面向军地高校、部队和科研机构广揽信息化人才，面向部队选调教员，改善院校教员的学历层次和知识结构。要加大院校人才队伍建设力度，选送优秀教员入学深造和到部队任职，并要为教员从事科研工作提供必要的保障，确保广大教员能够紧跟信息化建设的步伐，运用部队信息化建设成果完成好教学任务。

二要加大院校教学条件信息化建设的力度。信息化政工人才的培养需要良好的信息化环境。近年来，武警部队信息化建设投入的力度不断加大，但从院校实际情况来看，信息化建设条件还不能满足信息化人才的培养。主要存在着资源不能共享、网络间相互隔离等问题，教学、培训、演练的硬件配套与软件开发还有很大差距，需要加大信息化建设的力度。要科学整合和利用好人才、环境、技术等资源，盘活有限经费，集中财力抓好校园网络系统、数字化图书馆和实验室建设，丰富电子教材、电子图书、网络课程、试题库等信息资源。要加强网络技术安全建设，运用先进的网络安全技术，在确保安全的情况下，实现与互联网资源共享，为信息化政工人才培养提供便捷、高效、安全的信息资源支撑。

三是加大院校、部队、社会共育人才的力度。院校是人才培养

的主渠道，信息化政工人才是部队应用性很强的专门人才，需要借助部队和社会的力量来实现多方共育。一方面，信息化社会、网络社会的发展为部队信息化建设、信息化政工人才培养提供了条件；另一方面，信息化条件下，部队的政治工作现实矛盾和问题也为院校提供了人才需求和实践的基础。武警部队担负着执勤、“处突”的职责，要求政治工作的方法手段必须与时俱进，紧跟信息化时代发展的步伐，积极运用先进的信息技术，围绕部队建设需要推进武警院校教育转型，不断提高信息化政工人才培养的质量和效益。

试析武警力量运用的战略价值

——从《2010年中国的国防》白皮书谈起

汪红伟*

【内容提要】本文以《2010年中国的国防》白皮书出发，首先分析武警力量运用的主要方式；在此基础上，归纳出武警力量运用的主要战略价值，并厘清武警力量运用与解放军、民事警察的区别；最后是结论性思考——如何提升武警力量运用的战略价值。

2010年3月颁布的《2010年中国的国防》中强调，中国武装力量依照法律规定参加维护社会秩序行动，主要是在地方党委、政府统一领导下，配合公安力量维护正常的社会秩序，保障人民群众安居乐业。一方面，维护社会稳定。武警部队是国家处置公共突发事件的骨干和突击力量。另一方面，参加国家建设和抢险救灾。武警部队积极做好以参加和支援西部大开发为重点的支援国家建设工作；中国武装力量是抢险救灾的突击力量。本文从全球化的背景出发，认为国家安全威胁呈现出多元化的趋势，不仅有传统的安全威胁，也面临着恐怖主义、自然灾害等非传统安全威胁。武警力量运用就

* 汪红伟，武警政治学院军事理论教研室副主任，副教授，博士。

是有效维护国家安全和社会稳定、保障人民安居乐业。从这个意义上讲，武警力量运用具有重要的战略价值。

一、武警力量运用的主要方式

武警部队担负的执勤、处置突发事件、反恐怖作战和防卫作战等任务，直接关系到国家改革发展和全局稳定，关系到广大人民群众的根本利益，关系到党和国家的声誉形象。依据《2010 年中国的国防》白皮书，可以概括为以下三种主要方式：

一是维护社会稳定。中国武装力量依照法律规定参加维护社会秩序行动，主要是在地方党委、政府统一领导下，配合公安力量维护正常的社会秩序，保障人民群众安居乐业。武警部队是国家处置公共突发事件的骨干和突击力量。2009 年以来，参与处置劫持人质事件等严重暴力犯罪事件 24 起，参加捕歼行动 201 起，圆满完成国庆 60 周年、上海世博会和广州亚运会期间安保任务。

二是参加国家建设。参加国家建设事业是宪法和法律赋予中国武装力量的重要任务。武警部队积极做好以参加和支援西部大开发为重点的支援国家建设工作。两年来，共投入劳动日 1600 多万个，出动机械车辆 130 万台次，参加交通、水电、通信、能源基础设施重点工程建设 600 多项。建立农村扶贫联系点 3500 多个，援建节水灌溉、人畜饮水、道路、水电等小型公共工程 8000 多个。驻西部地区部队植树 1100 万株，成片造林、飞播造林和绿化荒山荒滩 320 万亩。军队医疗卫生系统对口支援西部贫困地区县级医院 130 所，共派出医疗队 351 批次，捐赠仪器设备 110 台件。在四川、陕西、甘肃地震灾区捐资援建 8 所学校和 1 所康复中心。

三是抢险救灾。中国武装力量是抢险救灾的突击力量。2009 年 1 月，中国组建以军队力量为主体的抗洪抢险应急部队、地震灾害紧急救援队、核生化应急救援队、空中紧急运输服务队、交通应急抢险队、海上应急搜救队、应急机动通信保障队、医疗防疫救援队等8支国家级应急专业力量，兵力规模5万人。2009年7月，武警水电、交通部队3.1万人被纳入国家应急救援力量体系。各军区会同有关省（自治区、直辖市）组建省级应急专业力量。近两年，军队和武警部队共计出动兵力184.5万人次，各型车辆（机械）79万台次、飞机和直升机181架次，组织民兵预备役人员643万人次，多次参加抗洪、抗震、抗旱、抗台风和森林扑火等抢险救灾行动，共抢救转移群众174.2万人次，抢运物资30.3万吨，疏通河道3742公里，打井4443眼，加固堤坝728公里，运送生活用水50.4万吨。[①]

二、武警力量运用的战略价值

武警力量运用负面作用相对较小，在经济全球化、军事高技术化的时代，以国家利益为准则，从大战略层面，要对其战略价值予以正确的定位。

一是实现国家利益。作为国家武装集团，维护国家利益是武警部队的重要使命。武警力量运用就是紧紧围绕国家利益而展开，并服从和服务于国家利益。一般讲，国家利益包括安全利益和发展利益。一方面，坚决捍卫国内社会安定；另一方面，为国家经济建设发展创造一个良好的环境。

二是维护国家安全。多种安全威胁，主要包括传统安全和非传统安全威胁两个方面。从传统安全威胁看，武警部队通过联合作战来维护国家安全；从非传统安全威胁看，恐怖主义威胁严重存在且

① 《2010年中国的国防》白皮书，2011年3月。

政治影响大，反恐成为武警部队的重要任务。因此，维护国家安全的复杂性增大，武警力量运用能够为实现全面小康社会的目标，提供坚强有力的安全保障。随着国内改革不断深化和经济结构调整不断推进，处理好社会利益关系的难度加大，影响社会和谐稳定的矛盾和问题突出，加上境内外敌对势力的煽动破坏，国家安全面临着新的威胁，致使不稳定、不确定因素增多，国内安全不仅事关国家的经济建设，而且与执政党的生死存亡密切相关。由于自然灾害增多且破坏性大，各种突发事件频繁发生且心理震憾大，对经济建设甚至社会稳定造成严重影响。救灾救援行动、国内维稳等行动能确保快速反应，控制局势，减少损失、恢复稳定。

三是提高武警部队军事能力。从98抗洪、2008年抗击雨雪冰冻灾害、奥运安保、世博安保等重大行动看，不仅拉动了部队，使参与的官兵开阔了视野，提高了素质，而且在实战环境中锻炼了部队，提高了部队以执勤处突为中心的核心军事能力。此外，也加强与地方政府等单位的密切配合和协调能力。

三、厘清武警力量运用的“三个误区”

20世纪90年代初期，武警部队开始了对武警力量运用的研究，发表了一些相关学术论文，武警总部颁发的有关条令也涉及这方面的内容。这些研究成果，有力地推动了武警力量运用的研究。但客观地说，目前还有不少认识上的偏差甚至误区，需要进一步探讨和澄清。

一是武警力量运用不同于解放军。目前，武警力量运用研究在学界成为热点。但是，对于解放军和武警部队的职责区分实际上还不是十分清晰。有学者认为：“按照国防法规定，武警部队担负国家赋予的安全保卫任务，维护社会秩序。这表明武警部队与解放军一样担负对外抵抗侵略，保卫祖国，对内镇压敌对势力破坏，维护国内治安两种任务。”我个人认为，对于解放军来说，遂行战争军事行动是它的“主业”，而遂行非战争军事行动则是它的“副业”。“对于军队来说，最重要的还是应对涉及主权、领土和国家根本利益的战争威胁。”正因为如此，中央军委才提出了核心军事能力建设问题。而对于武警部队来说，遂行非战争军事行动是它的“主业”，而遂行战争军事行动则是它的“副业”。在这个意义上我们可以说，遂行非战争军事行动的能力是武警部队的“核心军事能力”。

二是武警力量运用不同于民事警察。武装警察是以军事手段履行国内安全保卫法定职责的，而民事警察是以非军事手段履行国内安全保卫法定职责的。同时，武警部队承担着多样化的军事任务，而民事警察的职责则相对单一。对于武警内卫部队来说，应当是遂行执勤、处突和反恐等多样化任务。

三是内卫武警力量运用不同于警种部队。内卫部队由各总队和机动师组成。武警内卫部队与武警警种部队执行的任务和拥有的职责都各不相同。对于武警其他警种部队来说，则应当是与其警种专业相符合的能力。如对于武警消防部队来说，虽然其担负着防火、灭火救援和应急救援等任务，但是其核心能力应当是灭火救援和应急救援能力。

综上所述，实践中武警力量运用确实既不是纯粹的军队，又不是纯粹的警察。同时，毋庸置疑，武警部队既有军队的性质，又有警察的性质。武警部队主要担负国内的安全保卫任务，不同于解放军主要使用武力抵御外部势力的侵略；武警部队使用军事手段维护国内秩序，也不同于人民警察。武警部队是使用军事手段担负国内安全保卫任务的特殊武装力量。[①]

---

① 李佑标：“武警部队职责与体制的法学思考”，《武警学院学报》，2010 年第 7 期。

四、结论性思考：提升武警力量运用的战略价值

综上述分析，从国家和军队安全和发展来看，武警力量运用的战略价值是非凡的。这就需要做如下努力：

（一）强化针对性的军事训练

无论是处置公共突发事件，还是参加和支援西部大开发为重点的国家建设和抢险救灾，都存在环境恶劣、任务多样、情况复杂多变等特点。这启示我们，有效履行使命，从根本上讲打的是艰苦战、持久战。这就需要搞好“三练”：练谋略，要站在战略和全局的高度，科学决策，提高谋略水平；练指挥，加强领导机关计划、组织、协调、保障等综合应急指挥能力的训练；练战术技术，开展对外性、适应性、实战性的技战术训演，不断提高部队应急快反能力。①

（二）提高武警力量运用的合法性

以警戒、戒严、制暴、平叛、打击武装犯罪、处置群体性事件等行动为主要内容的国内维稳行动，政治性和政策性很强，既要把握好政策，又要依法行动。具体应注意三个方面：一是行动的合法性问题。武警部队参加国内维稳行动，要依据《中华人民共和国国防法》和《武警法》等相关法规和条例，在党和政府统一领导下实

① 中国军事科学学会武警分会：《建设现代化武警现论研究》，人民武警出版社，2010 年版，第 479 页。

施。二是区别对待问题。在国内突发事件中，既有敌对分子，也有不明真相的群众，要把握政策，依法处置。三是防卫的时机和程度问题。武警部队参加国内维稳行动，一般不使用武器，努力做到动兵不动武、动武不流血、防卫不过当，严格控制武器的使用，最大限度地减少负面影响。

（三）加强适时的情报与通信

既要从提高效率出发，对情报体系进行整合，努力实现信息情报一体化，又要确保情报来源多元，相互补充，增强情报的可靠性。一是不仅要掌握敌方的情报，也要了解友方的情况；不仅要掌握军事情况，也要注重获取政治、经济、外交、文化、社会等各方面的情况。二是应与地方政府有关部门建立军地信息会商制度。完善党、政、军、警、民一体的情报互通机制，实现信息情报共享，发挥情报的最大效益。三是要求从多个渠道、以多种方法获取情报，包括卫星侦察、通信侦察、人力获取，以及对新闻信息进行分析研判等。四是必须实施迅速、准确、保密和不间断地通信保障。

（四）提供高效的后勤装备支援

实施武警力量运用的后勤装备保障，有几个突出难点：一是预计保障需求难；二是筹集保障资源难；三是调集保障力量难。这就需要做好两方面工作：一方面，对不同的任务，应实施灵活的后勤装备保障。要协调好战区、军兵种部队和地方有关部门，搞好铁路输送、摩托化输送、战略空运、战略海运等机动中的各种保障，应预先制定保障方案，有针对性地储备专用装备和物资器材。另一方面，为加强行动的保障，平时应区分轻重缓急，有计划、有重点地进行保障准备。对一般地区要有一定的准备，对热点地区要有充分的准备，对主要战略方向要有保障持续行动的准备。制定周密的保障计划，使各种保障力量密切配合，各种行动、各个领域和各个阶段的保障协调一致，增强保障的效能。

（五）加强周密的协调与配合

遂行任务多样，涉及范围大、领域广，对其进行各种保障，必须加强协调与配合，从全局出发，确保保障效益，在协调和配合方面应把握以下几点：一是着眼全局。遂行任务事关国家根本利益的重大行动，政治意义重大。国内抢险救灾行动事关人民生命财产安全，反恐维稳则与国家安全与稳定密切相关。必须从政治的、战略的高度，认识武警力量运用的意义，自觉服从大局，维护大局，加强协调与配合，在统一的指挥控制下，实施周密而有效的保障。二是突出重点。武警力量运用的方式较多，有时在同一时间内可能有多个行动在进行，这就要求分清主次，保障重点难点，保障急需，兼顾一般。三是积极主动。应增强积极性和主动性，把各种可能的情况和风险想透彻、想周密，尽可能预先筹划，进行各种预置。同时，保障单位和部门要主动与被保障单位和部门密切配合，主动与地方政府密切配合。比如，在抢险救灾行动和国内反恐行动、维稳行动中，参加行动的部队通常较多，有的甚至没有隶属关系，部队内部的保障系统应加强协调。在各种保障上，还应加强与地方党政机关的协调配合，加强与解放军、民兵预备役部队和公安力量的沟通，进行保障力量的整体部署，协调一致地采取行动。